한국인을 위한
영어이름 짓기 사전

■ 일러두기

1. 이 책은 한국의 일반인들이 자신이나 자녀의 영어이름을 짓는 데 도움을 주고, 전문 작명가들이 영어이름을 지을 때 참고하기 위해 저술되었습니다.

2. 일반인들은 이 책을 이용하여 영어이름의 뜻을 보고 이름을 선택할 수 있으며, 음양오행 사상을 적용한 개인에게 가장 좋은 이름을 짓기 위해서는 영어이름 작명가 자격증을 가진 전문가의 도움을 받으실 수 있습니다.
사단법인 한국작명가협회가 일정 기준을 통과한 분들께 발행하는 영어이름 작명가 자격증을 가진 분들의 리스트 및 연락처는 사단법인 한국작명가협회 홈페이지(www.koname.or.kr)에서 보실 수 있습니다.

3. 본 책의 내용은 모든 영어권에 통용할 수 있는 것이나, 설명과 용어에 있어서의 기준은 미국 영어를 우선으로 했음을 밝혀 둡니다.

4. 약 3만여 개의 영어 이름 중, 많이 쓰이는 이름 3천여 개를 추려 정리하였으며, 영어의 모든 이름을 포함하지 않습니다. 특히, 흔한 이름이지만 악명 높은 이름 등, 좋지 않은 이미지를 갖는 이름들은 포함하지 않았습니다.

5. 영어이름의 뜻이 여러 가지인 경우, 모두 어원이 됨을 밝혀 둡니다.

6. 영어이름의 뜻에 〈~의 작은 표현〉, 〈작은 ~〉라는 것은 '아버지'를 '아빠'라고 하고, '형'을 '엉아'라고 하는 것처럼, 애칭, 혹은 유아적 친근함이 있는 표현이라는 뜻입니다. 우리나라 이름에는 직접적으로 적용되는 경우가 별로 없습니다만, 노무현 전 대통령을 '노짱'이라고 부르는 경우가 이런 경우에 속한다고 볼 수 있습니다.

7. 어원이 영어라고 되어 있는 것은 잉글랜드어가 어원임을 의미합니다.

8. 발음기호에 한글 발음으로 'ㄹ'로 끝나는 발음은 'ㄹ' 발음이 약하게 난다는 것을 의미합니다.
예) Abir [æbir / 애비ㄹ]

9. 한글 발음오행의 잘못된 점을 설명하기 위해 많은 사람들이 쓰고 있는 신경준의 훈민정음운해를 기준으로 설명하였습니다. 훈민정음 해례본을 기준으로 한다 해도 발음오행 적용은 잘못되었음을 밝혀둡니다.

어원과 의미를 통해 바르게 짓는 영어 이름

한국인을 위한
영어이름 짓기 사전

English Naming Dictionary for Korean

김기승 · 이종훈 엮음

다산글방

| 프롤로그 |

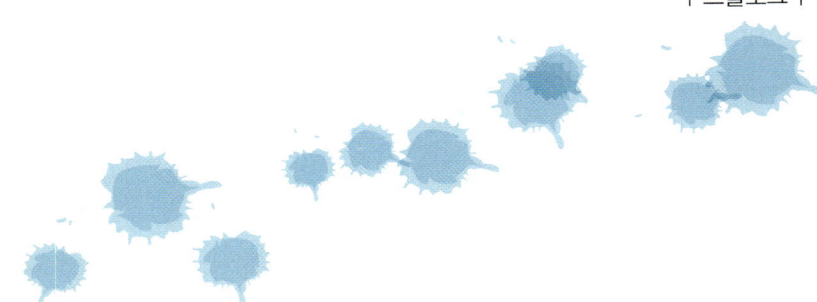

　지금 대한민국에는 영어유치원과 영어마을이 곳곳에 자리 잡고 있다. 이미 초등학교에 영어과목이 편입되었고, 중고등학교에서의 영어 과목 비중은 상당히 크다. 그리고 대학생들은 취업을 위해 토익, 토플 등의 시험을 준비하거나 어학연수를 다녀오는 것이 당연시 되어 있다.
　이런 사회적 현상은 어쩌면 글로벌시대에 당연한 흐름일 수 있으며, 나아가 누구나 영어이름을 갖는 것 또한 당연한 일이 되었다.
　그렇다! 이제 영어이름은 유학파나 특정한 사람들의 전유물이 아닌 국제화시대에 누구나 가져야 하는 필수적인 사항이 된 것이다.

　어느 날 SBS TV 8시 뉴스 취재팀에서 전화가 한 통 왔다. 최근 아이들 영어이름 짓기 붐이 일어난 한국 사회 이슈에 대한 취재를 하고 있는데, 작명가들이 모두 영어이름에 한글발음오행을 적용하고 그것이 비법인 양 많은 돈을 받고 있는 상황을 이해하기 어렵다는 것이 기자들의 질문이었다.
　취재팀은 이에 대해 필자에게 논평을 해달라고 요청하였고, 필자의 논평요점은 이렇다.

"영어이름은 단어가 가지는 어원과 의미, 즉, 뜻이 중요하다. 그런데 한글 발음오행을 단지 영어이름단어의 알파벳 첫 자의 발음과 비교하고, 그 첫 알파벳 영어 발음에 오행의 기운이 있어서 사주에 부족한 오행의 기를 보충하며, 그렇게 영어이름을 지으면 성공하게 된다는 것은 한마디로 어불성설이다. 그것은 동서양의 문화나 언어학을 전혀 이해하지 못한 것이며, 영어이름의 체계를 모르는 무지에서 나온 식자우환(識字憂患)의 행태라고밖에 말할 수 없다."

위 내용의 개괄적인 요지는 TV방송 3사에서 각각 필자를 취재하고 방송하였다.

한국이 영어왕국이 되었지만 한국인들이 영어이름을 선택하는 최소한의 기준이나 방법론이 그 어디에도 없다는 것은 매우 안타까운 현실이 아닐 수 없다.

그래서 필자는 한국인들이 영어이름을 선택하는 합리적인 방법론을 세우기로 마음먹었으며, 이에 생각을 같이하는 박사 과정을 밟고 있는 제자 이종훈씨와 함께 계획을 세우고 영어이름 자료수집과 미국현지 확인 작업 등을 실시하고, 한국인의 이름과 선천에너지(사주)를 고려한 합리적인 영어이름 짓기 방법을 정리하여 〈한국인을 위한 영어이름 짓기 사전〉을 집필하여 내어놓게 되었다.

이제 누구나 이 책의 내용을 잘 이해하고 활용한다면 한 사람의 개성을 살린 매력적인 영어이름을 갖게 될 것이다. 나아가 한국인들이 아무 의미 없이 영어이름을 선택해 오던 오류와 그리고 작명가들이 영어이름의 어원체계를 무시한 채 한글발음오행을 적용해온 치명적인 오류를 더 이상 범하지 않게 되기를 바란다.

끝으로 처음 시도하는 〈한국인을 위한 영어이름 짓기 사전〉이기에 다소 필자들의 주관적인 생각이 있더라도 이 책이 한국 사회 영어이름 작명에 최소한의 기준과 방법론이 되기를 바라는 마음이다.

| 차례 |

Part 1

행운의 **영어이름** 짓기

1. 이름은 왜 중요할까? ········· 013

2. 이름의 의미 ········· 023

3. 한국이름과 영어이름은 어떻게 다른가? ······ 025

4. 성씨와 발음을 이용한 영어이름 짓기 ········ 035

5. 출생사주를 이용한 영어이름 짓기 ·········· 041

6. 이름을 지을 때 주의해야 하는 것들 ········ 057

7. 국어의 로마자 표기법 ············· 067

8. 〈네이밍코치〉 자격증취득 과정 안내 ········ 073

Part 2

영어이름 사전

1. 영어이름 사전 [여성편] ········· 077

2. 영어이름 사전 [남성편] ········· 155

[부록] 네이밍코치 자격시험 예상문제집 · 229

Part 1

행운의 영어이름 짓기

한국인들이 영어이름을 사용하는 것은 국제화시대를 맞이하여 자연스러운 현상이 되었다. 이름이란 옷과 같으므로 영어이름도 자신에게 잘 어울리는 이름을 사용해야 한다. 그리고 우리나라에서 영어이름을 짓는다는 것은 창작보다는 선택하는 방법의 묘미가 한층 더 중요하다.

〈Part 1〉에서는 이름이 인생에 영향을 주는 이유와 중요성, 이름의 의미와 발전을 알아보고, 개인의 출생사주를 고려한 매우 의미 있는 영어이름 선택방법 등을 체계적으로 제시한다.

1. 이름은 왜 중요할까?

Q 영어이름을 잘 지으면 정말 앞으로의 글로벌 인생에 도움이 될까?
Q 영어이름이든 한국이름이든 잘 지은 이름이 인생에 도움을 준다는 것이 사실일까?
A 그렇다!

그렇다면 과연 왜 그럴까?

이에 대한 답을 하기 위해서는 이름을 짓는 기본 바탕인 사주가 왜 맞는지에 대한 이야기부터 해야 할 것이다.

사주가 왜 맞을까?

아이는 태어나기 전에 엄마의 뱃속에서 양수에 쌓여 무중력 상태로 부모로부터 물려받은 신체적 DNA에 따라 안정적 성장을 지속한다. 자궁 속이 무중력 상태라는 것은 자궁에 중력이 작용하지 않는다는 뜻이 아니라, 자궁 속의 태아가 양수 위에 떠 있어서 중력의 영향을 받지 않는다는 것을 말한다.

수정 시기에는 99%의 수분으로 이루어진 수정란이 태어나는 시점에는 90%의 수분으로 이루어진 신체를 형성하고, 이는 양수 안에서 중성부력(가라앉지도 않고 뜨지도 않는 상태)의 상태를 유지하여, 자궁 외부의 중력으로부터 영향을 받지 않는다는 것을 의미한다. 즉, 자궁은 양수의 여러 가지 기능 중 부력 기능에 의해 태아에게 어떠한 외부의 중력도 허용되지 않는 태아만의 에덴동산을 제공하는 것이다.

이러한 상태에서 출산의 시기가 오면, 태아는 자궁 밖으로 나오게 되고, 이때 자궁 안에서는 전혀 적용되지 않았던 외부의 영향을 한꺼번에 받게 된다. 대기압의 작용에 따라 폐 안의 양수가 빠져 나가면서 처음으로 공기 중의 산소를 자력으로 처리하여 심장의 기능을 통해 온 몸에 산소를 공급한다.

동시에, 폐가 부풀면서 심장을 압박하여 열려 있던 좌심방 우심방을 닫히게 함으로써 심장의 역할을 처음으로 실행하게 되는데, 이렇게 시작된 첫 호흡으로 신체에 산소공급을 위한 1회의 혈액 순환 시간이 48초이며, 이때 별들의 중력을 포함한 강력한 우주에너지가 아이의 몸과 뇌에 포맷(초기화)되면서 신체 DNA와는 다른 별도의 우주 DNA가 세팅되는 것이다.

별들의 중력 영향뿐이 아니라 대기압, 빛, 소리, 냄새, 맛, 공기와의 접촉, 심지어는 산도를 통과하면서 인체를 보호하기 위한 유익한 세균들의 샤워를 통해 이 험난한, 그러나 기회의 세상에서 살아가기 위한 기초적인 준비를 마치게 되는 것인데, 이러한 극적인 변화는 태아에게는 너무나도 강력한 충격이자 스트레스이지만, 이런 과정을 통과하지 않으면 이 세상에 나올 수 없고, 나왔다 한들 살아갈 수 없기 때문에 꼭 거쳐야 하는 과정이다.

이러한 과정을 통해서 아이는 부모를 통해 받은 신체적 DNA 외에, 우주적 에너지에 의한 선천적 유전자를 받게 되며, 특히 아이가 태어나는 시점의 태양계 오행성(수성, 금성, 화성, 목성, 토성)과 태양, 달이 지구를 중심으로 어떻게 배열되어 있는가에 따라 아이는 미세한 차별적 중력의 영향을 받게 되는데, 이 미세한 중력 배열의 차이가 여리디 여린 아이의 신체에 영향을 주고, 특히 너무나도 민감한 아이의 뇌에 영향을 미쳐 그 아이의 신체적 능력, 성격, 정서, 지능 등의 정체성을 이루게 되며, 아이의 인생으로 발현하게 되는 것이다. (이는 나중에 설명할 일종의 나비효과이다.)

예를 들어, 미세한 차이의 중력 배열이 아이의 후두부 쪽에 영향을 많이 주게 되면, 아이는 운동 능력이 좋은 신체적 특성을 타고 나게 되며, 측두엽 쪽에 영향을 많이 받으면 언어 능력 등이 좋은 아이가 된다.

전두엽 쪽에 영향을 많이 받으면 사고력과 지능이 높은 아이가 되며, 뇌의 안쪽에 위치한 구피질 쪽에 영향을 많이 받으면, 좀 더 본능적이고 감정적인 아이가 되는데, 이러한 영향은 여러 가지 조합으로 구성되어 동시에 아이에게 영향을 주게 된다. 이러한 영향을 구분할 수 있는 것이 바로 태어나는 시점의 우주 에너지 분포를 표현하는 여덟 글자로 이루어진 사주인 것이며, 일종의 우주에너지의 디지털 부호인 것이고, 이와 같은 이유로 한 사람의 인생을 조망하는 도구로써 사주는 유용한 것이다.

사주는 木·火·土·金·水의 다섯 종류 우주에너지를 여덟 개의 글자로 표현한 것이므로, 필연적으로 에너지의 불균형이 일어날 수밖에 없고, 이러한 불균형을 보완하기 위해 이름이라는 수단을 통해 각각의 글자가 갖고 있는 원래의 에너지(주로 *字源五行*)를 활용하여 불균형을 해소하고자 하는 것이다. 그렇다면 이런 사주의 부족한 부분을 보충하기 위해 짓는 이름은 어떻게 인생에 도움을 줄 수 있는가? 사주의 부족한 부분을 보충했기 때문에 인생이 더 좋아진다면, 과연 원래의 사주가 맞다고 할 수 있는가? 사주는 이름에 의해 변할 수 있다는 것인가? 좋은 이름이 인생에 좋은 영향을 준다고 인정을 한다 해도 발음과 글씨(이미지)와 의미로 구성되어 있는 추상명사인 이름이 어떻게 우리의 인생에 영향을 준다는 것인가? 이에 대한 이야기를 해보고자 한다.

정신분석학자 칼 융은 집단무의식[1]에 대한 이론을 제시했으며, 이는 현대 정신분석에 있어서 기본이 되는 이론이다.

인간은 그들이 속한 집단의 역사적 경험을 무의식에 저장하고 태어난다는 것이 이 이론의 골자인데, 여기서 말하는 집단은 크게는 우리 인류 전체가 될 수도 있고, 작게는 한 집안 식구라는 규모도 될 수 있다. 우리 한국인은 한국인만의 역사를 집단무의식으로 갖고 태어나며, 이러한 집단무의식은 의식으로 표출되지 않으므로 우리는 이 집단무의식을 인지할 수는 없지만, 우리의 행동에 의식보다도 더 많은 영향을 준다는 것이 이 이론이 주장하는 내용이며, 이는 사실로 받아들여지고 있다.

예를 들어, 죽음을 앞둔 한국인에게는 저승사자가 보일 수 있으나, 절

---

[1] 집단 무의식(集團無意識, Collective unconscious)은 칼 융이 제창한 분석심리학의 중심개념이며 인간의 무의식의 심층에 존재하는 개인의 경험을 넘은 선천적 구조 영역이다. 보편적 무의식(普遍的無意識)이라고도 부른다.(출처: 위키피디아) 집단 무의식은 '옛 조상이 경험했던 의식이 쌓인 것으로서 모든 사람들에게 공통된 정신의 바탕이며 경향'이라는 것이다.(출처: 시사상식사전, 박문각) 융은 이전의 세대가 경험한 것은 미래의 세대에 유전되기 때문에 새로 학습할 필요가 없다는 라마르크의 획득형질의 이론을 받아들여 인간의 무의식을 진화의 관점에서 설명하고 인류전체, 또는 개체가 속한 민족, 집단을 대상으로 상정하는 집단무의식의 개념을 발전시킨 것이다.(출처: 문학비평용어사전)

대로 늑대인간이나, 드라큘라 혹은 좀비들이 나타나지는 않는 것이다. 역으로 서양인들의 죽음 앞에는 절대로 우리가 아는 저승사자가 나타나지는 않을 것이다. 이는 우리 한국인만이 공유하는 역사적 경험의 인식 체계가 우리의 집단무의식에 녹아 있음을 증명하는 것이다.

또한, 우리 한국인의 집단 무의식에 녹아 있는 것 중의 하나가 바로 음양오행이라는 사상인데, 일제의 한국문화 말살 정책과 해방에 이어진 6.25사변, 이를 극복하는 경제개발 및 근대화 과정에서 비과학적이고 진부한 사상으로 치부되어 한국의 많은 현대인들이 모르거나 혹은 오해를 하고 있는 사상 중의 하나인 것이다.

그럼에도 불구하고 음양오행사상은 우리 한국인의 집단무의식에 강력히 뿌리 박혀 우리의 행동을 의식보다도 더 강하게 통제하고 있다.

천 년 이상 된 우리나라 역사 속의 음양오행사상은 우리 조상들의 의식주를 포함한 생활, 문화는 물론 통치자의 지배수단으로 장구한 시간을 내려온 사상인데, 예를 들어, 조선시대 의복을 보면 지체가 높은 남자일수록 하늘의 양기를 많이 받을 수 있는 갓의 넓이가 넓어지며, 그 양기가 빠져 나가지 않도록 발목에 대님을 묶었고, 여자들은 땅의 음기를 많이 받기 위해 치마를 입었으며, 그 음기가 흩어지지 않도록 가슴 위에서 치마를 묶은 것이다.

또, 조선을 건국한 이성계는 木의 기운을 가진 자신의 李(이)씨 왕조가 金(금)씨에 의해 金克木(금극목)을 당한다는 예언에 대한 조치로써 모든 금(金)씨 성을 김(金)씨 성으로 부르게 한 것이며, 이로 인해 지금의 모든 김(金)씨는 그들이 음양오행사상을 인정하든 말든 음양오행사상에 따른 결과로 현대를 살아가고 있는 것이다.

음양오행사상을 바탕으로 한 풍수지리학에 의해 도읍으로 정해진 한양, 즉 서울은 현재도 대한민국의 수도이며, 전 국민의 20%가 거주하는 세계 10대 거대 도시 중의 하나인 것이다. 우리의 위대한 한글에도 음양오행사상은 깊숙이 반영되어 있고, 이 외에도 수많은 사례들이 우리 조상들의 생활 자체가 음양오행사상이 기반된 삶이었음을 보여주고 있으며, 이와 같은 과정과 역사를 통하여 음양오행사상은 우리 한민족의 집단무의식에 뿌리 깊이 잠재되어 있다.

그러므로 음양오행사상을 바탕으로 한 작명법에 의해 지어진 좋은 이름이라면 그것이 발음이든, 글자이든, 의미이든 상관없이 인생에 좋은 방향으로 영향을 준다는 강력한 믿음과 인식 위에 실질적인 효과를 발휘하였고, 현대인에 있어서는 집단무의식 속에 강력하게 남아 있어 실제 현대인의 인생에 좋은 쪽으로의 영향을 주는 것이다.

그러나 아무리 좋은 이름도 운의 부침에 따라 일정 부분 정도의 좋은 방향으로의 영향을 주기는 하지만(좋은 운은 더 좋게, 나쁜 운은 덜 나쁘게), 사주 전체의 틀과 운을 바꿀 수는 없는 것이다. 그것은 이름이 사주의 바탕 위에 작성된 사주의 보조적인 수단이기 때문인데, 만약 이름 때문에 사주가 달라진다면 달라진 사주의 부족분을 보충하기 위한 이름이 또 만들어져야 한다는 것을 의미하며, 이것은 태어난 시점에 확정된 별들의 배치를 후천적인 이름으로 바꿀 수 있다는 것을 의미하므로 전혀 논리성이 없는 얘기임을 알 수 있다. 이를 그래프로 그려보면 다음과 같다.

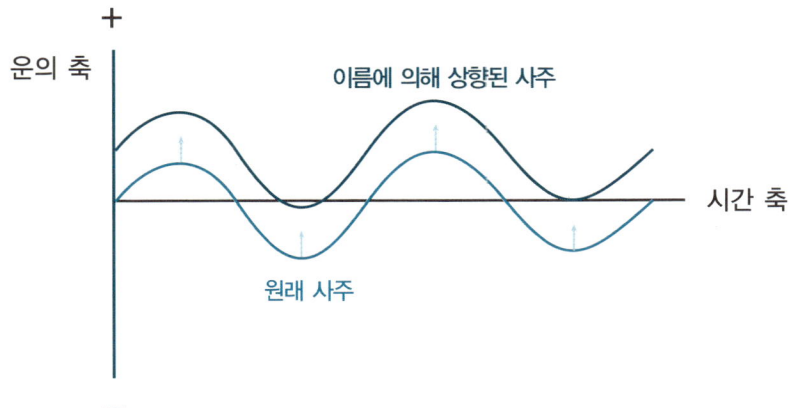

　이름과 관련하여 또 한 가지 중요한 이론은 카오스(복잡계)[2]이론에 나오는 나비효과 이론[3]이다. 나비효과란 브라질에 있는 나비 한 마리의 작은 날갯짓이 미국 텍사스에 토네이도를 일으킨다는 이론으로, 초기의 작은 차이가 커다란 결과를 야기하는 것을 말하며, 우리가 사는 현실세계는 모두 이런 나비효과가 적용되는 복잡계 세상이라는 것이다. 복잡계의

---

2) 카오스(복잡계) 이론은 작은 변화가 예측할 수 없는 엄청난 결과를 낳는 것처럼 안정적으로 보이면서도 안정적이지 않고, 안정적이지 않은 것처럼 보이면서도 안정적인 현상을 설명한다. 또한 겉으로 보기에는 한없이 무질서하고 불규칙해 보이면서도, 나름대로 어떤 질서와 규칙성을 가지고 있는 현상을 설명하려는 이론이다. 물리학에서는 안정된 운동 상태를 보이는 계(系)가 어떤 과정을 거쳐서 혼돈 상태로 바뀌는가를 설명함으로써 혼돈 현상 속에도 어떤 숨겨진 질서가 있다는 것을 밝히려는 이론으로 정의한다. 지금은 물리학뿐 아니라 경제학·수학·기상학·천문학·의학·생물학 등 다양한 분야에서 활발한 연구가 이루어지고 있지만, 아직까지는 초기 단계에 머물러 있다. 카오스이론을 보여주는 대표적인 예로는 증권시장에서 주식 가격의 변화, 나뭇잎의 낙하운동, 물의 난류 현상, 회오리바람, 태풍이나 지진 메커니즘 등을 들 수 있다.(출처: 두산백과)

3) 브라질에 있는 나비의 날갯짓이 미국 텍사스에 토네이도를 발생시킬 수도 있다는 과학이론이다. 미국의 기상학자 에드워드 로렌츠(E. Lorentz)가 1961년 기상관측을 하다가 생각해낸 이 원리는 훗날 물리학에서 말하는 카오스이론(Chaos Theory)의 토대가 되었다. 변화무쌍한 날씨의 예측이 힘든 이유를, 지구상 어디에서인가 일어난 조그만 변화로 인해 예측할 수 없는 날씨 현상이 나타났다는 것으로 설명한 것이다. 오늘날 세계화 시대에서 나비효과는 더욱 강한 힘을 갖는다. 디지털과 매스컴 혁명으로 정보의 흐름이 매우 빨라지면서 지구촌 한 구석의 미세한 변화가 순식간에 전 세계적으로 확산되는 것 등을 그 예로 들 수 있다.(출처: 두산백과)

아주 단적인 현상이 바로 우리의 뇌 활동이며, 뇌의 활동에 의해 표출되는 인간세계와 그곳에서 발생하는 사건 또한 복잡계 현상의 하나이다.

좋은 이름을 가진 사람이 집단무의식에 의해 인생의 운이 긍정적인 방향으로 상향 이동되면, 나쁜 운이거나, 재수 혹은 우연에 의해 급작스런 한계 상황에 떨어질 때, 이름이 주는 약간의 긍정적인 힘으로부터 나비효과가 발생하여 최악의 상황으로부터 그 사람을 구해낼 수도 있다. 물론 이름의 영향을 받지 않을 정도의 큰 운의 영향은 어쩔 수 없이 피해를 최소화하여 받을 수밖에는 없을 것이다. 이것을 그래프로 나타내면 다음과 같다.

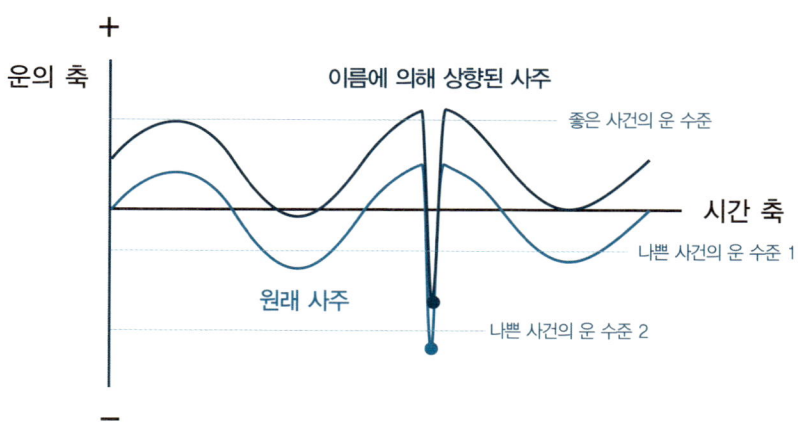

사업의 실패 등 [나쁜 사건의 운 수준 1]인 경우, 원래 사주라면 안 좋은 일을 당할 것을 이름에 의해 상향된 사주는 영향을 받지 않는다. 생과 사의 기로와 같은 [나쁜 사건의 운 수준 2]의 경우에도 이름에 의해

상향된 사주는 작은 차이로 인해 죽을 목숨을 산목숨으로 돌려놓는 커다란 결과의 차이를 낳게 하는 것이다. 원래의 사주가 올라설 수 없는 좋은 사건의 운 수준에도 이름에 의해 상향될 사주는 도달하게 함으로써 이름의 소유주에게 커다란 결과의 차이를 가져다 준다.

즉, 음양오행사상에 입각하여 잘 만들어진 좋은 이름은 집단무의식에 의하여 사주의 형태를 변화시키지 않고, 그 이름의 소유주에게 평생 동안 지속적이며 긍정적인 영향을 미치게 되는 것이다. 평생을 그 사람만을 위해서 일 초도 떠나지 않고 따라 다니는 수호천사라고 할 수 있는 것이다. 또한, 좋은 이름은 가진 사람은 어려운 운이 오더라도 무의식적인 심리적 자신감과 함께 나비효과에 의해 좋은 이름을 갖지 않았더라면 겪어야 할 인생의 어려움을 겪지 않을 수도 있다.

이처럼 음양오행사상에 입각한 좋은 이름을 지어 주는 것은 평생의 수호천사를 배치하여 주는 일이며, 음양오행사상의 집단무의식을 갖고 있는 우리 한국인에게는 꼭 필요한 매우 중요한 일인 것이다. 한국인이 영어이름을 짓는다고 하여도 역시 동일한 집단무의식을 가지므로, 음양오행 사상에 입각한 영어이름을 짓는 것은 실질적인 효과를 발휘하는 일이며, 세계 어디를 가든 부모가 도와주지 못하는 상황에서도 수호천사가 될 것이며, 그렇기 때문에 영어이름을 음양오행사상에 기초하여 제대로 짓는 일은 한국인의 글로벌 인생에 매우 중요한 일인 것이다.

2. 이름의 의미

이름 Name이란[4] 그것의 표현을 듣는 상대방으로 하여금 그 대상에 대한 대부분의 요소들, 즉 성격(性格), 형태(形態), 용도(用度), 역사성(歷史性) 등을 인식하고 다른 대상들과 구분을 짓는 것이다.

동양에서는 성명(姓名)이라고 하는데 성(姓)은 女+生으로 여자가 낳았고 부모의 씨를 받은 존재이므로 성씨(姓氏)라고 한다.

명(名)자는 성씨에 붙는 이름을 말하며 명(名)자는 저녁 석(夕)과 입 구(口)자가 합쳐서 이루어진다. 저녁은 해가 져 어둠이 시작되고 입 구(口)는 소리 냄을 뜻하니 어두워 모습을 구분할 수 없어도 입으로 소리 내어 불러서 각각을 구분할 수 있도록 하는 것이다. 즉, 이름[名]이란 어두워 보이지 않아도 소리로 불러서 구분한다는 것으로 이름을 쓰게 된 근본적인 이유이다.

미국인이나 영국인의 이름은 John Fitzgerald Kennedy처럼 대개 세 부분으로 이루어져 있다.

첫 번째 이름(First name)은 주어진 이름(Given name)이라고도 한다.

---

[4] name이란 단어의 어원은 고대 영어 nama; 고대 고지 독일어 namo, 산스크리트어 n man, 라틴어 nomen, 그리스어 onoma와 유사. 인도 게르만 공통조어 nomn-에서 왔을 가능성도 있음. 타밀어 namam과 유사점도 있음.

가운데 이름(Second name, Middle name)은 이니셜(Initial)로만 표기할 때도 있다.

마지막 이름(Last name)은 가족 이름(Family name) 또는 성(Surname)이라고 부른다.

이러한 이름 체계는 오스트레일리아나 남아메리카 등 유럽의 식민지였던 지역에까지 전파되었고, 표기할 때에는 보통 First name과 Second name을 줄여 J. F. Kennedy와 같이 나타내기도 한다. 한국인들은 브라질의 축구 선수들을 말할 때 이름만으로 말하거나 아예 이름 대신 애칭 '호나우드, 카카' 등으로 말한다(출처 :위키피디아).

동서양을 막론하고 이름은 언어학(言語學) 발전과 깊은 연관성을 갖는다. 문자가 발전하면서 상호간 소통이 원만하게 이루어지고 이름도 이와 발맞춰 발전하였다고 볼 수 있다. 또한 이름도 시대의 트렌드에 따라 선호하는 패턴이 있게 되니 이름 작명도 유행을 외면할 수만은 없는 것 같다.

3. 한국이름과 영어이름은 어떻게 다른가?

◆ 먼저 한국이름과 영어이름의 차이점은 이름과 성(姓)의 배열이 반대라는 점이다. 한국은 성과 이름순으로 기록되지만 영어이름은 이름과 성순으로 기록된다.

예컨대 한국이름이 '홍 길동' 이라면 미국에서는 '길동 홍'이 된다.

> 한국 : 홍 길동 Hong Gildong
> 미국 : 길동 홍 Gildong Hong

◆ 영어이름의 순서와 형식은 다음과 같다.

> First name + Second name + Last name
> Given name + Middle name + Surname
> Given name + Family name

두 개 이상의 Second name을 가질 경우, multiple middle name이라고 한다.

◆ 영어이름에 있어서는 여성과 남성의 구별을 한국이름보다 더욱 비중을 두는데, 여성형으로만 쓰이는 이름과 남성형으로만 쓰이는 이름이 대부분이다. 양쪽에 모두 쓰이는 이름들이 있기는 하지만 비중이 크지 않으므로, 본서에는 여성용 이름과 남성용 이름으로만 정리하였고, 여성과 남성 모두에게 쓰이는 이름인 경우 비고란에 중성으로 표시하였다. 중성으로 쓰이는 이름의 경우, 여성의 이름으로 쓰일 때와 남성의 이름으로 쓰일 때, 발음, 뜻, 어원 등이 다를 수 있으므로 해당하는 성의 어원을 확인해야 한다. 기본적으로, 여성이면 여성 영어이름 중에서 선택을 하고, 남성이면 남성 영어이름 중에서 선택하면 큰 무리가 없을 것이다.

◆ 한국이름은 한자와 병행하여 사용한다. 예컨대 우리 국민의 대부분은 '홍길동(洪吉童)'과 같이 사용한다. 이는 면밀하게 본다면 두 개의 언어를 동시에 사용하고 있는 것과 같다. 그러나 영어이름은 이름이 갖는 어원(語源)의 출처가 다양할 뿐 영어알파벳이 조합된 단어(명사)로 이름을 사용한다. 알파벳 조합은 라틴어, 히브리어, 그리스어, 영국어(잉글랜드어 – 현재는 영어라 불림, 스코틀랜드어, 아일랜드어, 게일어, 웨일즈어 등), 프랑스어, 독일어(게르만어, 켈트어 등), 스페인어, 이탈리아어, 힌두어, 스와힐리어와 성서, 그리고 자연물과 투쟁의 역사에 대부분 어원을 두고 있다.

◆ 한국인의 성씨는 반드시 먼저 족보에 따른 본(本)이 구별된다. 그리고 이름은 '한글' 이름과 '한글 + 한자' 병행이름으로 신고할 수 있다. 즉, 강씨 성이라도 강(姜)과 강(康)씨로 구별되고, 조씨 성이라도 조(趙)

와 조(曹)씨로 구별되며, 유씨 성이라도 유(柳)와 유(俞), 유(劉) 등으로 본에 따라 한자가 다르다. 그리고 출생신고는 한자 없이 '홍길동'과 한자를 부여한 '홍길동(洪吉童)'으로 신고할 수 있다. 영어이름은 하나의 성씨가 이러한 두 가지 언어로 표현되지 않는다.

◆ 남녀가 결혼할 경우 한국은 남녀 모두 기존에 사용했던 성과 이름을 호적에 등재한다. 그리고 둘 사이에서 태어나는 자녀들은 특별한 사유가 없는 한 아빠의 성을 따라 사용한다. 그러나 미국은 남녀가 결혼할 경우 여자는 부모에게서 받은 성이 배우자의 성으로 바뀌게 된다. 부부 사이에서 태어난 자녀들은 우리 한국과 같이 아빠의 성을 따라 이름을 사용한다. 예컨대 미국의 전 클린턴 대통령의 가족과 부인 힐러리 클린턴 여사의 예를 보자.

힐러리 로댐 클린턴	Hillary Rodham Clinton
배우자 빌 클린턴	Bill Clinton
딸 첼시 클린턴	Chelsea Clinton

Hillary는 이름이며 Rodham은 중간 이름, Clinton은 성이다. 여기서 중간 이름(Second name)은 있는 사람도 있고 없는 사람도 있다. 중간 이름이 있다하더라도 잘 불리지 않는 것이 특징이다. 힐러리 아버지 이름이 '휴 엘즈워스 로댐' 어머니 이름이 '도로시 하월 로댐'인 것으로 보아 힐러리가 성을 클린턴으로 바꾸면서 부모로 부터 받은 성(Rodham)을

중간 이름으로 넣은 것 같다. 참고로 중간 이름은 태어날 때 받는 사람도 있으니 모든 사람의 중간 이름은 이런 식으로 정해지지는 않는다. 버락 오바마 미국대통령도 버락 후세인 오바마(Barack Hussein Obama)로 중간 이름자를 생략한 이름이다.

◆ 한국이름 작명은 성과 이름자를 부여하여 타인과 구별할 수 있도록 하는 것이 작명 목적의 대부분이 된다. 그리고 한글은 자음과 모음이 조합되어 글자가 만들어지고, 또 그 글자가 조합되어 하나의 단어가 만들어질 때 뜻과 의미가 나타난다. 즉 '홍길동', '이순신' 등 이름의 각 글자가 별개의 뜻을 가질 수가 없다. 여기에 한자가 부여될 때만이 뜻을 가지게 된다는 것이 특징이다.

즉, 한글이름 '이명박'은 타인과 구별하는 변별성 외에는 아무런 뜻이 없다. 그러나 한자를 부여한 '이명박(李明博)'은 '밝을 명', '넓을 박'이라는 뜻이 주어져 '밝고 넓다'는 의미가 부여된다. 이와 달리 영어이름은 다양한 탄생의 어원과 함께 다양한 의미와 뜻이 부여되고 있다는 것이 특징이다. 예컨대 미국대통령 버락 오바바(Barack Obama)의 이름 Barack은 히브리어로 '축복받은 자'라는 뜻을 지니고 있다.

◆ 영어의 이름은 First name(Given name)으로 쓰이는 이름과 Last name(Surname, Family name)으로 쓰이는 이름이 구분이 되는데, 일반적으로 First name을 Last name으로 쓰지는 않는다. 그럼에도 불구하고 Last name을 First name으로 쓰는 일은 종종 있는 일이며, 최근의 영어 사용권에서의 작명 추세는 이러한 방법으로 지은 이름을 세련된 것으로 추천하기도 한다.

그러므로 어떤 이름이 Last name인지 아는 것은 한국인으로서 영어 이름을 짓기 위해 알아야 할 사항이므로 본 저서의 영어이름 사전에는 Last name으로 쓰이는 이름을 비고란에 표시하였다.

다행히, 우리나라 사람이 영어이름을 지을 때 성(Last name)을 미국 이름에서 채택할 일은 없을 테니, 본 저서의 영어이름 선택 방법에 따라 본 저서의 영어이름 목록에서 Last name이든 First name이든 좋은 이름을 First name으로 선택하면 될 것이다. 다만, Last name을 영어 이름으로 선택한 경우, 영어권에서는 'Last name을 First name으로 선택했네.' 라는 인식을 한다는 것을 이름의 소유자가 알 필요는 있을 것이다.

또 하나 참고적으로 알아야 할 사항은 Mr., Miss, Mrs. 등과 같은 영어권의 존칭은 Last name에만 적용된다는 것을 기억해야 한다.

예를 들어, John Scott 라는 사람을 처음 만나 'Mr. Scott(Last name), 안녕하십니까?' 라고 정중하게 첫 인사를 하면, John Scott은 '네, 안녕하세요? 편하게 John(First name)이라고 불러 주세요.' 라는 식의 상황을 많이 봐왔을 것이다.

즉, 영어권 인식에서 Last name을 First name으로 쓸 경우, 상대방이 존칭을 쓰고자 할 때 익숙하지 않을 수 있다는 점을 고려해야 한다.

◆ 한국인이 영어 이름을 지을 경우, First name만 영어로 선택하고,

성은 당연히 우리나라 성을 로마자로 표기해서 사용해야 한다.

이와 관련하여 우리나라 정부는 2000.7.7.일자로 문화관광부의 고시 및 시행으로 우리나라의 성 및 이름을 영어로 표기할 때의 표준을 지정하였다. 이는 여권 발행 등 법적인 영어 표준 표기법이므로 꼭 지켜야 하는 규칙인데, 우리나라의 몇 가지 성들은 이 표준적인 로마자 표기법에 의해 영문화 될 때에 의도하지 않은 영어적 의미를 갖게 되는 경우들이 존재한다.

영문화된 성이 일반 영어단어적인 의미를 갖는 경우와 영어이름으로서의 어원적 의미를 갖는 경우로 나눠 볼 수 있는데, 두 가지 경우 모두 영어권의 인식은 그 의미와 관련한 이미지를 갖게 되는 것이다. 이런 경우들에 대해 본 저서에는 작명시 주의사항 편에 별도 첨부하였다. 첨부를 참조하여 본인의 성이 갖는 어울리지 않는 의미 등은 배제하고, 좋은 의미로 연결될 수 있도록 선택하도록 한다.

예를 들어 우리나라의 성씨가 '안' 인 경우, 표준 로마자 표기법에 의하면 An, Ahn, Ann의 세 종류로만 표기가 가능한데, 친절한, 은혜로운 뜻의 이름으로 인식되기 위해서는 Ann으로 표기하면 되고, 아무 의미 없이 발음으로만 존재하기를 원하면 Ahn으로 쓰면 된다. An으로 쓰면 부정관사 an(하나의)으로 인식될 수 있다.

또한, 우리나라의 여권에 적용되는 표준 표기법은 성에 대해서는 아버지의 영문 표기법을 똑같이 따르도록 되어 있으므로, 아버지의 영문 표기법이 결정된 경우에는 그것을 따르도록 한다. 아버지의 영문 표기법이 표준 표기법 이전에 지어진 것이라 로마자 표기법에 어긋날 경우, 여권 재발행시 소명하여 올바른 표기법으로 조정할 수 있다.

◆ 한국이름에 있어서 김일성, 김정일 등은 이름을 지을 당시의 좋은 뜻과는 무관하게 일반인들에게 안 좋은 이미지로 각인되어 있어, 새로 이름을 지으려는 사람은 그런 악명 높은 이름들을 안 지을 것이다. 영어이름에 있어서도 이러한 악명 높은 이름들이 존재하여 이름의 뜻과는 무관하게 피해야할 이름들이 있다. 본 저서에서는 〈이름을 지을 때 주의해야 하는 것들〉 편에 피해야 할 이름들을 정리하였고, 또한 그러한 이름들은 영어이름 사전에서 제외하였으므로, 첨부를 참조하여 영어이름 작명에 적용하기 바란다.

◆ 영어권의 이름에 대한 인식은 우리나라와는 달리 매우 자유롭고, 규정에 얽매이지 않는 경우가 많다. 그래서 우리나라와는 달리 사람에게 쓰는 이름을 강아지, 고양이 등에게도 자연스럽게 붙여서 사용하며, 애완동물과 이름이 같다고 해서 그것을 불쾌하게 생각하지도 않는다. 그러나 우리나라 사람은 본인의 이름이 애완동물의 이름과 같이 불리어지는 것에 대해 불편함이 있을 수 있다. 비록 영어권에서 애완동물 이름에 대해 사람 이름과 인식의 차이점이 없다 하더라도, 이러한 불편함을 느끼는 독자들을 위해 자주 쓰이는 애완동물 이름들을 취합하여 〈이름을 지을 때 주의해야 하는 것들〉 편에 수록하였으니 필요할 경우 참조하도록 한다.

◆ 앞에서 말한 것처럼 영어권의 이름에 대한 인식은 우리나라와는

매우 다른데 그것은 그들의 문화와도 연관되어 있다. 예를 들어 우리나라에서는 까마귀, 늑대, 여우 등은 매우 안 좋은 인상을 갖고 있는 동물들이지만, 영어권은 오히려 좋은 이미지를 갖고 있는 동물들이고, 실제로 이름과도 연결되는 되는 경우가 많다.

달의 경우에 있어서도 우리나라는 토끼가 떡방아를 찧는 친근한 이미지이지만, 영어권의 경우 안 좋은 일이 일어나는 매우 불길한 인상을 갖고 있다. 즉, 우리나라의 문 씨는 Moon보다는 Mun이라는 로마자 표기법을 선택하는 것이 이미지 면에서 좋은 영향을 줄 것이다. 영어이름을 지을 때에도 이러한 문화적 정서 차이에 대한 이해를 할 필요가 있다.

예를 들어 여자이름으로 자주 쓰이는 Mary라는 이름은 그 뜻이 비통한, 쓰디쓴 이라는 의미를 가지고 있는데, 우리나라에서는 이름으로 쓰일 말이 아니지만, 예수 어머니의 비통하고 쓰디쓴 마음을 위로하고 같이 동참한다는 의미에서 널리 쓰이고 있는 이름이며, 그 변형도 매우 많이 발달되어 있는 이름이다. 이렇듯 문화적 차이를 염두에 두고 영어이름을 짓는다면 좀 더 그들 문화에 어울리는 좋은 인상을 주는 영어 이름을 지을 수 있을 것이라 생각한다.

◆ 기타 사항으로 영어이름에 있는 Second(Middle) name 은 그 숫자와 내용에 있어서 제한이 없는데, 사용한다면 편의상 한 가지 정도 추가하는 정도가 보통이다. 우리나라 사람이 영어이름을 지을 때 Second name 을 넣을 필요는 없다고 생각하나, 굳이 넣고자 하는 분은 세례명, 별명, 어머니의 성, 자신의 직업 및 특징 등을 넣는 영어권의 방식을 참고하면

될 것이다.

 또한, 영어이름의 철자의 변형도 가능한데, 예를 들어 여자아이 이름으로 꿀벌을 의미하는 Melissa로 이름을 선택했는데, 좀 더 차별화를 주고자 한다면, Mellissa, Mellisa 등과 같이 약간의 자음과 모음의 변화를 통해 같은 의미를 가지는 또 다른 이름을 만들 수 있다. 그러나 너무 복잡하고 특이한 이름은 상대가 인식하거나 필기하기 어려울 수 있으므로 지양하도록 한다.

4. 성씨와 발음을 이용한 영어이름 짓기

음양오행을 모르는 일반인들이 영어이름을 짓는 방법에 대해서 알아보고, 작명의 기본 고려사항인 이름과 성(姓)과의 발음의 조화를 어떻게 하는지 알아본다.

1) 음양오행을 모르는 일반인들의 선택방법

음양오행을 모르는 일반인들은 실제 서양인들이 이름을 짓는 것처럼 이름의 주인에게 필요한 뜻을 가진 이름을 선택해서 짓는다. 서양인들처럼 태어나는 계절, 태어난 장소, 갖고자 하는 직업, 되고자 하는 것, 현재의 특성, 가졌으면 하는 특성, 세례명 등 종교와 생활, 문화, 환경을 고려하여 성별에 따라 부록에 나오는 영어이름 사전에서 선택하여 이름을 짓는다. 예를 들어, 여자 이름이라면 다음의 예와 같이 [Part 2 영어이름 사전]에서 마음에 드는 이름을 선택한다.

계절 – 시기

Abril, April(4월, 봄, 새로 돋아남)

Nastassia, Nathaly(크리스마스에 태어난)

Morgen(아침, 오전, 새벽)

Easter(부활절에 태어난)

장소 – 출신

Amorica(고대 영국을 가르키는 이름)

Brett(잉글랜드 토박이)

Carmelita(정원, 뜰, 포도원)

Kimberly(왕실 초원 출신의)

Lara(바다, 해양)

Malina(꼭대기에서 온, 높은 곳 출신의)

Whitney(아름다운 섬, 멋있는 섬)

신분 – 직업

Bailey(성벽 내의 뜰, 청지기, 공무원)

Fabienne(콩 재배자)

Georgia(농부)

Kelly(전사, 전투원)

Kristina(그리스도의 추종자)

Queenie(여왕, 왕후, 왕비)

소망 - 특성

Ventura(행운, 좋은 운명)

Salome(고요한, 평온한)

Roxanne(새벽, 여명, 동 틀 무렵)

Neda(부유한 후견인)

종교 등

Elizabeth(하나님께 헌신, 하나님께 봉헌)

어른의 이름을 지을 경우는 본인이 마음에 드는 의미의 이름을 선택하면 되고, 아이의 이름을 지을 경우, 마음에 드는 몇 가지를 선택 후 아이에게 선택하도록 한다. 아이가 어릴수록 본능적으로 자신에게 어울리는 이름을 선택한다고 한다. 한 가지 주의할 점은 선택된 영어이름과 한국 성(姓)과의 발음상의 조화로움이 필요한데, 바로 다음에 설명한 〈이름과 성(姓) 발음을 고려한 선택방법〉을 숙지하기 바란다.

이러한 방법은 음양오행사상과는 전혀 상관없이 영어이름을 짓는 방법이므로, 음양오행사상이 반영된 좀 더 개인에게 도움이 되는 이름을 지으려면 일러두기에서 언급한대로 한국작명가협회에서 발행한 영어이름 자격증을 가진 분들의 도움을 받기를 추천한다. 다만, 일반인도 아주 간소하게 생년월일시를 갖고 대략적으로 필요한 오행을 찾을 수 있는 방법을 다음의 〈오행을 적용한 영어이름 짓기〉에서 설명하였으니, 적극적인 독자들의 많은 활용을 기대한다.

2) 이름과 성(姓) 발음을 고려한 선택방법

영어이름을 사용할 때 한국의 성씨는 그대로 사용한다는 점을 기억해야 한다. 그러므로 발음오행과는 상관없이 영어이름의 발음과 뒤에 붙는 한국 성씨와 조화를 이루게 해야 하는 것이 중요하다. 아래 사례를 보자.

▶ 성씨가 안(安 Ann)일 때

> 잘 어울리는 예 : 맨디 안 Mandy Ann, 헤일리 안 Hailey Ann
> 안 어울리는 예 : 비비언 안 Vivian Ann, 아안 안 Arne Ann

▶ 성씨가 이(李 Lee)일 때

> 잘 어울리는 예 : 데니커 리 Denica Lee, 에드워드 리 Edward Lee
> 안 어울리는 예 : 쉴리 리 Shelley Lee, 메리 리 Merry Lee

▶ 성씨가 박(朴 Park)일 때

> 잘 어울리는 예 : 루이스 박 Louis Park, 으리온 박 Orion Park
> 안 어울리는 예 : 프리다 박 Freda Park, 알렉사 박 Alexa Park

▶ '위대한'이란 뜻의 '모린 Moreen'의 경우

> 잘 어울리는 예 : 모린 박 Moreen Park, 모린 강 Moreen Kang
> 안 어울리는 예 : 모린 이 Moreen Lee, 모린 김 Moreen Kim

▶ '빛, 조명, 누가복음'이란 뜻의 '루치아노 Luciano'의 경우

> 잘 어울리는 예 : 루치아노 한 Luciano Han, 루치아노 선 Luciano Sun
> 안 어울리는 예 : 루치아노 노 Luciano Rho, 루치아노 송 Luciano Song

◆ 영어이름 끝 발음의 초성이 한국 성의 초성과 같지 않게 영어이름을 선택한다.
◆ 영어이름 끝 발음의 모음이 한국 성의 모음과 같지 않게 영어이름을 선택한다.
◆ 특히, 한국 성이 두 글자인 경우, 한국 성의 첫 번째 글자의 초성 및 모음에 위의 방법을 적용한다.(예, '강의 섬에서 온'이라는 뜻의 이니스 황보 Inis Hwangbo)

5. 출생사주를 이용한 영어이름 짓기

출생사주를 고려한 영어이름 짓기는 동양권과 한국의 음양오행(陰陽五行)문화를 참고하여 적용하는 하는 방법이다. 즉, 개인의 출생연월일시에 육십갑자를 배열하여 구성되는 사주팔자(四柱八字)의 음양오행 분포에 따라 부귀빈천과 길흉관계를 판단하는 것으로 이때 일간(日干; 자신)을 도와주는 오행을 이름에 보충하는 방법이다. 이는 앞에서 설명한대로 한국인의 집단무의식을 활용하여 실질적으로 이름의 좋은 효과를 볼 수 있는 방법이므로 가능한 이 방법을 따르기를 추천한다.

먼저 오행을 적용하는 방법으로 즉 木·火·土·金·水 다섯 가지 오행 중 개인의 사주에 보충되어야 하는 오행을 각각 구별하고, 해당 오행의 에너지와 같은 뜻을 가진 어원의 영어이름을 선택하는 방법이 있다. 이 때, 발음오행을 적용해서는 안 되는 이유를 다음에 정리하였다.

그리고 음양오행의 상생상극에 의하여 정해지는 비겁(비견, 겁재), 식상(식신, 상관), 재성(편재, 정재), 관성(편관, 정관), 인수(편인, 정인)의 열 가지 십성이 가지는 의미를 보충하는 것이다. 십성은 각각 성격과 재능, 직업적성 등의 개인 고유성을 나타내고 있다. 그러므로 개인의 사주에서 중요한 작용을 하는 십성을 선택하고, 그 십성과 같은 의미와 어원을 가지고 있는 영어이름을 선택하는 것이다.

오행에 의한 작명을 우주에너지의 분포에 따른 자연과학적 작명이라면, 이런 우주에너지에 따라 탄생된 인간들의 고도화된 사회생활에서 한 개인만의 사회적 특성을 파악하여 이름에 적용하는 것은 십성을 이용한 사회과학적 작명이라고 볼 수 있다. 그러므로 훌륭한 작명가는 정확한 오행과 십성을 파악하여, 오행만을 적용할지, 십성만을 적용할지, 아니면 둘을 모두 포함해야 할지에 대한 명확한 판단을 통해 개인에게 꼭 맞는 이름을 지어 줘야 한다. 이러한 방법은 이름에 기복(祈福)을 소망하는 한국인의 정서와 맞물려 영어이름을 선택하는 데 매우 합리적이고 바람직한 방법인 것이다.

참고할 것은 영어이름은 '오행의 뜻을 가진 이름'과 오행과 상관없는 '어원과 의미를 가진 이름'들이 있다. 그러므로 첫째는 사주에 필요한 오행에 따라 영어이름도 해당 오행의 뜻을 가진 이름을 적용하면 된다. 둘째는 사주에서 필요한 십성이 가진 의미와 부합되는 어원과 의미를 가진 영어이름을 선택하면 된다. 셋째는 오행이나 십성과는 상관없이 종교, 생활, 문화, 환경 등과 아이에게 기리는 의미 등을 참고하여 선택하는 방법인데, 이는 앞에서 설명한 일반인들이 음양오행과 무관하게 이름을 짓는 방법과 동일한 것이다.

즉, 영어이름은 오행이나 어원과 의미로 분류할 수 있으므로 한국인을 위한 영어이름 짓기는 위에서 설명한 '오행'과 '십성'을 적용하여 자신의 운을 돕는 기운의 영어이름을 갖게 될 수 있다. 그 외 종교, 생활, 문화, 환경 등을 고려하여 영어이름을 선택할 수 있다. 이와 같은 오행과 십성을 고려하여 개인의 운을 도와주는 영어이름 작명에 대한 사례를 각각의 장에서 살펴본다.

1) 발음오행을 적용해서는 안 되는 이유

한글 발음오행이 안 맞는 논리적 이유와 실질적으로 우리 조상들이 이름을 짓는 데 있어서 발음오행을 적용하지 않았음을 알아본다. 영어이름에 발음오행을 적용해서는 안 되는 근거가 되는 것이다.

◆ 한글 발음오행은 잘못된 것

한글 발음에서 ㅅ과 ㅈ은 금(金)발음이다. '사랑해'는 좋은 뜻이나 '사기꾼', '소름 끼친다'는 무서운 뜻이다. '좋아'는 좋은 뜻이나, '죽여'는 무서운 뜻이다. 이처럼 발음이 어떠한 뜻을 가진 단어를 만들어 사용하는 것이 중요한 것이지, 자음의 발음 자체에 기운이 담겨져 전달된다는 것은 매우 비합리적일뿐 아니라 밝혀진 사실도 없다. 예컨대, '나 수가 필요해'라고 발음했을 때, 듣는 사람에게 무엇이 필요하다고 전달되었을까? 은어로 정해놓지 않는 한 알 수 없을 것이다. 다음의 예를 보자.

> 수(水)자를 넣으면 물(水 기운)이 필요한 것을 알 수 있다.
> 수(燧)자를 넣으면 횃불(火 기운)이 필요하다는 것이고
> 수(銖)자를 넣으면 저울(金 기운)이 필요하다는 것이고
> 수(峀)자를 넣으면 산의(土 기운)이 필요하다는 것이고
> 수(樹)자를 넣으면 나무(木 기운)가 필요하다는 것을 알게 된다는 것이다.

우리의 한글이 세계적으로 훌륭한 문자임은 틀림없는 사실이나, 한자문화권에서 한글이 만들어진 원리에 따라 자음과 모음이 조합되어 동, 석, 우, 강, 태 등 이와 같이 독립된 글자가 만들어지고 소리나는 것으로는 그 뜻이나 기운을 알 수 없고 전하기도 어렵다.

또한, 이름은 '좋아', '죽어', '사랑해', '싫어' 등 하나의 단어가 만들어져 의미를 전달하는 한글의 표현방식이 적용되지 않는다는 것이다. 그러므로 홍길동(洪吉童)이나 홍길동(洪桔桐)과 같이 글자의 자의(字意)와 자의에 포함된 자원오행(字源五行)이 중요한 것이지, 글자 자체가 갖고 있는 발음이 오행의 기능을 발휘한다고 주장하는 발음오행[5]은 매우 잘못된 것이다.

실제로 우리의 조상들은 이름을 짓는데 있어서 발음오행을 적용하지 않았었는데, 음양오행사상을 통치사상에 반영한 조선왕조 27대 왕들의 이름들 중에서 7명의 이름이 발음오행상으로 맞지 않는 것[6]을 알 수 있으며, 나라를 빛낸 위인들의 많은 수가 발음오행과는 무관한 이름을 갖고 있는 것[7]을 볼 수 있다. 거의 대부분의 가문들이 사용했던 돌림자가 기본적으로 木·火·土·金·水를 적용한 음양오행사상을 반영했음에도 불구하고 발음오행을 적용하였다는 근거를 찾을 수 없는데, 이러한 사실들은 우리 조상들이 음양오행사상을 채택하여 이름을 지었음에도 불구

---

5) 발음오행은 한글자음에 오행이 해당하며, 이것들이 상생하도록 이름을 짓는 것을 말한다. 가장 많이 쓰는 훈민정음운해를 기준으로 木:ㄱ,ㅋ 火: ㄴ, ㄷ, ㄹ, ㅌ 土: ㅇ,ㅎ 金: ㅅ, ㅈ, ㅊ 水: ㅁ, ㅂ, ㅍ를 말한다.
6) 1대 태조 이성계(금극목), 2대 정종 이방과(토극수), 3대 태종 이방원(토극수), 8대 예종 이광(목극토), 14대 선조 이균 → 이과(목극토), 23대 순조 이공(목극토), 25대 철종 이변(토극수)
7) 권율(목극토), 곽재우(금극목), 김정호(금극목), 김홍도(목극토), 안중근(목극토), 김옥균(목극토) 등

하고 발음오행을 적용하지 않았다는 사실을 보여주고 있는 것이며, 이는 우리의 집단무의식에 그대로 반영되어 발음오행을 적용한 이름은 이름으로써의 효과를 발휘하지 않는 것임을 알 수 있다.

훈민정음 해례본에서 밝힌 한글 창제 원리에 따라 한글에 음양오행사상이 반영된 것이 확실하게 되었는데, 이는 한글 창제에 음양오행사상이 반영되었다는 것을 의미하는 것이지, 철자의 조합에 발음오행을 적용하라는 의미는 아닌 것이다.

발음오행이 중요했다면, 한글창제에 큰 역할을 하고 한글창제의 원리를 누구보다 잘 알았던 신숙주가 그의 후손들의 이름에 발음오행을 적용하도록 하였을 것이다. 그러나 실제로 신숙주의 손자 중의 하나가 이조판서까지 오른 신광한이며, 이는 금극목하는 이름이고, 신숙주의 직계 후손 중의 한 명이며 훈민정음운해를 집필한 신경준 또한 금극목하는 이름이다. 역사에 이름이 오를만한 인물들의 이름이 저러하니 이름이 오르지 않은 사람들을 고려하면 그 수는 더욱 많아질 것이다.

이러한 역사적 사실은 발음오행이 중요한지 여부의 문제가 아니라, 발음오행 자체를 고려하지 않았다는 것을 의미한다. 자음 혹은 철자 자체에 음양오행의 기운이 담긴다는 말이 얼마나 비논리적인지는 앞에서 설명하였다.

만약, 자음을 포함한 철자의 조합에 발음음양오행을 적용하라는 것이 한글 제작의 의도였다면, 지금 우리가 쓰는 한글에 단어와 문장 등을 발음오행에 맞춰 모두 바꿔야한다는 것을 의미하며(이것이 가능한 일이긴 하겠는가?), 이는 우리가 쓰는 말을 소리글자로 만들어 모든 백성들이 두루

편하게 사용할 수 있도록 하고자 하셨던 세종대왕의 한글창제 기본 의도에도 배치되는 것이다. 이름에 발음오행을 적용한다는 것은 마치 어린 아이에게 새총을 만들어 주었더니, 호랑이를 잡으러 가겠다는 것처럼 매우 무모한 적용이다.

◆ **영어이름에 한글 발음오행 적용은 더더욱 잘못된 것**

한글이름에서도 발음오행 적용은 잘못된 것임에도 불구하고, 알파벳이 조합되어 의미 있는 단어가 만들어지는 영어이름에 있어서 단어의 첫 알파벳에 한글발음오행을 적용한다는 것은 한마디로 어불성설(語不成說)이다.

예컨대 알렉산더Alexander에서 'Al : 알' 발음 중 한글초성 자음 'ㅇ'이 토(土)오행 발음이라고 하면 아홉 글자나 되는 알파벳을 모두 土 기운으로 본다는 것이다. 이는 매우 잘못된 것이다.

즉, 그리스어로 인류의 수호자라는 어원을 가지고 있는 알렉산더 Alexander를 단지 土 오행으로 구분해버린다는 것은 아예 설득력이 없다는 것이다. 이 부분은 필자가 TV 방송을 통해 여러 차례 지적하였다.

한국인이 영어이름을 사용할 경우 이름 뒤에 한국 성이 그대로 적용되는 것을 감안한다면 가장 먼저 [이름 + 성]의 발음이 조화를 이루어야 한다는 것을 고려해야 한다.

2) 오행을 적용하는 영어이름 짓기

① 사주에서 필요한 오행을 구별한다.
② 남녀의 성별을 구별한다.
③ [Part 2 영어이름 사전]에서 필요한 오행을 대변하는 의미와 어원을 가진 영어이름을 선택한다.

> [Tip]
> 일반 독자분들은 개인의 사주에 보충해야할 오행을 구하기가 쉽지 않을 것이다.
> 인터넷으로 '사단법인 한국작명가협회'(www.koname.or.kr)에 들어가 우측 상단의 [춘광만세력]에 영어이름 작명대상자의 생년월일을 기록하여 넣으면 사주구성 아래 용·희·기·구·한과 오행이 같이 나오게 된다. 여기서 '용'에 해당하는 오행을 보충하면 된다.
> 그리고 오행이나 십성의 의미를 가지고 있지 않은 영어이름은 누구나 공통적으로 사용하면 된다.

사주	오행별 영어이름 키워드
木 필요	봄, 나무, 청·녹색, 동쪽, 아침, 바람, 초원, 날개, 새싹, 머리칼, 다리, 시야, 포도원 등
火 필요	여름, 태양, 불의 신, 빛, 적색, 낮, 남쪽, 광채, 밝은, 화려한, 따듯한, 높은 곳, 하늘 등
土 필요	산, 광야, 노랑·황색, 중앙, 흙, 언덕, 땅, 토지, 성당, 신중한, 농장, 밭, 황야, 꿀벌, 달콤한 등
金 필요	가을, 바위, 흰색, 서쪽, 저녁, 영웅, 통치자, 용감한, 보석, 저녁, 독수리, 귀중품 등
水 필요	겨울, 바다, 시내, 흑색, 북쪽, 밤, 해변, 안개, 항구, 강, 운하, 습지, 계곡, 비, 어두운 등

① 木오행 에너지의 적용사례

성씨가 김(金)인 남자 아이가 오행 목(木)이 필요한 경우

이때 영어로 '나무'라는 뜻을 가진 Silvester로 이름을 지으면,

실베스터 김(Silvester Kim)이 된다.

▶ '실베스터 김'은 발음이 편하고 당사자의 사주에 필요한 목기운의 에너지를 잘 보충하게 되었다.

② 火오행 에너지의 적용사례

성이 강(姜)인 겨울출생의 여자아이가 오행 화(火)가 필요한 경우

이때 영어이름을 '따뜻한'이라는 뜻을 가진 Ardelia로 짓는다면,

아델리어 강(Ardelia Kang)이 된다.

▶ '아델리어 강'은 발음이 조화를 잘 이루고 있으며, 사주에 필요한 火 기운의 에너지를 잘 보충하고 있다. 결과적으로 자신의 운명에 행운을 주는 중요한 의미와 독창성을 갖게 된다.

③ 土오행 에너지의 적용사례

성씨가 박(朴)인 남자아이가 오행 토(土)가 필요한 경우

이때 영어로 '요새화된 언덕'이라는 뜻을 가진 Arlo로 짓는다면,

알로우 박(Arlo Park)이 된다.

▶ '알로우 박'은 발음이 편하고 당사자의 사주에 필요한 토(土)기운의 에너지를 잘 보충하고 있게 되었다.

④ 金오행 에너지의 적용사례

성씨가 윤(尹)인 여자아이가 오행 금(金)이 필요한 경우

이때 영어로 '옥 보석'이라는 뜻을 가진 Jady로 짓는다면,

재디 윤(Jady Youn)이 된다.

▶ '재디 윤'은 발음이 편하고 당사자의 사주에 필요한 금(金)기운의 에너지를 잘 보충하고 있게 되었다.

⑤ 水오행 에너지의 적용사례

성씨가 조(趙)인 남자아이가 오행 수(水)가 필요한 경우

이때 영어로 '습지'라는 뜻을 가진 Vance로 짓는다면,

밴스 조(Vance Jo)가 된다.

▶ '밴스 조'는 발음이 편하고 당사자의 사주에 필요한 수(水)기운의 에너지를 잘 보충하고 있게 되었다.

3) 십성을 적용하는 영어이름 짓기

① 사주에서 필요한 십성을 구별한다.
② 남녀의 성별을 구별한다.
③ [Part 2 영어이름 사전]에서 필요한 십성을 대변하는 의미와 어원을 가진 영어이름을 선택한다.

사주	오행별 영어이름 키워드
비겁 (격, 용신)	왕, 수호자, 모험가, 전달자, 조력자, 우정, 궁수, 칭찬, 자유로운, 행복, 강함, 의지, 형제, 친구 등
식상 (격, 용신)	아름다운, 자유, 예쁜, 꽃, 예술적인, 별, 재능, 순수한, 친절한, 젊은, 요정, 창조, 아이, 소녀 등
재성 (격, 용신)	부유한, 광야, 개척자, 귀한, 선물, 진주, 즐거움, 행운, 보석, 도시, 보물, 지역, 마을, 아버지 등
관성 (격, 용신)	명예, 고귀한, 위대한, 승리자, 통치자, 용감한, 신, 보호자, 수호자, 공정, 정복, 왕자, 공주, 자녀 등
인수 (격, 용신)	학자, 서약, 현인, 현명한, 주님, 성서, 사랑, 지혜, 은혜, 영원한, 우아한, 천사, 부모님, 하나님 등

① 인성의 적용사례

성씨가 민(閔)인 여자의 사주가 인성(印星)이 필요한 경우
이때 영어로 '서약'이라는 뜻을 가진 Giselle로 짓는다면,
지셀 민(Giselle Min)이 된다.

▶ '지셀 민'은 발음이 편하고 당사자의 사주에 필요한 인성의 의미를 잘 보충하고 있다.

② 비겁의 적용사례

성씨가 나(羅)인 여자의 사주가 비겁(比劫)이 필요한 경우

이때 영어로 '나의 것'이라는 뜻을 가진 Mia로 짓는다면

미어 나(Mia Na)가 된다.

▶ '미어 나'는 발음이 편하고 당사자의 사주에 필요한 비겁의 의미를 잘 보충하고 있다.

③ 식상의 적용사례

성씨가 정(鄭)인 남자의 사주가 식상(食傷)이 필요한 경우

이때 영어로 '연설자'라는 뜻을 가진 Omar로 짓는다면

오마르 정(Omar Jung)이 된다.

▶ '오마르 정'은 발음이 편하고 당사자의 사주에 필요한 식상의 의미를 잘 보충하고 있다.

④ 재성의 적용사례

성씨가 고(高)인 남자의 사주가 재성(財星)이 필요한 경우

이때 영어로 '부유함'이라는 뜻을 가진 Otis로 짓는다면

오티스 고(Otis Go)가 된다.

▶ '오티스 고'는 발음이 편하고 당사자의 사주에 필요한 재성의 의미를 잘 보충하고 있다.

⑤ 관성의 적용사례

성씨가 차(車)인 남자의 사주가 관성(官星)이 필요한 경우

이때 영어로 '전사·투사'라는 뜻을 가진 Dustin으로 짓는다면

더스틴 차(Dustin Cha)가 된다.

▶ '더스틴 차'는 발음이 편하고 당사자의 사주에 필요한 관성의 의미를 잘 보충하고 있다.

위 사례들에서 보듯 이름과 성의 발음이 조화를 이루게 되면 부르는 이름의 소리가 정확하게 전달된다. 또한 당사자의 사주에서 필요한 오행의 보충과 함께, 십성의 격과 용신의 성공에너지를 영어이름의 어원과 뜻으로 보충할 수 있는 영어이름 작명체계는 매우 합리적이라고 할 수 있다.

위의 설명에서는 음양의 구별 없이 십성을 다섯 묶음으로 구별하였지만, 자격증을 가진 전문가들은 실제 현장에서 좀 더 세밀하게 열 가지로 구분하여 작명할 수 있을 것이다.

> [Tip]
> 영어이름 중에 오행이나 십성의 의미로 구별되지 않는 이름들은 누구나 공통으로 적용하여 사용할 수 있다.

4) 오행과 십성을 동시에 적용하는 영어이름 짓기

① 사주에서 필요한 오행과 십성을 구별한다.
② 남녀의 성별을 구별한다.
③ [Part 2 영어이름 사전]에서 필요한 오행 및 십성을 동시에 대변하는 의미와 어원을 가진 영어이름을 선택한다.

① 木 + 비겁(比劫)의 적용사례

성씨가 선(宣)인 여자가 木오행과 비겁(比劫)이 동시에 필요한 경우
이때 영어로 '흑색나무, 강함'이라는 뜻을 가진 Ebony로 짓는다면
에보니 선(Ebony Sun)이 된다.

▶ '에보니 선'은 발음이 편하고 당사자의 사주에 필요한 木과 비겁의 의미를 동시에 잘 보충하고 있다.

② 火 + 식상(食傷)의 적용사례

성씨가 김(金)인 남자가 火오행과 식상(食傷)이 동시에 필요한 경우
이때 영어로 '빛, 조명, 누가복음'이라는 뜻을 가진 Lucas로 짓는다면
루카스 킴(Lucas Kim)이 된다.

▶ '루카스 킴'은 발음이 편하고 당사자의 사주에 필요한 火와 식상의 의미를 동시에 잘 보충하고 있다.

③ 土 + 인성(印星)의 적용사례

성씨가 조(曺)인 여자가 土오행과 인성(印星)이 동시에 필요한 경우
이때 '습지, 초원, 수분이 많아 동식물이 잘 자라는'이라는 뜻을 가진
Marley로 짓는다면 말리 조(Marley Jo)가 된다.

▶ '말리 조'는 발음이 편하고 당사자의 사주에 필요한 土와 인성의 의미를 동시에 잘 보충하고 있다.

④ 金 + 재성(財星)의 적용사례

성씨가 유(柳)인 남자가 金오행과 재성(財星)이 동시에 필요한 경우
이때 영어로 '보물, 보석'이라는 뜻을 가진 Jesper로 짓는다면
제스퍼 유(Jesper Yu)가 된다.

▶ '제스퍼 유'는 발음이 편하고 당사자의 사주에 필요한 金과 재성의 의미를 동시에 잘 보충하고 있다.

⑤ 水 + 관성(官星)의 적용사례

성씨가 신(申)인 여자가 水오행과 관성(官星)이 동시에 필요한 경우
이때 영어로 '닻, 기준, 지침'이라는 뜻을 가진 Akira로 짓는다면
아키라 신(Akira Shin)이 된다.

▶ '아키라 신'은 발음이 편하고 당사자의 사주에 필요한 水와 관성의 의미를 동시에 잘 보충하고 있다.

위 사례들은 다섯 종류의 사례들만 예시하였으나, 실질적으로 50가지의 종류가 가능하다. 이는 영어이름 짓기에서 가장 수준 높은 방법이므로 소유자에게 가장 뛰어난 수호천사를 배치하여 주는 일이다. 그러므로 현장에서는 전문성을 갖춘 작명사가 각 개인에게 맞는 오행과 십성을 찾아내고, 성(姓)과의 조합에 맞는 영어이름을 선택해야 하며, 이는 일반인들이 할 수 없는 수준의 작업이므로 전문적인 작명가들은 사명감을 갖고 임해야 할 것이다.

6. 이름을 지을 때 주의해야 하는 것들

1) 우리나라 성씨의 영어적 의미

우리나라의 성씨가 로마자 표기법에 의해 영문화 될 때, 의도하지 않은 영어적 의미를 갖게 되는 경우를 정리하였다. 영어 단어적인 일반 의미를 갖는 경우와 어원적 의미를 갖는 경우로 나눠 정리하였으므로, 영어이름 짓기의 연장선상에서 전체적인 의미의 연결을 고려하도록 한다.

한국 성(姓)	로마자 표기법	영어 단어의 사전적 의미	영어 이름으로서의 어원적 의미	비고
강	Kang			
	Gang	갱, 범죄 조직		
고	Ko			단어 뜻은 권투의 '케이오'이나 '코'로 발음될 때는 이 뜻이 적용되지 않는다.
	Go	가다		
	Koh			
	Goh			
김	Kim	사랑스러운, Keep In Mind의 약자	남자이름, 잉글랜드어: Kimball(용감한 가족, 대담한 씨족)의 약어, 웨일즈어 : 지도자, 전투의 장군	
	Gim			
나	Na	no, not(부정하는 의미)		

난	Nan	남아시아 빵 이름, 많은	여자이름, Anne의 애칭, 다정한, 우아한	
낭	Nang	우수한, 깔끔한		
노	No	아니요		
	Nho	노(일본 전통 가면극)		
	Rho			
	Ro	성경 로마서		
	Roh			
도	Do	하다		
동	Dong	큰 종이 울리는 소리, 의성어		
두	Du		여자이름, 웨일즈어 : 어두운, 짙은 색깔의	
마	Ma	어머니, 엄마		
만	Man	어른 남자		
모	Mo	(아주 짧은) 잠깐, 조금		
문	Moon	달(부정적 의미로 많이 쓰임)		
	Mun			
민	Min	(시간의) 분, 최소치(minimum)	여자이름, 게일어 : 부드러운, 좋은, 작은	
박	Park	공원	남자이름, 잉글랜드어 : 숲에서 온	
	Bak	back at keyboard (채팅 중 돌아 왔을 때)		
반	Ban	금지하다		
방	Bang	쾅하고 치다, 폭발		
백	Back	등, 뒤로		
	Baek			
	Paik	강타, 강한 일격		

봉	Bong	종이 울리는 소리, 의성어		
빈	Bin	쓰레기통		
빙	Bing	독방	남자이름, 독일어 : 주전자 모양의, 속이 빈	
삼	Sam	Samuel(하나님께 요청받은)의 애칭	남자이름, 히브리어 : Samson의 약어, 태양의 아들, 밝은 태양	
상	Sang	sing(노래하다)의 과거형		
석	Seok			
	Suk	(아랍 나라들의)시장		
선	Seon			
	Sun	해, 태양	남자이름, 아일랜드어 : 보인(Boyn) 강마을에서 온	
성	Seong			
	Sung	sing(노래하다)의 과거분사		
소	So	그래서, 너무 ~한		
손	Son	아들		
송	Song	노래, 가곡		
수	Su			
	Soo	정말로, 대단히, 너무나(신조어, so의 강조형)		
순	Sun	해, 태양		
시	Si	예스, 음계 '시'		
신	Shin	정강이		
	Sin	죄, 죄악		
심	Sim	Simon(듣는 사람)의 애칭	남자이름, 스코틀랜드어 : 듣는 사람, 청취자	
	Shim	끼움쇠, 쐐기		

안	An	부정관사 an, and		
	Ahn			
	Ann	여자 이름, Annie(기도)의 약자	여자이름, 히브리어 : Hannah(친절한, 은혜로운)의 변형, 호의, 우아함, 하나님께서 내게 친절을 베푸셨다, 기도하는 사람	
영	Yeong			
	Young	젊은		
온	On	전치사 on, ~위에		
우	U			
	Woo	지지를 호소하다, 구애하다		
운	Un	부정, 반대의 접두사, one		
유	Yu			
	Yoo			
	You	너, 당신, 여러분		
	Ryu			Ryuu는 '용'을 의미하는 일본 남자 이름
	U			
원	Won	win(이기다)의 과거분사		
이	I	나, 자신		
	Lee	바람이 없는 곳, 은신처		
임	Lim	limit의 약어, 제한, 한계		
정	Jung	융(심리학자)	남자이름, 잉글랜드어 : 평원, 숲, 은신처, 아일랜드어 : 시적인, 켈트어: 치료자, 치유자	
조	Cho			
	Jo	애인, 연인, 삽, Josephine의 애칭	여자이름, 프랑스어 : Joanne(자애로우신 하나님)의 약어, John(은혜를 베푸신 하나님)의 여성형 변형	

판	Pan	손잡이 달린 냄비, 범(汎)~		
피	Pi	원주율		'피'로 발음될 때는 원주율의 의미를 갖지 않는다.
하	Ha	야, 호, 의성어		
한	Han		남자이름, 독일어 : 하나님께서 주신 선물	
함	Ham	햄(염장 돼지고기)	남자이름, 히브리어 : 뜨거운, 노아의 아들 중 한 명, Abram이 하나님의 명으로 'ham(뜨거운)'을 추가하여 Abraham으로 개명하면서 열국의 아버지가 됨.	
호	Ho	야, 호, 의성어, 매춘부(속어)		
황	Hwang			
	Whang	강타, 타격시 나는 큰 소리, 음경(속어)		
후	Hu		남자이름, 웨일즈어 : 머리가 좋은, 지능이 충만한	

*로마자 표기법에 의한 한국 성의 영문 표기(2000.7.7. 문화관광부의 고시로 시행)

2) 피해야 할 영어이름

악명 높은 이름들은 그 뜻이 아무리 좋아도 영어이름 짓기에서 배제되어야 하며, 본 편에서 영어권(주로 미국) 문화의 다양한 악명들의 경우를 정리하였으므로, 이를 참고하여 영어이름 짓기에 적용한다. 피해야 할 이름에 정리된 이름들은 영어이름 사전에도 제외하였으므로, 영어이름 사전에서 선택하여 이름을 지을 경우 큰 문제는 없을 것이나, 본 사전에 수록된 이름 외의 영어이름을 짓고자 하는 경우에 참조하기 바란다.

구분	영어이름	비고
성경에는 좋은 이름뿐 아니라 나쁜 역할을 한 인물들의 이름들이 있습니다. 여기에 수록된 이름들은 성경 속에 나온 이름으로 대표적으로 나쁜 인상을 주는 이름들입니다.	Cain	
	Goliath	
	Herod	
	Jezebel	
	Judas	
	Lucifer	
	Pontius	
모든 국가가 민주주의의 혜택을 누리진 못하고 있습니다. 여기에 있는 이름들은 독재자로서 국민을 위하지 않고 단지 몇몇 사람들의 이익을 위해 국민들을 착취하고 국가의 성장을 저해한 역사적 인물들입니다.	Adolf (Hitler)	독일
	Benito (Mussolini)	이탈리아
	Ferdinand (Marcos)	필리핀
	Fidel (Castro)	쿠바
	Idi (Amin)	우간다
	Ivan (the Terrible)	러시아
	Muammar (Qaddafi)	리비아
	Napoleon (Bonaparte)	프랑스
	Nicolae (Ceausesca)	루마니아
	Osama (bin Laden)	아프가니스탄과 파키스탄
	Saddam (Hussein)	이라크

미국 서부 개척 시대와 대공황 시기에는 악명으로 유명한 범죄자들이 많았습니다.	(Black) Bart	웰스파고(기업명) 파산을 시도한 시인이자 무법자
	Benedict (Arnod)	가장 유명한 배신자
	Benjamin ("Eugsy") Siegel	강간, 납치, 강탈, 마약, 도박, 살인을 한 마피아
	Billy (the Kid)	아주 못된 비행 소년
	Butch (Cassidy)	기차, 은행, 목장 강도단의 두목
	Jesse James	1,800년대 중반의 가장 유명한 살인자
	Lizzie (Borden)	도끼로 부모를 살인한 여자
디즈니 영화에 나오는 악역들의 이름들은 오랫동안 악몽의 시나리오가 되기도 합니다.	Cruella	101마리 달마시안
	Frollo	노틀담의 꼽추
	Hades	헤라클래스
	Jafar	알라딘
	Malificent	잠자는 숲속의 미녀와 야수
	Scar	라이언 킹
	Ursula	인어공주
셰익스피어의 소설은 영미권에 지대한 영향력을 갖고 있으며, 소설 속에 나온 악인들은 일반인들이 그 이름들을 쓰기를 꺼려합니다.	Aaron (the Moor)	타이투스 안드로니커스
	Claudius	햄릿
	Don John	거짓 소동
	Edmund	리어왕
	Iago	오델로
	Shylock	베니스의 상인
베트맨이나 원더우먼과 같은 만화 속에는 주인공의 적으로 나오는 유명한 악당들이 있습니다.	Bane	
	Circe	
	Desaad	
	Felix (Faust)	
	Lex Luther	
	Lobo	
	Sinestro	
	Solomon (Grundy)	
	(General) Zod	

공포영화에 나오는 주인공의 이름은 대부분 악당들이며, 그 잔혹함을 이루 말할 수 없습니다. 그런 이름들은 영화 속 이름일지라도 사람들에게 오랫동안 안 좋은 이미지로 기억됩니다.	Alex (Forrest)	위험한 정사
	Carrie (White)	캐리(호러 무비)
	Damien	오멘
	Darth (Vadar)	스타워즈
	Freddy (Krueger)	나이트메어
	Hannibal (Lector)	양들의 침묵
	Jack (Torrance)	샤이닝
	(Baby) Jane	베이비 제인에게 무슨 일이 생겼는가?
	Jason (Voorhees)	13일의 금요일
	Norman (Bates)	사이코
	Regan	엑소시스트

3) 애완동물 이름

최근 몇 년간 영어권(주로 미국)에서 가장 많이 쓰이는 애완동물 이름에 대해 정리하였으므로, 새로 짓는 영어이름이 애완동물의 이름으로 많이 쓰이는 것에 대한 불편함이 있는 독자들은 참고하기 바란다.

자주 쓰이는 암컷 애완동물 이름	어원적 의미
Abby	아버지는 기뻐하신다
Angel	천사
Bailey	청지기, 집사, 공무원
Bella	하나님께 헌신하는
Chloe	꽃이 만발한
Coco	도움을 주는
Daisy	데이지 꽃 이름
Ginger	생강, 생기, 활력
Gracie	우아함, 사랑
Lily	백합
Lola	강한
Lucy	빛, 광명
Maggie	진주
Molly	비통한
Princess	공주
Roxy	새벽
Sadie	공주
Sasha	인류의 수호자
Sophie	지혜
Zoe	인생, 삶

자주 쓰이는 수컷 애완동물 이름	어원적 의미
Bailey	청지기, 집사, 공무원
Bear	곰
Buddy	친구, 친구 같은
Buster	미국 코미디언 이름
Charlie	남자, 남자다운
Cody	완충 작용을 하는, 도움을 주는
Cooper	술통 제조자
Duke	리더, 지도자
Harley	토끼 초원 출신의
Jack	새 것으로 대체하는 사람, 새로운 왕
Jake	새 것으로 대체하는 사람, 새로운 왕
Lucky	행운의
Max	힘 있는 자의 우물
Murphy	해상 전투원
Oliver	올리브나무
Riley	호밀, 목초지
Rocky	바위처럼 단단한
Sam	태양처럼
Toby	좋으신 여호와
Tucker	옷에 주름을 잡는

7. 국어의 로마자 표기법

[2000년. 7월. 7일. 문화관광부, 국립어학연구원 고시자료 중 일부발췌]

▶ 국어의 로마자 표기는 국어의 표준 발음법에 따라 적는 것을 원칙으로 한다.
▶ 로마자 이외의 부호는 되도록 사용하지 않는다.

가. 모음은 다음 각 호와 같이 적는다.

⟨단모음⟩

ㅏ	ㅓ	ㅗ	ㅜ	ㅡ	ㅣ	ㅐ	ㅔ	ㅚ	ㅟ
a	eo	o	u	eu	i	ae	e	oe	wi

⟨이중모음⟩

ㅑ	ㅕ	ㅛ	ㅠ	ㅒ	ㅖ	ㅘ	ㅙ	ㅝ	ㅞ	ㅢ
ya	yeo	yo	yu	yae	ye	wa	wae	wo	we	ui

◈ 'ㅢ'는 'ㅣ'로 소리 나더라도 ui로 적는다.

　예) 광희문 Gwanghuimun

나. 자음은 다음 각호와 같이 적는다.

〈파열음〉

ㄱ	ㄲ	ㅋ	ㄷ	ㄸ	ㅌ	ㅂ	ㅃ	ㅍ
g, k	kk	k	d, t	tt	t	b, p	pp	p

〈파찰음〉

ㅈ	ㅉ	ㅊ
j	jj	ch

〈마찰음〉

ㅅ	ㅆ	ㅎ
s	ss	h

〈비음〉

ㄴ	ㅁ	ㅇ
n	m	ng

〈유음〉

ㄹ
r, l

◆ 'ㄱ, ㄷ, ㅂ'은 모음 앞에서는 'g, d, b'로, 자음 앞이나 어말에서는 'k, t, p'로 적는다.([ ] 안의 발음에 따라 표기함)

〈보기〉

구미 Gumi   영동 Yeongdong   백암 Baegam
옥천 Okcheon   합덕 Hapdeok   호법 Hobeop
월곶[월곧] Wolgot   벚꽃[벋꼳] beotkkot   한밭[한받] Hanbat

◆ 'ㄹ'은 모음 앞에서는 'r'로, 자음 앞이나 어말에서는 'l'로 적는다. 단, 'ㄹㄹ'은 'll'로 적는다.

〈보기〉

구리 Guri   설악 Seorak   칠곡 Chilgok
임실 Imsil   울릉 Ulleung   대관령[대괄령] Daegwallyeong

◎ 한글이름 영어철자쓰기

ㄱ	가 ga	각 gak	간 gan	갈 gal	감 gam	갑 gap	강 gang
강전 gangjeon	개 gae	객 gaek	갱 gang	갸 gyak	거 geo	건 geon	걸 geol	검 geom
겁 geop	게 ge	격 gyeok	견 gyeon	결 gyeol	겸 gyeom	경 gyeong	계 gye	고 go
곡 gok	곤 gon	골 gol	공 gong	곶 got	과 gwa	곽 gwak	관 gwan	괄 gwal
광 gwang	괘 gwae	괴 goe	굉 goeng	교 gyo	구 gu	국 guk	군 gun	굴 gul
궁 gung	궉 gwok	권 gwon	궐 gwol	궤 gwe	귀 gwi	규 gyu	균 gyun	귤 gyul
극 geuk	근 geun	글 geul	금 geum	급 geup	긍 geung	기 gi	긴 gin	길 gil
김 gim	끽 ggik							

ㄴ	나 na	낙 nak	난 nan	날 nal	남 nam	남궁 namgung	납 nap
낭 nang	내 nae	녀 nyeo	년 nyeon	념 nyeom	녕 nyeong	노 no	농 nong	뇨 nyo
누 nu	눈 nun	눌 nul	뇌 noe	뉴 nyu	능 neung	니 ni	닉 nik	

ㄷ	다 da	단 dan	달 dal	담 dam	답 dap	당 dang	대 dae
댁 daek	덕 deok	도 do	독 dok	독고 dokgo	돈 don	돌 dol	동 dong	동방 dongbang
두 du	둔 dun	득 deuk	등 deung					

ㄹ	라 ra	락 rak	란 ran	랄 ral	람 ram	랍 rap	랑 rang
래 rae	랭 raeng	략 ryak	량 ryang	려 ryeo	력 ryeok	련 ryeon	렬 ryeol	렴 ryeom
렵 ryeop	령 ryeong	례 rye	로 ro	록 rok	론 ron	롱 rong	뢰 roe	료 ryo
룡 ryong	루 ru	류 ryu	륙 ryuk	륜 ryun	률 ryul	륭 ryung	륵 reuk	름 reum
릉 reung	리 ri	린 rin	림 rim	립 rip				

ㅁ	마 ma	막 mak	만 man	말 mal	망 mang	망절 mangjeol	매 mae
맥 mak	맹 maeng	멱 myeok	면 myeon	멸 myeol	명 myeong	메 mye	모 mo	목 mok

행운의 영어이름 짓기 69

몰 mol	몽 mong	묘 myo	무 mu	묵 muk	문 mun	물 mul	미 mi	민 min
밀 mil								
ㅂ		박 bak	반 ban	발 bal	방 bang	배 bae	백 baek	번 beon
별 beol	범 beom	법 beop	벽 byeok	변 byeon	별 byeol	병 byeong	보 bo	복 bok
본 bon	볼 bol	봉 bong	부 bu	북 buk	분 bun	불 bul	붕 bung	비 bi
빈 bin	빙 bing							
ㅅ		사 sa	사공 sagong	삭 sak	산 san	살 sal	삼 sam	삽 sap
상 sang	쌍 ssang	새 sae	색 saek	생 saeng	서 seo	서문 seomun	석 seok	선 seon
선우 seonwu	설 seol	섬 seom	섭 seop	성 seong	세 se	소 so	소봉 sobong	속 sok
손 son	솔 sol	송 song	쇄 shae	쇠 shoe	수 su	숙 suk	순 sun	술 sul
숭 sung	슬 seul	습 seup	승 seung	시 si	씨 ssi	식 sik	신 sin	실 sil
심 sim	십 sip							
ㅇ		아 a	악 ak	안 an	알 al	암 am	압 ap	앙 ang
애 ae	액 aek	앵 aeng	야 ya	약 yak	양 yang	어 eo	어금 eogeum	억 eok
언 eon	얼 eol	엄 eom	업 eop	엔 en	여 yeo	역 yeok	연 yeon	열 yeol
염 yeom	엽 yeop	영 yeong	예 ye	오 o	옥 ok	온 on	올 ol	옹 ong
와 wah	완 wan	왈 wal	왕 wang	왜 wae	외 oe	요 yo	욕 yok	용 yong
우 wu	욱 wuk	운 wun	울 wul	웅 wung	원 won	월 wol	위 wi	유 yu
육 yuk	윤 yun	율 yul	융 yung	은 eun	을 eul	음 eum	읍 eup	응 eung
의 eoi	이 yi	익 yik	인 in	일 il	임 im	입 ip	잉 ing	
ㅈ		자 ja	작 jak	잔 jan	잠 jam	잡 jap	장 jang	장곡 janggok
재 jae	쟁 jaeng	저 jeo	적 jeok	전 jeon	절 jeol	점 jeom	접 jeop	정 jeong

제 je	제갈 jegal	조 jo	족 jok	존 jon	졸 jol	종 jong	좌 jwa	죄 joe
주 ju	죽 juk	준 jun	줄 jul	중 jung	즉 jeuk	즐 jeul	즙 jeup	증 jeung
지 ji	직 jik	진 jin	질 jil	짐 jim	집 jip	징 jing		
ㅊ		차 cha	착 chak	찬 chan	찰 chal	참 cham	창 chang	채 chae
책 chaek	처 cheo	척 cheok	천 cheon	철 cheol	첨 cheom	첩 cheop	청 cheong	체 che
초 cho	촉 chok	촌 chon	충 chong	촬 chwal	최 choe	추 chu	축 chuk	춘 chun
출 chul	충 chung	췌 chwe	취 chwi	측 cheuk	층 cheung	치 chi	칙 chik	친 chin
칠 chil	침 chim	칩 chip	칭 ching					
ㅋ		쾌 kwae						
ㅌ		타 ta	탁 tak	탄 tan	탈 tal	탐 tam	탑 tap	탕 tang
태 tae	택 taek	탱 taeng	터 teo	토 to	통 tong	퇴 toe	투 tu	특 teuk
ㅍ		파 pa	판 pan	팔 pal	패 pae	팽 paeng	퍅 pyak	편 pyeon
폄 pyeom	평 pyeong	폐 pye	포 po	폭 pok	표 pyo	품 pum	풍 pung	피 pi
필 pil	핍 pip							
ㅎ		하 ha	학 hak	한 han	할 hal	함 ham	합 hap	항 hang
해 hae	핵 haek	행 haeng	향 hyang	허 heo	헌 heon	헐 heol	험 heom	혁 hyeok
현 hyeon	혈 hyeol	혐 hyeom	협 hyeop	형 hyeong	혜 hye	호 ho	혹 hok	혼 hon
홀 hol	홍 hong	화 hwa	확 hwak	환 hwan	활 hwal	황 hwang	황보 hwangbo	회 hoe
획 hoek	횡 hoeng	효 hyo	후 hu	훈 hun	훙 hung	훤 hwon	훼 hwe	휘 hwi
휴 hyu	휼 hyul	흉 hyung	흑 heuk	흔 heun	흘 heul	흠 heum	흡 heup	흥 heung
희 hi	힐 hil							

8. '네이밍코치' 자격증취득 과정 안내

영어이름 작명사 네이밍코치

영어이름 작명사 자격증 '네이밍코치' 자격 취득을 원하시는 분은 아래로 문의하시면 자세히 안내받을 수 있습니다. 영어이름 작명사 네이밍코치는 문화체육관광부 소속, 사단법인 한국작명가협회 발행의 민간등록자격증입니다.

자 격 명 : 네이밍코치   [종목] 영어이름
소속기관 : 문화체육관광부
관리기관 : 직업능력개발원
발행기관 : 사단법인 한국작명가협회(http://koname.or.kr)

교육기간 : 동영상 및 오프라인 강의 8시간 이수 후 자격응시자격
시험출제 : 주관식70% 객관식30% (100점 만점, 60점 이상 합격)
동영상수강 : '선천재능티비'(http://aatedu.co.kr)

시험장소 : 사단법인 한국작명가협회
주   소 : 서울 마포구 동교로 19길 4. 현빌딩 3층 (2호선 홍대역 1번 출구)
상담전화 : 02) 312-5488, 02) 312-1588

제 2014-5342 호

민 간 자 격 등 록 증

1. 등록자격관리자: 사단법인한국작명가협회

2. 사업자등록번호: 110-82-16519

3. 주소(소재지): 서울 마포구 서교동 445~457 마포구 동교로19길 4, 3층(서교동, 현빌딩)

4. 대표자

    성명: 김기승   생년월일: 1958-11-02
    주소: 서울 강서구 우장산동 강서구 우현로 26, 102동 703호(화곡동 우장산에스케이뷰)

5. 자격의 종목 및 등급: 네이밍코치, 단일등급

6. 자격의 검정기준·검정과목·검정방법·응시자격 또는 교육훈련과정의 교과목·교육기간·이수기준·평가기준·평가방법에 관한 사항: (민간자격 등록신청시 제출한 「민간자격의 관리·운영에 관한 규정」에 따름)

7. 등록에 따른 이행 조건:
    가. 등록한 자격과 관련하여 광고하는 경우 자격의 종류와 등록번호, 해당 민간자격관리기관, 그 밖에 소비자 보호를 위해서 대통령령으로 정하는 사항 등을 반드시 표시하여야 함.
    나. 등록한 자격에 대하여 허위 또는 과장 광고하는 등의 행위는 관련법령에 의거 처벌받을 수 있음.
    다. 등록한 자격을 폐지하고자 하는 경우 반드시 신고하여야 하며, 등록한 자격의 명칭, 등급, 직무내용을 변경하고자 하는 경우 변경등록을 신청하여야 함.

「자격기본법」 제17조제2항과 같은 법 시행령 제23조제4항 및 제23조의2제2항에 따라 위와 같이 민간자격에 대하여 등록하였음을 증명합니다.

2014년 11월 13일

한국직업능력개발원장

관리번호: 004483

Part 2

영어이름 사전

한국인들이 이름을 지을 때 여성용과 남성용 이름을 구분하여 짓듯이 영어이름에도 여성용 이름과 남성용 이름이 있다. 영어이름은 한국이름보다 성별에 따른 쓰임이 더욱 엄격하기 때문에 구분하여 쓰는 것이 좋을 것이다.

〈Part 2〉에서는 좋은 영어이름을 짓기 위해 각각의 영어이름이 가진 발음과 의미, 그리고 그 어원과 성별을 구분하여 정리하였다.

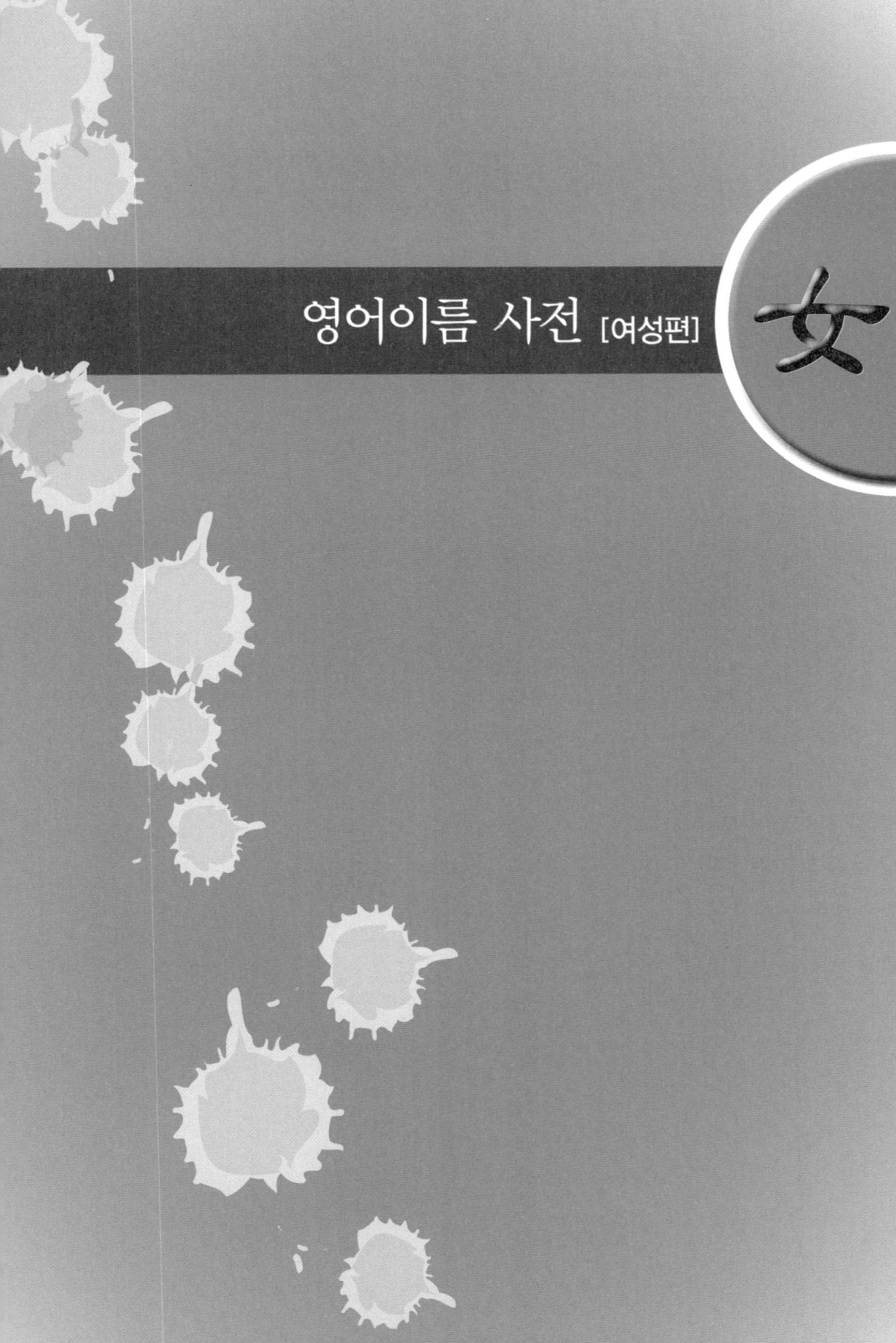

Woman

NAME	발음	의미	어원	비고
Abby	[ˈæbi / 애비]	아버지는 기뻐하신다, 성경 속 다윗 왕의 세 번째 부인	히브리어	
Abella	[əˈbelə / 어벨러]	숨, 호흡, 목숨, 생명	프랑스어	
Abigail	[ˈæbəgel / 애버겔]	기쁨을 주다, Abby(아버지는 기뻐하신다, 성경 속 다윗 왕의 세 번째 부인)의 변형	히브리어	
Abril	[əˈbril / 어브릴]	4월, 봄, 새싹, 새로 돋아남	스페인어	
Acacia	[əˈkeiʃə / 어케이셔]	존경하는, 성서적인, 아카시아나무는 황야의 교회를 짓는 데 사용되었음	스페인어	
Aceline	[æsʌlin / 애설린]	고귀한, 고상한, 우아한	프랑스어	
Ada	[ˈeidə / 에이더]	장식, 장신구, 돋보이게 하는 것	히브리어	
Adali	[ædʌliː / 애덜리]	고귀한, 고상한, 우아한	독일어	
Adana	[ædʌnʌ / 애더너]	Adam(붉은 땅의)의 여성형 스페인어 형태	스페인어	
Adeen	[ædiːn / 애딘]	작은불, 작은 불꽃, 작지만 가치 있는	아일랜드어	
Adela	[əˈdelə / 어델러]	훌륭한 유머, 멋진 유머	프랑스어	
Adelaide	[ˈædəled / 애덜레드]	귀족의, 고귀한	프랑스어	
Adelinda	[dʌlindʌ / 덜린더]	달콤한, 고귀한	독일어	
Adeline	[ˈædəlain / 애덜라인]	Adela(훌륭한 유머)의 변형	프랑스어	
Adelle	[əˈdel / 어델]	귀족의, 고귀한	프랑스어	
Adena	[ˈædənə / 애더너]	부드러운, 매끄러운	히브리어	
Adina	[aˈdiːnə / 아디너]	날씬한, 날렵한, 맵시 있는	히브리어	
Adonia	[aˈdouniə / 아도우니어]	아름다운 여성, 눈부신 아가씨	스페인어	
Adreanna	[ʌdreʌnʌ / 어드레어너]	아드리아 해(바다)에서 온, 어두운, 짙은	프랑스어	
Adrian	[ˈeidriən / 에이드리언]	아드리아 바다(발칸반도 ㅅ부에 있는 바다)에서 온, 어두운, 짙은	독일어	중성
Adriana	[edriˈænə / 에드리애너]	어두운, 짙은	스페인어	
Adrienne	[adriˈen / 아드리엔]	아드리아 해(바다)에서 온, 어두운, 짙은	프랑스어	

NAME	발음	의미	어원	비고
Afra	[æfrʌ / 애프러]	암사슴, 암토끼	히브리어	
Afreda	[æfrʌdʌ / 애프러더]	요정 상담가, 신비로운 상담가	영어	
Afric	[æfrik / 애프릭]	유쾌한, 기분 좋은	아일랜드어	
Agacia	[ægʌʃʌ / 애거셔]	친절한, 상냥한	스페인어	
Agatha	[ˈægəθə / 애거써]	좋은, 훌륭한	독일어	
Agnes	[ˈægnəs / 애그너스]	(육체적으로) 순결한, 결백한	덴마크어	
Agnese	[ʌgniːz / 어그니즈]	Agnes(순결한)의 스페인어 형태	스페인어	
Agusta	[ægʌstʌ / 애거스터]	황제같이 위엄 있는, 황제의 위엄	라틴어	
Ahava	[æhʌvʌ / 애허버]	너무나 사랑받는, 가슴 깊이 사랑한	히브리어	
Ahelia	[æhʌliːʌ / 애헐리어]	숨, 호흡	히브리어	
Aida	[aˈjiːdə / 아이더]	부유한, 잘 사는	영어	
Aigneis	[eignais / 에이그나이스]	순수한, 깨끗한, 결백한	아일랜드어	
Aila	[eilʌ / 에일러]	강한 곳에서 온, 강한 지역 출신의	스코틀랜드어	
Aileen	[aiˈliːn / 아일린]	빛, Evelyn(삶, 인생)의 변형	아일랜드어	
Ailia	[eiliːʌ / 에일리어]	빛, 광명	아일랜드어	
Ailisa	[eilʌzʌ / 에일러저]	고귀한, 고상한, 우아한	아일랜드어	
Aimee	[ˈeimi / 에이미]	너무나 사랑받는, Amy(사랑받는)의 변형	프랑스어	
Ainsley	[ˈeinsli / 에인슬리]	내가 가진 초원, 내 소유의 초원	스코틀랜드어	
Aisha	[eiʃʌ / 에이셔]	여성, 부드러운 사람	아랍어	
Aisley	[eisliː / 에이슬리]	물푸레 나무 과수원에서 온, 물푸레 과수원 출신의	영어	
Aislin	[eislin / 에이슬린]	시야, 전망	아일랜드어	
Aiya	[eijʌ / 에이어]	새, 하늘을 자유롭게 나는 새	히브리어	
Akibe	[ækib / 애키브]	보호받는, 안전한	히브리어	
Akira	[əˈkiːrə / 어키러]	닻, 기준, 지침	스코틀랜드어	

Woman

NAME	발음	의미	어원	비고
Akiva	[əˈkiːvə / 어키버]	보호받는, 안전한	히브리어	
Alameda	[æləˈmiːdə / 앨러미더]	산책로, 산책, 거닐기	스페인어	
Alana	[əˈlænə / 알래너]	아름다운, 소중한 아이	아일랜드어	
Alandra	[ʌlændrʌ / 얼랜드러]	Alexandra(인류의 수호자)의 변형	스페인어	
Alani	[ælʌniː / 앨러니]	소중한 아이, 사랑스런 아이	아일랜드어	
Alberta	[ælˈbəːrtə / 앨버터]	고귀한, 밝은, 알버트의 여성	영어	
Alberteen	[ælbʌrtiːn / 앨버틴]	고귀한, 고상한, 우아한	영어	
Aldona	[ɔldʌnʌ / 올더너]	고풍의, 고대의	독일어	
Aleece	[æliːs / 앨리스]	귀족의, 고귀한	스페인어	
Aleeza	[ʌliːzʌ / 얼리저]	기쁨, 즐거운	히브리어	
Aleta	[əˈletə / 알레터]	날개 달린, 날 수 있는	영어	
Aletia	[ælʃ / 앨러쉬]	정직한, 솔직한, 속이지 않는	스페인어	
Alexa	[əˈleksə / 얼렉서]	조력자, 방어군, Alexander(인류의 수호자)의 변형	영어	
Alexandra	[ælegˈzændrə / 앨렉잰드러]	인류의 수호자, Alexander의 여성형	영어	
Alexandria	[æləgˈzændriə / 앨렉잰드리어]	인류의 수호자, Alexander의 여성형	영어	
Alexia	[əˈleksiə / 얼렉시어]	조력자, 방어군, Alexander의 변형	영어	
Alexis	[əˈleksis / 얼렉시스]	조력자, 방어군, Alexander의 변형	영어	
Alfonsa	[ʌlfɑnsʌ / 얼판서]	Alfonso(준비된, 재치 있는, 귀족)의 여성형	스페인어	
Alfreda	[ælfrʌdʌ / 앨프러더]	Alfred(슬기로운, 현명한)의 여성형	독일어	
Ali	[ˈɑːli / 알리]	Alice(귀족의), Alison(정직한)의 약어	영어	중성
Alice	[ˈæləs / 앨러스]	귀족의, Adelaide(귀족의, 고귀한)의 변형	영어	
Alina	[əˈliːnə / 얼리너]	아름다운, 보기 좋은, 예쁜	아일랜드어	
Alisa	[ælʌzʌ / 앨러저]	행복한, 즐거운	히브리어	

NAME	발음	의미	어원	비고
Alise	[æliz / 앨리즈]	귀족의, Adelaide(귀족의, 고귀한)의 변형	스페인어	
Alisha	[əˈliʃə / 얼리셔]	진실, 고귀한, Alice의 영국식 이름	그리스어	
Alison	[ˈæləsən / 앨러선]	정직한, 솔직한, 거짓 없는	아일랜드어	중성
Alivia	[ælʌviːʌ / 앨러비어]	평화와 생명나무, Olivia(올리브 나무)의 변형	영어	
Alix	[ˈæliks / 앨릭스]	조력자, 방어군, Alexander의 변형	프랑스어	
Allana	[ælʌnʌ / 앨러너]	소중한 아이, 사랑스런 아이	아일랜드어	
Allene	[ˈælin / 앨린]	아름다운, 예쁜, 보기 좋은	아일랜드어	
Allisandra	[ˈælʌzændrʌ / 앨러잰드러]	위대한 자연의, 위대한 자연 같은	라틴어	
Allison	[ˈæləsən / 앨러선]	Alice(귀족의)의 변형	영어	
Alma	[ˈælmə / 앨머]	모든 것이 좋은, 모든 것이 잘 되는	아일랜드어	
Almira	[alˈmirə / 알미러]	Almeira(스페인 안달루시아 지역명)에서 온	스페인어	
Alona	[ælʌnʌ / 앨러너]	소중한 아이, 사랑스런 아이	아일랜드어	
Alpina	[ælpʌnʌ / 앨퍼너]	금발의, 머리카락이 노란 색깔인	스코틀랜드어	
Alsatia	[ælsʌʃʌ / 앨서셔]	Alsace(프랑스 지역명, 알자스)에서 온	영어	
Alta	[ˈɑːltə / 알터]	높은, Altagracia(높은)의 약어	스페인어	
Altagracia	[ˈɑːltəgrʌsʌ / 알터그러서어]	높은, 높은 데 위치한	스페인어	
Althea	[ælˈθiːə / 앨씨어]	유익한, 치유의	그리스어	
Alvara	[ælvʌrʌ / 앨버러]	요정의 군대, 요정들의 군사	독일어	
Alyssa	[əlɪˈsə / 얼리서]	논리적인, 합리적인, 이성적인	그리스어	
Amada	[æmʌdʌ / 애머더]	사랑받는, 흠모받는	스페인어	
Amalda	[ʌmɔldʌ / 어몰더]	독수리, 강한	독일어	
Amalia	[əˈmɑːljə / 어말리어]	근면한, 노력하는	영어	
Amanda	[əˈmændə / 어맨더]	사랑받을 가치가 있는, 충분히 사랑할 만한	영어	
Amaranta	[amʌræntʌ / 아머랜터]	꽃, 화초	스페인어	

NAME	발음	의미	어원	비고
Amarante	[amaˈrɑːnti / 아마란티]	꽃, 화초	프랑스어	
Amaris	[ˈæmərəs / 애머러스]	하나님에 의해 주어진, 하나님의 선물인	히브리어	
Amata	[æmʌtʌ / 애머터]	너무 사랑스런, 가슴 깊이 사랑하는	프랑스어	
Amber	[ˈæmbər / 앰버]	보석, 호박(송진이 굳어져서 만들어진 부드러운 꿀 색조의 보석)	영어	
Amberly	[æmbʌrli: / 앰벌리]	보석, Amber(보석, 호박)의 변형	영어	
Ambra	[ˈæmbrə / 앰브러]	보석, Amber(보석, 호박)의 변형	프랑스어	
Amelia	[əˈmiːljə / 어밀리어]	근면한, 노력하는	영어	
Ami	[ˈɑːmi / 아미]	너무 사랑스러운, 가슴 깊이 사랑하는	프랑스어	중성
Amia	[eimiːʌ / 에이미어]	사랑받는, 사랑한	영어	
Amira	[æmʌrʌ / 애머러]	공주, 연설자	히브리어	
Amite	[æmit / 애미트]	친구, 동지	프랑스어	
Amity	[ˈæməti / 애머티]	우정, 친근감, 의리	영어	
Amora	[æmʌrʌ / 애머러]	사랑, 흠모	스페인어	
Amorica	[ʌmɔrʌkʌ / 어모러커]	고대에 영국을 가르키는 이름	영어	
Amy	[ˈeimi / 에이미]	사랑받는, 사랑한	영어	
Anais	[æneis / 애네이스]	은혜, 친절	히브리어	
Anarosa	[ʌnærʌzʌ / 어내러저]	은혜, 친절, Anna(은혜, 친절)의 변형	스페인어	
Anastasia	[ænəˈsteiʒə / 애너스테이저]	부활, 다시 태어남	그리스어	
Anatie	[ænʌtiː / 애너티]	가수, 노래하는 사람	히브리어	
Ance	[æns / 앤스]	은혜, 친절	히브리어	
Ancelina	[ʌnselʌnʌ / 언셀러너]	하녀, 시녀	프랑스어	
Andena	[ændʌnʌ / 앤더너]	Andrea(남자다운, 용감한)으 변형	영어	
Andera	[ˈændərə / 앤더러]	Andrew(남자다운, 용감한)의 여성형	스페인어	
Andi	[ændiː / 앤디]	Andrea(남자다운, 용감한)의 변형	영어	

NAME	발음	의미	어원	비고
Andrea	[ˈændriə / 앤드리어]	Andre(남자다운, 용감한)의 여성형	프랑스어	
Andria	[ˈændriə / 앤드리어]	Andrew(남자다운, 용감한)의 여성형	스페인어	
Anessa	[ʌnesʌ / 어네서]	Anne(은혜, 친절) 혹은 Agnes(순결한)의 변형	영어	
Angela	[ˈændʒələ / 앤절러]	천사, 하나님의 심부름꾼	프랑스어	
Angeletta	[ŋʌletʌ / 앤절레터]	작은 천사, 귀엽고 어린 천사	프랑스어	
Angelia	[æŋʌliːʌ / 앤절리어]	천사, 하나님의 심부름꾼	스페인어	
Angelica	[ænˈdʒelikə / 앤젤리커]	천사같은, 천사처럼 선하고 아름다운	라틴어	
Angelina	[ændʒeˈliːnə / 앤젤리너]	천사, 하나님의 심부름꾼	프랑스어	
Angelique	[ʌŋelʌkjuː / 언젤러큐]	천사, 천사처럼	프랑스어	
Angie	[ˈændʒi / 앤지]	천사, 신의 메신져, Angela(천사)의 애칭	그리스어	
Anica	[ænikʌ / 애니커]	은혜, 친절	히브리어	
Anisha	[æniʃʌ / 애니셔]	Anne(은혜, 친절) 혹은 Agnes(순결한)의 변형	영어	
Anissa	[ʌnisʌ / 어니서]	Anne(은혜, 친절) 혹은 Agnes(순결한)의 변형	영어	
Anita	[əˈniːtə / 어니터]	은혜, 친절	히브리어	
Ann	[ˈæn / 앤]	기도, 기도하는 사람, 친절한, 은혜로운	히브리어	
Anna	[ˈænə / 애너]	Anne(은혜, 친절)의 변형, 성경적으로는 예루살렘에서 아기 예수를 본 독실한 여성	영어	
Annabel	[ˈænəbel / 애너벨]	아름다운 은혜, 아름다운 친절	스코틀랜드어	
Annabella	[ænəˈbelə / 애너벨러]	아름다운 은혜, 아름다운 친절	스코틀랜드어	
Annamaria	[ʌnæmʌrʌ / 어내머러]	비통함에 따른 은혜, 슬프지만 영광을 위해 받아들여야만 하는 은혜	독일어	
Anne	[ˈæn / 앤]	은혜, 친절, Hannah(은혜라는 뜻의 히브리어)의 변형	영어	
Annie	[ˈæni / 애니]	기도, 기도하는 사람	히브리어	
Annikka	[ʌnikʌ / 어니커]	은혜, 친절	히브리어	

여성편 Woman

NAME	발음	의미	어원	비고
Annis	[ˈæniz / 애니즈]	Anne(은혜, 친절) 혹은 Agnes(순결한)의 변형	영어	
Anny	[ˈæni / 애니]	기도, 기도하는 사람	히브리어	
Antoinette	[æntwəˈnet / 앤트워네트]	칭찬을 넘어선, Anthony(최고로 칭송받을 가치가 있는)의 여성형	프랑스어	
Antonia	[ænˈtouniə / 앤토우니어]	칭찬을 넘어선, Antonio(칭찬 그 이상의)의 여성형	스페인어	
April	[ˈeiprəl / 에이프럴]	새싹 돋는, 4월에 태어난, 봄에 태어난	영어	
Aracelia	[ʌræsʌlʌ / 어래설러]	하늘의 제단, 하늘의 성단	스페인어	
Arcadia	[arˈkeidiə / 아케이디어]	모험적인, 위험을 무릅쓰는	스페인어	
Arcelia	[ɑrsʌliːʌ / 아설리어]	보물, 하늘의 제단	스페인어	
Arda	[ˈɑːrdə / 아더]	따뜻한, 포근한	영어	
Ardeen	[arˈdiːn / 아딘]	따뜻한, 포근한	영어	
Ardel	[ɑrdʌl / 아덜]	열망적인, 근면한	영어	중성
Ardelia	[arˈdeliə / 아델리어]	따뜻한, 포근한	영어	
Arden	[ˈɑːrdən / 아던]	우뚝 솟은, 열망적인	영어	
Ardys	[ɑrdiːz / 아디즈]	따뜻한, 포근한	영어	
Arella	[ʌrelʌ / 어렐러]	금의, 금과 같이 귀하고 소중한	스페인어	
Aretha	[əˈriːθə / 어리써]	최고의, 최상의	그리스어	
Aria	[ˈɑːriə / 아리어]	부드러운 음악, 멋진 음악	영어	
Ariana	[ariˈænə / 아리애너]	Ariadne(성스러운, 그리스어)의 이탈리아식 이름	그리스어	
Arianna	[ariˈænə / 아리애너]	거룩한, 신성한, 성스러운	그리스어	
Aricela	[ʌrisʌlʌ / 어리설러]	하늘의 제단, 하늘의 성단	스페인어	
Ariel	[ˈeriəl / 에리얼]	하나님의 암사자, 성경에서 예루살렘을 칭함	히브리어	
Ariela	[ʌriːlʌ / 어릴러]	하나님의 암사자, 하나님의 수호 사자	히브리어	
Arleana	[ɑrleʌnʌ / 알레어너]	약속, 서약	게일어	

 Woman

NAME	발음	의미	어원	비고
Arlene	[ˈɑːrlin / 알린]	약속, 서약	게일어	
Arlina	[ɑrlʌnʌ / 알러너]	약속, 서약	게일어	
Armina	[arˈmiːnə / 아미너]	처녀 전사, 여성 용사	독일어	
Arminda	[ɑrmindʌ / 아민더]	보호자, 경무장한 사람	라틴어	
Ashar	[æʃʌr / 애셜르]	축복받은, 번영한	히브리어	
Ashlee	[æʃliː / 애쉴리]	물푸레나무 초원, 물푸레가 많은 평원	영어	
Ashley	[ˈæʃli / 애쉴리]	물푸레나무 과수원에서 온, 물푸레나무의 초원	영어	Last name 중성
Ashton	[ˈæʃtən / 애쉬턴]	물푸레나무 마을, 물푸레나무가 많은 도시	영어	중성
Asia	[ˈeiʒə / 에이저]	부활, 동방의 해돋이	그리스어	
Assana	[æsʌnʌ / 애서너]	폭포, 폭포수	아일랜드어	
Atalia	[aˈtɑːliə / 아탈리어]	신은 위대하시다, 위대하신 하나님	히브리어	
Atera	[ætʌrʌ / 애터러]	기도, 기도하다	히브리어	
Athena	[əˈθiːnə / 어씨너]	지혜와 전쟁의 여신, 그리스 신화의 여신	그리스어	
Atilda	[ʌtildʌ / 어틸더]	딱총나무에서, 딱총나무에 있는	영어	
Atonia	[ætʌniːʌ / 애터니어]	떡갈나무처럼 강한, 오크처럼 오래가는	히브리어	
Aubina	[ɔbʌnʌ / 오버너]	금발의, 머리카락이 노란 색깔인	프랑스어	
Aubrey	[ˈɔbri / 오브리]	요정의 지혜와 규칙, 요정의 지혜와 함께하는 원칙	영어	중성
Auda	[ɔdʌ / 오더]	노련한, 부유한	프랑스어	
Audelia	[ɔdʌliːʌ / 오덜리어]	귀족, 견고함	영어	
Audrey	[ˈɔdri / 오드리]	고결한 힘, 귀족, 견고함	영어	중성
Augusteen	[ɔgʌstiːn / 오거스틴]	Augustine(위대한)의 여성형	아일랜드어	
Aurora	[əˈrɔːrə / 어로러]	여명, 새벽 빛	라틴어	
Austine	[ˈɔstin / 오스틴]	Augustine(위대한)의 변형	영어	

Woman A

NAME	발음	의미	어원	비고
Autumn	[ˈɔtəm / 오텀]	가을철, 가을에 태어난	영어	
Avigail	[ævʌɡʌil / 애버거일]	기쁨을 주다, 즐거움을 주다	히브리어	
Avis	[ˈeivis / 에이비스]	전투에서의 피난처, 전투의 은신처, 참호	영어	
Avril	[ˈævril / 애브릴]	새싹 돋는, 4월에 태어난, 봄에 태어난	영어	

Woman B

NAME	발음	의미	어원	비고
Bailey	[ˈbeili / 베일리]	성벽 내의 뜰, 청지기, 공무원	영어	Last name 중성
Ballard	[ˈbælərd / 밸러드]	굵은, 강한	독일어	
Bambi	[ˈbæmbi / 뱀비]	어린이, 귀여운 사람, 성장의 가능성이 있는 사람	이탈리아어	
Barb	[ˈbɑːrb / 바아브]	이방인, Barbara(외국에서 온 여행자)의 애칭	라틴어	
Barbara	[ˈbɑːrbərə / 바아버러]	외국 땅에서 온 여행자, 외국 출신의 방랑자, 수줍은	영어	
Barbie	[ˈbɑːrbi / 바아비]	외국 땅에서 온 여행자, 불과 번개의 여성 수호자	영어	
Barbra	[ˈbɑːrbrə / 바아브러]	외국 땅에서 온 여행자, 불과 번개의 여성 수호자	영어	
Baylee	[ˈbeili / 베일리]	성벽 내의 뜰, 청지기, 공무원	영어	Last name
Bea	[ˈbiː / 비]	기쁨을 가져다 주는 자, Beatrice(기쁨을 가져다 주는 자)의 애칭	라틴어	
Beatrice	[ˈbiːətrəs / 비어트러스]	기쁨을 가져다 주는 자, 즐거움을 주는 사람	라틴어	
Becca	[bekʌ / 베커]	Rebecca(매혹적인)의 약어	영어	
Becky	[ˈbeki / 베키]	Rebecca(매혹적인)의 약어	영어	
Belda	[beldʌ / 벨더]	아름다운 처녀, 깨끗한 처녀	프랑스어	
Belinda	[bəˈlində / 벌린더]	아주 아름다운, 매우 어여쁜	영어	

Woman

NAME	발음	의미	어원	비고
Bella	[ˈbelə / 벨러]	하나님께 헌신하는, 하나님께 봉헌하는	히브리어	
Belle	[ˈbel / 벨]	어여쁜, 사랑스런 사람	프랑스어	
Benita	[bəˈniːtə / 버니터]	축복받은, 축하받은	스페인어	
Berit	[berit / 베리트]	머리가 좋은, 지능이 높은	독일어	
Bernadine	[bərnəˈdiːn / 버너딘]	Bernard(곰처럼 강한)의 여성형	프랑스어	
Bernice	[bərˈniːs / 버니스]	승리를 가져오는 사람, 승리를 부르는 사람	프랑스어	
Bertha	[ˈbəːrθə / 버써]	머리가 좋은, 밝은	독일어	
Beryl	[ˈberəl / 베럴]	녹주석(여러색의 보석 이름), 행운, 성경에서 새 예루살렘 벽의 여덟번째 초석은 녹주석이었음	영어	
Bess	[bés / 베스]	Elizabeth(충만한 나의 하나님)의 작은 표현	영어	
Bessie	[ˈbesi / 베시]	Elizabeth(충만한 하나님)의 작은 표현	영어	
Bessy	[ˈbesi / 베시]	Elizabeth(충만한 하나님)의 작은 표현	영어	
Beth	[ˈbeθ / 베쓰]	Elizabeth(충만한 하나님)의 변형	영어	
Bethany	[ˈbeθəni / 베써니]	무화과가 자라는 땅, 예수가 마리아를 방문한 예루살렘 근처의 마을 이름	히브리어	
Betia	[beʃ / 베쉬]	하나님의 집, 하나님이 거하시는 집	영어	
Betsy	[ˈbetsi / 베트시]	Elizabeth(충만한 하나님)의 작은 표현	영어	
Betti	[ˈbeti / 베티]	하나님께 헌신, 하나님께 봉헌	히브리어	
Betty	[ˈbeti / 베티]	Elizabeth(충만한 하나님)의 변형, 풍요의 하나님	영어	
Bev	[ˈbev / 베브]	초원, Beverly(비버 초원에서 온 여자)의 애칭	영어	
Beverley	[ˈbevərli / 베벌리]	비버초원에서 온 여자, 비버 개울	영어	중성
Beverly	[ˈbevərli / 베벌리]	비버초원에서 온 여자, 비버 개울	영어	
Bianca	[biˈɑːŋkə / 비앙커]	흰색의, Bianche의 이탈리아식 이름	프랑스어	
Bidelia	[bidʌliʌ / 비델리어]	보호하는, 수호하는	아일랜드어	

NAME	발음	의미	어원	비고
Billie	[ˈbili / 빌리]	결정, 힘, William(의지, 단호한)의 별명, 종종 다른 이름과 결합하여 쓰임, Billie Jean 등	영어	
Birdie	[ˈbəːrdi / 버디]	작은 새, 새처럼 명랑한	영어	
Birdy	[ˈbəːrdi / 버디]	새처럼 명랑한, 새처럼 어여쁜	영어	
Blair	[ˈbléər / 블레어]	전투 지역, 전쟁터	스코틀랜드어	중성
Blanca	[ˈblɑːŋkə / 블랑커]	흰색, 빛나는, Blanche(흰색, 빛나는)의 변형	스페인어	
Blanche	[ˈblæntʃ / 블랜치]	흰색, 빛나는	프랑스어	
Bliss	[ˈblis / 블리스]	즐거움, 응원	영어	
Blossom	[ˈblɑːsəm / 블라섬]	신선한, 싱싱한	영어	
Blythe	[ˈblaið / 블라이드]	즐거운, 쾌활한	영어	
Bobbie	[ˈbɑːbi / 바비]	명성이 자자한, Roberta(유명한)의 애칭	영어	
Bonita	[boˈniːtə / 보니터]	작고 예쁜 사람, 귀엽고 예쁜 사람	스페인어	
Bonnie	[ˈbɑːni / 바니]	좋은, 훌륭한, 예쁜	영어	
Bonny	[ˈbɑːni / 바니]	좋은, 훌륭한	영어	
Brandy	[ˈbrændi / 브랜디]	음료용 과일 증류주, 과일 음료수	영어	
Brea	[ˈbriː / 브리]	언덕, Brina(강한)와 Breanna(하나님께 가까이)의 변형	아일랜드어	
Breana	[briːnʌ / 브리너]	하나님께 가까이, Brian(권력, 미덕)의 변형	히브리어	
Brenda	[ˈbrendə / 브렌더]	언덕에 작은 까마귀 또는 봉화, Brendan(왕자)의 여성형	아일랜드어	
Brett	[ˈbret / 브레트]	잉글랜드 토박이, 잉글랜드 원주민	영어	
Bria	[ˈbriːə / 브리어]	언덕, Brina(강한)와 Breanna(하나님께 가까이)의 변형	아일랜드어	
Brianna	[briˈænə / 브리애너]	그녀는 올라간다, Brian(권력, 미덕)의 여성형	영어	
Bride	[ˈbraid / 브라이드]	보호하는, 수호하는	아일랜드어	
Bridget	[ˈbridʒət / 브리저트]	강함, 켈트족 신화에서 불과 시의 여신	아일랜드어	

NAME	발음	의미	어원	비고
Brigidia	[bridʒʌdiːʌ / 브릿저디어]	Bridget(강함)의 스페인어 형태	스페인어	
Brigitte	[ˈbridʒət / 브리저트]	강함, 켈트족 신화에서 불과 시의 여신	프랑스어	
Brin	[ˈbrin / 브린]	작은 초원, 작은 평원	아일랜드어	
Brina	[briːnʌ / 브리너]	강한, 강력한, 힘 있는	아일랜드어	
Brionna	[braiʌnʌ / 브라이어너]	민속 의학에 사용된 꽃피는 포도나무의 이름	영어	
Brissa	[brisʌ / 브리서]	Briseis(호머의 서사시 일리아드에 나오는 아킬레스가 사랑한 여인, 브리세이스)의 변형	스페인어	
Britlee	[britliː / 브리틀리]	Brittney(영국)의 변형	영어	
Britney	[ˈbritni / 브리트니]	영국, Brittaney(영국)의 변형	라틴어	
Brittaney	[britʌniː / 브리터니]	영국, 대영제국	라틴어	
Brittney	[britniː / 브리트니]	영국, Brittaney(영국)의 변형	라틴어	
Brooke	[ˈbruk / 브루크]	물, 개울	영어	
Brooklyn	[ˈbruklən / 브루클런]	물, 개울	영어	
Brucie	[ˈbrəki / 브러키]	숲의 요정, 숲의 정령	프랑스어	
Bruna	[ˈbruːnə / 브루너]	검은 머리의, 머리카락 색깔이 진한	독일어	
Brunella	[bruːˈnelə / 브루넬러]	갈색 머리의, 머리카락 색깔이 옅은	프랑스어	
Bryann	[brjæn / 브리앤]	그녀는 올라간다, Brian(권력, 미덕)의 여성형	영어	
Bryna	[ˈbrinə / 브리너]	강한, 강력한, 힘 있는	아일랜드어	
Brynda	[brjndæ / 브린대]	언덕 위의 등대, Brendan(언덕 위의 등대)의 여성형	아일랜드어	
Bryssa	[brjsæ / 브리새]	Briseis(호머의 서사시 일리아드에 나오는 아킬레스가 사랑한 여인 브리세이즈)의 변형	스페인어	
Bunny	[ˈbʌni / 버니]	아기 토끼, 어린 토끼, 귀여운 토끼	영어	

Woman

NAME	발음	의미	어원	비고
Cacia	[kæʃ / 캐쉬]	조심하는, 주의력 있는	아일랜드어	
Cadena	[kəˈdiːnə / 커디너]	율동적인, 리드미컬한	영어	
Cadence	[ˈkeidəns / 케이던스]	Cady(작은 언덕)의 변형	영어	
Cadencia	[kʌdenʃʌ / 커덴셔어]	율동적인, 리드미컬한	프랑스어	
Cady	[ˈkeidi / 케이디]	작은 언덕, 소리의 율동적인 흐름	영어	Last name
Cailey	[keiliː / 케일리]	종달새, 음악적인 것	그리스어	
Cailin	[keilin / 케일린]	소녀, 여자 아이	아일랜드어	
Caitlan	[keitlʌn / 케이틀런]	Katherine(순수한)의 변형	아일랜드어	
Caitlin	[ˈkeitlin / 케이틀린]	Katherine(순수한)의 변형	아일랜드어	
Calida	[kaˈliːdə / 칼리더]	열정적인, 열망 있는	스페인어	
Calinda	[kʌlindʌ / 컬린더]	종달새, Calandra(종달새)와 Linda(라임나무)의 합성어	이탈리아어	
Calista	[kəˈlistə / 컬리스터]	아름다운, 예쁜, 보기 좋은	그리스어	
Callie	[ˈkɔli / 콜리]	종달새, 노래를 잘 하는	영어	
Calvina	[kalˈviːnə / 칼비너]	Calvino(대머리)의 여성형	스페인어	
Came	[ˈkeim / 케임]	즐거움, 기쁨	영어	
Camelia	[kʌmeljə / 커멜리어]	자유로운 탄생, 고귀한, 꽃이름	영어	
Camella	[kʌmelʌ / 커멜러]	꽃 이름 Camelia(자유로운 탄생, 고귀한)의 변형	영어	
Camilla	[kəˈmilə / 커밀러]	자유로운 탄생, 고귀한, Camelia(자유로운 탄생, 고귀한)의 변형	프랑스어	
Camille	[kəˈmiːl / 커밀]	꽃 이름 Camelia(자유로운 탄생, 고귀한)의 변형	영어	
Candace	[ˈkændəs / 캔더스]	반짝반짝 빛나는, 투명한	그리스어	
Candi	[kændiː / 캔디]	밝은, 흰색으로 빛나는	스페인어	
Candice	[ˈkændəs / 캔더스]	빛나는, Candace(반짝 반짝 빛나는, 투명한), 고대 이디오피아 여왕의 칭호	영어	

Woman

NAME	발음	의미	어원	비고
Candide	[kʌndaid / 컨다이드]	밝은, 흰색으로 빛나는, 달콤한	프랑스어	
Candy	[ˈkændi / 캔디]	반짝반짝 빛나는, Candice, Candidi의 애칭	그리스어	
Caprice	[kəˈpriːs / 커프리스]	아름다운, 예쁜, 보기 좋은	영어	
Capucina	[kʌpjuːsʌnʌ / 커퓨셔너]	망토, 어깨와 등에 걸치는 옷	프랑스어	
Cara	[ˈkerə / 케러]	Charles(남자다운)의 여성형 변형	영어	
Caressa	[kʌresʌ / 커레서]	부드러운 접촉, 기분좋은 만짐	프랑스어	
Caresse	[ˈkaːres / 카레스]	사랑스러운, 부드러운 접촉	프랑스어	
Carilla	[kaˈrilə / 카릴러]	Charles(남자다운)의 여성형 변형	스페인어	
Carina	[kerʌnʌ / 케러너]	순수한, 순결한, 순수한	프랑스어	
Carissa	[kaˈriːsə / 카리서]	사랑받는, 사랑한	그리스어	
Carla	[ˈkaːrlə / 카알러]	Charles(남자다운)의 여성형 변형	영어	
Carlene	[ˈkaːrlin / 카알린]	Carl(남자)의 여성형 변형	독일어	
Carlita	[karˈliːtə / 카알리터]	Charles(남자다운)의 여성형 변형	스페인어	
Carlota	[karlʌtʌ / 카알러터]	남자다운, Charlotte(남자다운)의 변형	스페인어	
Carly	[ˈkaːrli / 카알리]	작고 여성스러운, Carlie(여성스러운)의 변형	라틴어	
Carmel	[karˈmel / 카아멜]	포도원, 포도 농장	히브리어	
Carmela	[karˈmelə / 카아멜러]	황금의, 황금처럼 귀한	히브리어	
Carmelina	[kʌrmelʌnʌ / 커어멜러너]	황금의, 황금처럼 귀한	히브리어	
Carmelita	[karməˈliːtə / 카아멀리터]	정원, 뜰, 포도원	스페인어	
Carmen	[ˈkaːrmən / 카아먼]	경호원, 경비요원	히브리어	
Carmina	[karmʌnʌ / 카아머너]	노래, 가곡	영어	
Carmon	[ˈkaːrmən / 카아먼]	유일한, 유일무이한, 다른 것과 구별되는	영어	
Carol	[ˈkærəl / 캐럴]	Charles(남자다운)의 여성형 변형	영어	
Carole	[ˈkærəl / 캐럴]	행복의 노래, 기쁨, Carl(남자)의 여성형	프랑스어	

NAME	발음	의미	어원	비고
Carolina	[kerəˈlainə / 케럴라이너]	기쁨, Charles(남자다운)의 여성형 변형	영어	
Caroline	[ˈkerəlain / 케럴라인]	기쁨, 행복의 노래, Charles(남자다운)의 여성형 변형	영어	
Carona	[kærʌnʌ / 캐러너]	왕관을 쓴, 왕이 된	스페인어	
Casey	[ˈkeisi / 케이시]	용감한, 조금도 방심하지 않는	아일랜드어	
Casidhe	[kæzʌdh / 캐저드흐]	영리한, 명석한	아일랜드어	
Cassandra	[kəˈsændrə / 커샌드러]	남성들의 조력자, 인간을 도와 주는 자	그리스어	
Cassidy	[ˈkæsədi / 캐서디]	영리한, 곱슬머리의	아일랜드어	
Cassie	[ˈkæsi / 캐시]	Cassandra(남성들의 조력자)의 약어, 일리아드에서 무시된 여성예언자	영어	
Cassy	[kæsiː / 캐시]	Cassandra(남성들의 조력자)의 약어, 일리아드에서 무시된 여성예언자	영어	
Cat	[kæt / 캐트]	순수한, 순결한, 순백의	아일랜드어	
Catalina	[kætəˈliːnə / 캐털리너]	순수한, 순결한, 순백의	스페인어	
Catherine	[ˈkæθərən / 캐써런]	순수한, Katherine(순수한)의 영국식 이름	그리스어	
Cathleen	[kæθˈliːn / 캐쓸린]	순수한, Katherine(순수한)의 그리스식 이름	아일랜드어	
Cathy	[ˈkæθi / 캐씨]	순수한, Katherine(순수한)의 그리스식 이름	영어	
Cayla	[keilʌ / 케일러]	순수한, Catherine(순수한)의 한 형태	그리스어	
Cecelia	[səˈsiːljə / 서실리어]	눈 먼, 장님의, 유명한 전달자	라틴어	
Cedrica	[sedrʌkʌ / 세드러커]	Cedric(전투의 선봉장)의 현대화된 여성 이름	영어	
Celena	[tʃeˈlenə / 첼레너]	달, 위성	그리스어	
Celeste	[səˈlest / 설레스트]	하늘의, 하늘에서처럼	프랑스어	
Celestine	[tʃeleˈstiːni / 첼레스티니]	하늘의, 하늘에서처럼	프랑스어	
Celia	[ˈsiːljə / 실리어]	장님의, Cecilia(눈 먼)의 애칭	라틴어	
Celine	[səˈliːn / 설린]	Celia(눈 먼) 혹은 Selena(눈 먼)의 변형	프랑스어	

Woman

NAME	발음	의미	어원	비고
Cenobia	[senʌbiːʌ / 세너비어]	제우스(신들의 왕)의 탄생	스페인어	
Cera	[ˈserə / 세러]	화려한, 총천연색의	프랑스어	
Ceria	[siriːʌ / 시리어]	Cyril(주님, 주인)의 여성형 변형	스페인어	
Chandra	[ˈtʃændrə / 챈드러]	달, 위성	산스크리트어	
Chanel	[ʃəˈnel / 셔넬]	운하, 접점, 향수 이름	프랑스어	
Chantal	[ˈtʃæntəl / 챈털]	가수, 노래하는 사람	프랑스어	
Chante	[tʃænt / 챈트]	가수, 노래를 향한	프랑스어	
Charis	[tʃeris / 체리스]	사랑하는 사람, Cherie(아주 사랑하는 사람, 총아)의 변형	영어	
Charissa	[kaˈriːsə / 카리서]	기대, 희망	그리스어	
Charity	[ˈtʃerəti / 체러티]	자애로운 선한 의지와 사랑	영어	
Charlee	[tʃɑrliː / 찰리]	Charles(남자다운)의 현대적 여성형 변형	영어	
Charleena	[tʃʌrliːnʌ / 찰린너]	Charles(남자다운)의 여성형 변형	프랑스어	
Charlene	[ʃɑrˈliːn / 샬린]	Charles(남자다운)의 여성형 변형	영어	
Charlie	[ˈtʃɑːrli / 찰리]	강인한, Charles(남자다운)의 여성형 변형	독일어	중성
Charlisa	[tʃɑrlʌzʌ / 찰러저]	Charles(남자다운)의 여성형 변형	프랑스어	
Charlotte	[ˈʃɑːrlət / 샤알러트]	Charles(남자다운)의 여성형 변형	영어	
Charly	[tʃɑrliː / 챠알리]	Charles(남자다운)의 현대적 여성형 변형	영어	
Charmain	[ʃɑrˈmein / 샤메인]	노래, 가곡	라틴어	
Chastity	[ˈtʃæstəti / 채스터티]	순수, 결백, 순결	라틴어	
Chavela	[tʃævʌlʌ / 채벌러]	Isabel(충만한 하나님)의 변형	스페인어	
Chela	[ˈkiːlə / 킬러]	위로, 위안	스페인어	
Chelsa	[tʃelsʌ / 첼서]	런던 지역의 지명	영어	
Chelsea	[ˈtʃelsi / 첼시]	항구, 런던 지역의 지명	영어	
Chelsey	[tʃelsiː / 첼시]	런던 지역의 지명	영어	

NAME	발음	의미	어원	비고
Chenelle	[tʃenʌl / 체널]	운하, 접점, 향수 이름	프랑스어	
Cher	[ˈʃer / 쉐ㄹ]	사랑하는 사람, Cherie(아주 사랑하는 사람, 총아)의 변형	프랑스어	
Cherie	[tʃɪˈri / 치리]	아주 사랑하는 사람, 총아	영어	
Cherina	[tʃerʌnʌ / 췌러너]	사랑하는 사람, Cherie(아주 사랑하는 사람, 총아)의 변형	프랑스어	
Cherisa	[tʃerʌzʌ / 췌러저]	사랑하는 사람, Cherie(아주 사랑하는 사람, 총아)의 변형	영어	
Cherita	[tʃerʌtʌ / 췌러터]	사랑하는 사람, Cherie(아주 사랑하는 사람, 총아)의 변형	프랑스어	
Cherry	[ˈtʃeri / 체리]	버찌, 체리나무	영어	
Cheryl	[ˈʃerəl / 세럴]	사랑하는 사람, Cherie(아주 사랑하는 사람, 총아)의 변형	영어	
Cheyenne	[ʃaˈjæn / 사이앤]	말을 난해하게 하는 사람, 대평원의 Algonquian(북미 원주민) 부족, 와이오밍주의 수도	다코타어(북아메리카 인디언)	
Chiana	[ˈtʃiɑːnʌ / 취에나]	Cheyanne(말을 난해하게 하는 사람)의 변형, 대평원의 Algonquian(북미 원주민) 부족, 와이오밍주의 수도	프랑스어	
Chiara	[ˈkjɑːrə / 키아러]	어두운, 짙은 색의, Ciaran(검은색 머리의)의 여성형 변형	아일랜드어	
Chiquita	[kiˈkwiːtə / 키크위터]	어린 소녀를 부르는 애칭	스페인어	
Chloe	[ˈkloui / 클로우이]	꽃이 만발한, 활짝 꽃이 핀	그리스어	
Chloris	[ˈklɔris / 클로리스]	창백한, 새하얀	그리스어	
Chris	[ˈkris / 크리스]	기독교의, 세례받은, Christine(그리스도의 추종자), Kristine(예수 추종자)의 애칭	그리스어	중성
Christa	[ˈkristə / 크리스터]	Christiana(예수 추종자)의 변형, 예수 추종자	영어	
Christal	[ˈkristəl / 크리스털]	기독교의, 개신교의	스코틀랜드어	
Christeena	[kristíːnə / 크리스티너]	Christiana(예수 추종자)의 변형, 예수 추종자	영어	
Christianna	[kristiˈænə / 크리스티애너]	Christiana(예수 추종자)와 Christopher(예수 추종자)의 변형, 예수 추종자	그리스어	

Woman

NAME	발음	의미	어원	비고
Christin	[kristíːn/ 크리스틴]	기독교의, 세례받은, Christine(그리스도의 추종자), Kristine(예수 추종자)의 애칭	그리스어	
Christine	[kriˈstiːn / 크리스틴]	그리스도의 추종자, 그리스도를 따르는 사람	프랑스어	
Christy	[ˈkristi / 크리스티]	Christiana(예수 추종자)의 변형, 예수 추종자	영어	중성
Chrystal	[ˈkristəl / 크리스털]	지우기, 밝은, 얼음	라틴어	
Chynna	[kjnæ / 키내]	중국과 관련된, 중국과 연관되어	영어	
Ciara	[saiʌrʌ / 사이어러]	성스러운, 짙은 색의, Ciaran(검은색 머리의)의 여성형 변형	아일랜드어	
Cicely	[ˈsisəli / 시설리]	Cecilia(눈 먼)의 변형	영어	
Cidney	[sidniː / 시드니]	Sydney(세인트 데니스라는 지명에서 유래)의 변형	영어	
Cierra	[sirʌ / 시라]	톱, 톱질하다	스페인어	
Cinda	[sindʌ / 신더]	Cynthia(달)와 Lucinda(아름다운 빛)의 약어	영어	
Cinderella	[sindəˈrelə / 신더렐러]	재투성이의, 재가 묻어 지저분한	프랑스어	
Cindia	[sindiːʌ / 신디어]	Cynthia(달)와 Lucinda(아름다운 빛)의 약어	영어	
Cindy	[ˈsindi / 신디]	Cynthia(달)와 Lucinda(아름다운 빛)의 약어	영어	
Cira	[ˈsəːrə / 서러]	Cyril(주인, 주님)의 여성형 변형	스페인어	
Claire	[ˈkler / 클러]	깨끗한, 밝은	프랑스어	
Clara	[ˈklærə / 클래러]	밝은, 빛나는, 유명한	프랑스어	
Clare	[ˈkler / 클러]	밝은, 빛나는, 유명한	프랑스어	
Clareta	[klerʌtʌ / 클레러터]	빛나는, 유명한	스페인어	
Clarissa	[kləˈrisə / 클러리서]	밝은, 빛나는, 유명한	영어	
Claudia	[ˈklɔdiə / 클로디어]	Claude(절름발이)의 여성형	영어	
Clemence	[ˈklemərs / 클레먼스]	관용, 자비, 강의 신의 딸	프랑스어	
Clementine	[ˈkleməntain / 클레먼타인]	관용, 자비, 강의 신의 딸	프랑스어	
Cleonie	[kliːɑniː / 클리아니]	Clemence(관용, 강의 신의 딸)에서 유래	아일랜드어	

NAME	발음	의미	어원	비고
Cleva	[ˈkliːvə / 클리버]	절벽에 사는, 절벽에 거주하는	영어	
Cloris	[klɔris / 클로리스]	창백한, 새하얀	그리스어	
Clover	[ˈklouvə / 클로우버]	클로버, 토끼풀	영어	
Coco	[ˈkoko / 코코]	도움, 도움을 주는	스페인어	
Cody	[ˈkodi / 코디]	도움을 주는, 도와주는	영어	중성
Colby	[ˈkolbi / 콜비]	어두운 피부, 짙은 색 피부	영어	중성
Coletta	[koˈletə / 콜레터]	승리하는, 이기는	프랑스어	
Colina	[koˈliːnə / 콜리너]	사람들의 승리, 승리하는 사람들	스코틀랜드어	
Colleen	[kɑːˈliːn / 카알린]	소녀, 계집 아이	아일랜드어	
Comfort	[ˈkʌmfərt / 컴퍼트]	힘, 강함	프랑스어	
Connal	[kɑnʌl / 카널]	변함 없는, 끊임 없는	아일랜드어	
Connie	[ˈkɔni / 코니]	확고부동, Constance(불변, 확고한 의지)의 약어	영어	
Consolata	[kansoˈlɑːtə / 칸솔라터]	위로, 위안	스페인어	
Constance	[ˈkɑːnstəns / 칸스턴스]	불변, 확고한 의지	영어	
Cora	[ˈkɔːrə / 코러]	처녀, 아가씨	그리스어	
Coral	[ˈkɔːrəl / 코럴]	깊은 선홍색의 보석 같은 바다	영어	
Coralia	[kɔrʌlʌ / 코럴러]	처녀, 아가씨	영어	
Cordelia	[kɔrdʌliːʌ / 코딜리어]	보기 드물게 정직한, 세익스피어의 리어왕에 나오는 셋째 딸의 이름	영어	
Coreen	[kɔriːn / 코린]	처녀, 아가씨	아일랜드어	
Coretta	[kɔˈretə / 코레터]	아가씨, 처녀, Cora(아가씨, 처녀)의 변형	그리스어	
Corey	[ˈkɔːri / 코리]	둥근 언덕에서 온, 생기발랄한 연못, 협곡	아일랜드어	중성
Corinne	[kəˈriːn / 커린]	처녀, 아가씨	프랑스어	
Corrissa	[kʌrisʌ / 커리서]	처녀, 아가씨	영어	

Woman

NAME	발음	의미	어원	비고
Cortney	[kɔrtni: / 코트니]	궁정의, 궁궐의, 정중한, 엄중한	영어	
Cosette	[kəˈset / 커세트]	승리의, 승리하는	프랑스어	
Courtney	[ˈkɔːrtni / 코트니]	궁정의, 궁궐의, 정중한, 엄중한	영어	중성
Crista	[kristʌ / 크리스터]	지명된 사람, 기독교	스페인어	
Cristy	[kristi: / 크리스티]	그리스도 추종자, Christine(그리스도 추종자)의 변형	아일랜드어	
Cristyn	[kristjn / 크리스틴]	Christian(기독교)의 변형	영어	
Crystal	[ˈkristəl / 크리스털]	그리스도 추종자, Christine(그리스도 추종자)의 변형	영어	
Cybil	[kjbil / 키빌]	여성 예언자, 여자 선지자	그리스어	
Cymberly	[ˈkimbərli / 킴벌리]	왕의초원에서 온, 왕의 초원 출신의	영어	
Cyndi	[ˈkimbərli / 킴벌리]	Cynthia(달)와 Lucinda(아름다운 빛)의 약어	영어	
Cynthia	[ˈsinθiə / 신씨어]	달, 위성	그리스어	

Woman

NAME	발음	의미	어원	비고
Daelyn	[diːljn / 딜린]	작은 계곡, 작은 골짜기	영어	
Daina	[deinʌ / 데이너]	덴마크에서 온, Daniel(하나님은 나의 판사)의 여성형 변형	영어	
Daisy	[ˈdeizi / 데이지]	하루의 눈, 청초함, 데이지 꽃 이름	영어	
Dakota	[dəˈkoutə / 더코우터]	친구, 파트너, 동지	다코타어(북아메리카 인디언)	중성
Daliah	[deiliːʌ / 데일리어]	나무, 나뭇가지	히브리어	
Dallas	[ˈdæləs / 댈러스]	계곡(특히, 잉글랜드 북부의)에서 온, 폭포에서 온, 텍사스 도시명	스코틀랜드어	중성
Damara	[dæmʌrʌ / 대머러]	마음씨 고운 소녀, 멋진 소녀	그리스어	
Damia	[deimiːʌ / 데이미어]	야성의, 길들여 지지 않은	프랑스어	

NAME	발음	의미	어원	비고
Damita	[daˈmiːtə / 다미터]	소수 귀족의, 숭고한	스페인어	
Dana	[ˈdeinə / 데이너]	덴마크에서 온, Daniel(하나님의 나의 판사)의 여성형 변형	영어	중성
Danetta	[dʌnetʌ / 더네터]	하나님은 내 판사이시다, 하나님께서 나를 판단하신다	히브리어	
Danette	[deinʌt / 데이너트]	Daniel(하나님의 나의 판사)의 여성형 변형	영어	
Dania	[ˈdeinjə / 데이니어]	덴마크에서 온, Daniel(하나님의 나의 판사)의 여성형 변형	영어	
Danica	[ˈdænikə / 대니커]	신에게 심판받은, Danielle(하나님은 나의 판사이시다)의 변형	히브리어	
Danielle	[dæniˈel / 대니엘]	하나님은 나의 판사이시다, 하나님께서 나를 판단하신다	히브리어	
Danna	[ˈdænə / 대너]	Daniel(하나님의 나의 판사)의 여성형 변형	영어	
Dannia	[dæniːʌ / 대니어]	Daniel(하나님의 나의 판사)의 여성형 변형	영어	
Daphne	[ˈdæfni / 대프니]	승리, 이김	히브리어	
Dara	[ˈdærə / 대러]	현명한, 성경에서 지혜로 알려진 유다의 후손	히브리어	
Darcy	[ˈdɑːrsi / 다아시]	어두운 피부, 짙은 색 피부	아일랜드어	
Dareen	[deriːn / 데린]	현명한, 성경에서 지혜로 알려진 유다의 후손	히브리어	
Daria	[ˈdɑːriə / 다리어]	풍부한, 부유한	스페인어	
Darice	[ˈdɑːris / 다리스]	현명한, 성경에서 지혜로 알려진 유다의 후손	히브리어	
Darissa	[dʌrisʌ / 더리서]	현명한, 성경에서 지혜로 알려진 유다의 후손	히브리어	
Darla	[dɑrlʌ / 다알러]	내 사랑, 고대 영어 dearling(친애하는)에서 유래	영어	
Darleena	[dʌrliːnʌ / 더얼린너]	내 사랑, 고대 영어 dearling(친애하는)에서 유래	영어	
Darlene	[ˈdɑːrlin / 다알린]	내 사랑, 고대 영어 dearling(친애하는)에서 유래	영어	
Darnell	[darˈnel / 다아넬]	숨겨진, 비장의	영어	
Daryl	[ˈderəl / 데럴]	너무 사랑스러운, 여배우 Daryl Hannah로 유명함	영어	

NAME	발음	의미	어원	비고
Davi	[ˈdɑːvi / 다비]	소중히 하는, 아끼는	히브리어	
Davida	[daˈviːdə / 다비더]	사랑하는, David(가슴 깊이 사랑한)의 여성형	영어	
Davita	[dævʌtʌ / 대버터]	사랑하는, David(가슴 깊이 사랑한)의 여성형	영어	
Davy	[ˈdeivi / 데이비]	사랑하는, David(가슴 깊이 사랑한)의 여성형	영어	
Dawn	[ˈdɔːn / 돈]	새벽, 일출의 여명	영어	
Dawna	[dɔnʌ / 도너]	새벽, 일출의 여명	영어	
Dawnetta	[dɔnetʌ / 도네터]	새벽, 일출의 여명	영어	
Daysi	[deisiː / 데이시]	하루의 눈, 데이지 꽃 이름	영어	
Deana	[diˈænə / 디애너]	계곡에서 온, Diana(신성한,달의 여신)의 변형	영어	
Deandra	[dendrʌ / 덴드러]	Deanne(신성한)과 Andrea(남성스러운)과 Sandra(인류의 수호자)의 합성어	영어	
Deanna	[diˈænə / 디애너]	계곡에서 온, Diana(신성한,달의 여신)의 변형	영어	
Debbie	[ˈdebi / 데비]	꿀벌, 성경 속 여선지자	히브리어	
Debby	[ˈdebi / 데비]	꿀벌, 성경 속 여선지자	히브리어	
Debora	[ˈdebrə / 데브러]	벌, 꿀벌	히브리어	
Deborah	[ˈdebərə / 데버러]	꿀벌, 성경 속 여선지자	히브리어	
Dee	[ˈdiː / 디]	문자 D- 로 시작하는 이름의 약어	영어	
Dee Dee	[ˈdiː ˈdiː / 디디]	피부, 눈, 머리칼 등이 검은, 짙은 갈색의, Dee의 다른 형태	웨일즈어	
Deeandra	[diːʌndrʌ / 디언드러]	Deanne(신성한)과 Andrea(남성스러운)과 Sandra(인류의 수호자)의 합성어	영어	
Deeanna	[diːʌnʌ / 디언너]	신성한, Diana(신성한)의 변형	영어	
Deidre	[ˈdiːdrə / 디드러]	우울한, Deirdre(켈트족 전설 속의 심장마비 사망자)의 변형	아일랜드어	
Delia	[ˈdiːljə / 딜리어]	눈에 보이는, Cordelia(드물게 보는 정직한)의 애칭	그리스어	
Delice	[delis / 델리스]	라틴어 Delicia(기쁨을 주는)의 변형	영어	

NAME	발음	의미	어원	비고
Delicia	[deˈliːtʃə / 델리쳐]	매력적인, 끌리는	스페인어	
Delight	[dəˈlait / 딜라이트]	라틴어 Delicia(기쁨을 주는)의 변형	영어	
Delila	[deˈliːlə / 델릴러]	열망하는, 사모하는, 성경 속 삼손을 유혹한 여자	히브리어	
Delisa	[deˈliːsə / 델리서]	라틴어 Delicia(기쁨을 주는)의 변형	영어	
Dell	[ˈdel / 델]	고귀한, 고상한, 품위 있는	영어	중성
Della	[ˈdelə / 델러]	고귀한, 고상한, 품위 있는	영어	
Delmar	[ˈdelmər / 델머]	바다의, 바다와 관련 있는	스페인어	중성
Delmara	[delmʌrʌ / 델머러]	바다의, 바다와 관련 있는	스페인어	
Delmira	[delmʌrʌ / 델머러]	고귀한 보호자, 고귀한 수호자	독일어	
Deloris	[ˈdeləris / 델러리스]	Dolores(슬픔)의 변형	영어	
Delphia	[ˈdelfiə / 델피어]	돌고래, 바다에서 자유로운, 건강하고 친화적인	스페인어	
Demi	[ˈdemi / 데미]	Demetra(옥수수와 수확의 여신)의 약어	영어	
Dena	[ˈdiːnə / 디너]	Deana(신성한)과 Dina(계곡에서 온, 보복의)의 합성어	영어	
Denica	[denikʌ / 데니커]	Deana(신성한)과 Dina(계곡에서 온, 보복의)의 합성어	영어	
Denice	[diˈniːs / 디니스]	그리스 이름 Dionysus(술의 신)에서 온 Denis(술의 신) 혹은 Denys(술의 신)의 여성형	프랑스어	
Denise	[dəˈniːs / 더니스]	그리스 이름 Dionysus(술의 신)에서 온 Denis(술의 신)의 여성형	프랑스어	
Derrica	[derikʌ / 데리커]	천부적인 통치자, Derek(천부적인 통치자)의 현대적 여성형	영어	
Desiree	[ˈdesairi / 데사이리]	열망하는 것, 간절히 원하는 것	프랑스어	
Destina	[destʌnʌ / 데스터너]	확실한 행운, 운명	스페인어	
Destine	[ˈdestin / 데스틴]	확실한 행운, 운명, 그리스 신화의 운명의 신	영어	
Destiny	[ˈdestəni / 데스터니]	확실한 행운, 운명, 그리스 신화의 운명의 신	영어	

NAME	발음	의미	어원	비고
Devana	[devʌnʌ / 데버너]	신성한, 성스러운	영어	
Devaney	[ˈdevəni / 데버니]	검은 머리의, 짙은 색 머리의	아일랜드어	
Devon	[ˈdevən / 데번]	잉글랜의 아름다운 농장 지역명	영어	
Devora	[devʌrʌ / 데버러]	꿀벌, Deborah(꿀벌)의 변형	히브리어	
Deysi	[deisi: / 데이시]	하루의 눈, 데이지 꽃 이름	영어	
Di	[ˈdi: / 디]	신성한, Diana(달의 여신)의 약어, Diana는 로마 신화에서 아름답고 날쌘 여자 사냥꾼으로 묘사됨.	프랑스어	
Dia	[ˈdi:ə / 디어]	하루, 날	스페인어	
Diamond	[ˈdaimənd / 다이먼드]	아주 귀한, 빛나는, 보석 이름	영어	
Dian	[ˈdaiən / 다이언]	신성한, Diana(달의 여신)의 약어, Diana는 로마 신화에서 아름답고 날쌘 여자 사냥꾼으로 묘사됨	프랑스어	
Diana	[daˈjænə / 다이애너]	달의 여신, 로마신화의 여신	프랑스어	
Diane	[daˈjæn / 다이앤]	신성한, Diana(달의 여신)의 약어, Diana는 로마 신화에서 아름답고 날쌘 여자 사냥꾼으로 묘사됨	프랑스어	
Didi	[ˈdi:di / 디디]	피부, 눈, 머리칼 등이 검은, 짙은 갈색의	웨일즈어	
Dina	[ˈdi:nə / 디너]	계곡에서 온, 계곡 출신의	영어	
Dinah	[ˈdainə / 다이너]	보복, 심판, 변호, 성경에서 Dinah는 야곱의 외동딸이었다	히브리어	
Diona	[diˈounə / 디오우너]	신성한 샘에서 온, 신화에서 제우스의 아내이자 아프로디테의 어머니였음	영어	
Dionis	[daiʌnis / 다이어니스]	Dionysus(술의 신)에서 유래	스페인어	
Dionna	[daiʌnʌ / 다이어너]	신성한 샘에서 온, 신화에서 제우스의 아내이자 아프로디테의 어머니였음	영어	
Dionne	[ˈdi:an / 디안]	신성한 샘에서 온, 신화에서 제우스의 아내이자 아프로디테의 어머니였음	영어	
Dior	[diˈɔ:r / 디오오르]	황금의, 황금처럼 귀한	프랑스어	
Dodie	[doudi: / 도우디]	가장 사랑받는, 최고로 소중히 여겨지는	히브리어	
Dolly	[ˈdɑli / 달리]	Dorothy(하나님의 선물)의 변형	영어	

NAME	발음	의미	어원	비고
Dolores	[dəˈlɔːrəs / 덜로러스]	슬픔, 비애	스페인어	
Dolorita	[dɔlɔˈriːtə / 돌로리터]	슬픔으로 가득한, 비애로 가득찬	스페인어	
Domenica	[dʌmenikʌ / 더메니커]	주님의, 하나님의	스페인어	
Dominique	[dɔməˈniːk / 도머니크]	주님의, Dominic(주님에 속한)의 변형	프랑스어	
Dona	[ˈdounə / 도우너]	아가씨, 존경스런 칭호	스페인어	
Donita	[dɑnitʌ / 다니터]	선물, 재능	라틴어	
Donna	[ˈdɑːnə / 다너]	숙녀, 아가씨	라틴어	
Dora	[ˈdɔːrə / 도러]	선물, 재능	그리스어	
Doreen	[dɔˈriːn / 도린]	시무룩한, 침울한	아일랜드어	
Doria	[ˈdɔːriə / 도리어]	바다, Dorian(Dorus의 후손)의 여성형	그리스어	
Doris	[ˈdɔris / 도리스]	바다, 해양	그리스어	
Dorothy	[ˈdɔːrəθi / 도러씨]	하나님의 선물, 신의 선물	그리스어	
Dory	[ˈdɔːri / 도리]	금발의, 머리카락이 노란 색깔인	프랑스어	
Dottie	[ˈdɑːti / 다티]	하나님의 선물, Dorothy(하나님의 선물)의 변형	영어	
Drew	[ˈdruː / 드루]	Andrew(남자다운, 용감한.)의 변형	영어	중성
Drina	[ˈdriːnə / 드리너]	인류의 수호자, Alexander(인류의 수호자)의 여성형	영어	
Drusilla	[druːˈsilə / 드루실러]	튼튼한, 견고한	라틴어	
Dulcinea	[dəlsiˈniːə / 덜시니어]	달콤한, 달콤한 향기가 나는	스페인어	
Dyan	[daˈjæn / 다이앤]	성스러운, Diana(달의 여신)의 다른 형태	라틴어	

NAME	발음	의미	어원	비고
Eartha	[ˈəːrθə / 어어써]	세상의, 세계적인	영어	
Easter	[ˈiːstər / 이스터]	부활절에 태어난, 부활절이 생일인	영어	

Woman

NAME	발음	의미	어원	비고
Ebba	[ˈebə / 에버]	밀물, 만조	영어	
Ebony	[ˈebəni / 에버니]	흑색 나무, 강함	그리스어	
Echo	[ˈekou / 에코우]	요정, 정령	그리스어	
Edan	[ˈiːdən / 이던]	완전한, 완벽한	히브리어	
Edana	[eˈdænə / 에대너]	불의, Aidan(불타는 듯한)의 여성형	아일랜드어	
Edda	[edʌ / 에더]	기쁜, 분투하는, Hedda(격렬한 여전사)의 변형	독일어	
Edeen	[ediːn / 에딘]	에든버러에서 온, 에든버러 출신의	스코틀랜드어	
Edelina	[ʌdelʌnʌ / 어델러너]	전리품, 적에게서 빼앗은 물품	영어	
Edeline	[ˈedəlain / 에덜라인]	자애로운, 품위 있는, 우아한	독일어	
Eden	[ˈiːdən / 이던]	완벽한, 즐거움, 성경속 아담과 이브의 동산	히브리어	
Edenia	[edʌniːʌ / 에더니어]	즐거움, Eden(에덴 동산)에서 유래됨	스페인어	
Edie	[ˈedi / 에디]	전리품, 적에게서 빼앗은 물품	영어	
Ediline	[edʌlin / 에덜린]	자애로운, 품위 있는, 우아한	독일어	
Edina	[əˈdiːnə / 어디너]	부유한 친구, 돈 많은 친구	영어	
Edith	[ˈiːdiθ / 이디쓰]	운 좋은 전쟁, 전리품	영어	
Edlyn	[ˈedlin / 에들린]	우아한 폭포, 고귀한 폭포	영어	
Edmanda	[ʌdmændʌ / 어드맨더]	부유한 여성 후원자, 돈 많은 여성 후원자	영어	
Edna	[ˈednə / 에드너]	기쁨, 즐거운, Eden(에덴 동산)에서 유래됨	히브리어	
Edra	[ˈedrə / 에드러]	강력한, 강한	영어	
Effie	[ˈefi / 에피]	말을 잘하는, Euphemia(말씨가 세련된)의 약어	영어	
Eileen	[aiˈliːn / 아일린]	빛나는, Evelyn(삶, 인생)의 변형	아일랜드어	
Eilena	[ailʌnʌ / 아일러너]	Evelyn(삶, 인생)의 변형	아일랜드어	
Eily	[ailiː / 아일리]	빛, 광명	아일랜드어	
Eirica	[erʌkʌ / 에러커]	통치자, 지배자	스코틀랜드어	

Woman

NAME	발음	의미	어원	비고
Elaine	[əˈlein / 얼레인]	빛나는, Helen(빛)의 변형	프랑스어	
Elan	[ˈiːlən / 일런]	Helen(빛)의 아일랜드어 형태	아일랜드어	중성
Elana	[elʌnʌ / 엘러너]	빛, 광명	라틴어	
Elbertine	[ˈelbərtin / 엘버틴]	고귀한, 영광스러운	영어	
Elcie	[elsiː / 엘시]	유일한, 단 하나의, 남다른	아일랜드어	
Eldora	[elˈdɔːrə / 엘도러]	금발, 태양의 선물	스페인어	
Eleanor	[ˈelənər / 엘러너]	빛나는, Helen(빛)의 변형	영어	
Eleanora	[elənɔːˈrə / 엘러노러]	빛나는, Helen(빛)의 변형	스페인어	
Elena	[ˈelənə / 엘러너]	빛나는, Helen(빛)의 변형	스페인어	
Elia	[əˈlaiə / 얼라이어]	여호와는 하나님이시다	히브리어	중성
Elica	[elʌkʌ / 엘러커]	고귀한, 고상한, 우아한	독일어	
Elicia	[eliʃʌ / 엘리셔]	Elisabeth(하나님께 헌신)의 약어	프랑스어	
Elida	[elʌdʌ / 엘러더]	날개 달린, 하늘을 나는	영어	
Elin	[ˈelin / 엘린]	Helen(빛)의 변형, 빛, 최고로 아름다운 여인	웨일즈어	
Elina	[elʌnʌ / 엘러너]	빛나는, Helen(빛)의 변형	스페인어	
Elisa	[əˈliːsə / 얼리서]	하나님께 봉헌, 충만한 나의 하나님, Elisabeth(하나님께 헌신)의 약어	프랑스어	
Elisabeth	[əˈlizəbeθ / 얼리저베쓰]	하나님께 헌신, 하나님께 봉헌	히브리어	
Elise	[əˈliːs / 얼리스]	하나님께 봉헌, Elisabeth(하나님께 헌신)의 약어	프랑스어	
Elisha	[ˈeliʃə / 엘리셔]	Elisabeth(하나님께 헌신)의 약어	프랑스어	
Elivina	[ilivʌnʌ / 일리버너]	상냥한 요정, 선량한 요정	영어	
Eliza	[əˈlaizə / 얼라이저]	충만한 하나님, 풍요로운 하나님, 하나님께 헌신, Elisabeth (하나님께 헌신)의 변형	영어	
Elizabeth	[iˈlizəbəθ / 일리저버쓰]	충만한 나의 하나님, 풍요로운 나의 하나님, 성경 속 세례 요한의 어머니, 잉글랜드에서 가장 많이 쓰는 이름	영어	

Woman

NAME	발음	의미	어원	비고
Elke	[elk / 엘크]	하나님에 대한 맹세, 신에 대한 맹세	히브리어	
Ella	[ˈelə / 엘러]	아름다운 요정, Eleanor(빛나는)과 Ellen(빛)의 약어	영어	
Elle	[ˈel / 엘]	아름다운 요정, Eleanor(빛나는)과 Ellen(빛)의 약어	영어	
Ellen	[ˈelən / 엘런]	Helen(빛)의 변형, 가장 아름다운 여인, 신화 속 트로이 전쟁을 야기함	영어	
Ellie	[ˈeli / 엘리]	아름다운 요정, Eleanor(빛나는)과 Ellen(빛)의 약어	영어	
Ellinor	[elinəːr / 엘리너]	빛, 광명	프랑스어	
Elmira	[elˈmairə / 엘마이러]	고귀한, 고상한, 우아한	영어	
Eloise	[elɔiz / 엘로이즈]	전쟁에서 유명한, Louise(유명한 전사)의 변형	프랑스어	
Elsa	[ˈelsə / 엘서]	충만한 나의 하나님, 풍요로운 나의 하나님, Elizabeth(하나님께 헌신)의 약어	영어	
Elsie	[ˈelsi / 엘시]	하나님께 헌신한, 하나님께 봉헌한	히브리어	
Elva	[ˈelvə / 엘버]	꼬마요정, 훌륭한 상담자	영어	
Elvin	[ˈelvin / 엘빈]	좋은 요정, 선한 요정	영어	중성
Elvira	[elˈvairə / 엘바이러]	진실, 흰색 또는 아름다운	스페인어	
Ema	[ˈiːmə / 이머]	진지한, 신중한, 진실한	독일어	
Ember	[ˈembər / 엠버]	기념일, 금식과 기도에 전념하는 사순절의 날, 혹은 Amber(호박 보석)의 음운 변형	영어	
Emerald	[ˈemrəld / 엠럴드]	에머럴드 보석, 녹색 보석	스페인어	
Emestina	[imestʌnʌ / 이메스터너]	진지한, 신중한, 진실한	독일어	
Emily	[ˈeməli / 에멀리]	근면한, 열심인	독일어	
Emma	[ˈemə / 에머]	전체의, 완전한	독일어	
Emmy	[ˈemi / 에미]	열심히 일하는, Emily(근면한)의 변형	프랑스어	
Ena	[ˈenə / 에너]	불같은, Aidan(불타는 듯한)의 여성형	아일랜드어	
Enerstina	[inʌrstʌnʌ / 이너스터너]	진지한, 신중한, 진실한	영어	

NAME	발음	의미	어원	비고
Engelbertine	[eŋʌlbʌrtin / 엥걸버틴]	빛나는 천사, 광명의 천사	독일어	
Engleberta	[eŋʌlbʌrtʌ / 엥걸버터]	빛나는 천사, 광명의 천사	독일어	
Engracia	[eŋrʌsʌ / 엥그러서]	우아한, 품위 있는, 은혜로운	스페인어	
Enid	[ˈiːnəd / 이너드]	공정한, 아름다운	영어	
Ennis	[ˈenis / 에니스]	유일한 선택, 단 하나의 선택	아일랜드어	
Enrica	[enˈriːkə / 엔리커]	가정의 원칙, Henry(가정의 원칙)의 여성형 변형	스페인어	
Erendira	[ʌrendʌrʌ / 어렌더러]	공주 이름	스페인어	
Erica	[ˈerikə / 에리커]	가장 권력 있는, Eric(영원한 지배자)의 여성형	노르웨이어	
Erika	[ˈerikə / 에리커]	가장 권력 있는, Erica(가장 권력 있는)의 다른 형태	노르웨이어	
Erin	[ˈerin / 에린]	아일랜드에서 온, 아일랜드 출신의	아일랜드어	
Erina	[əˈriːnə / 어리너]	아일랜드에서 온, 아일랜드 출신의	아일랜드어	
Erlina	[ʌrlʌnʌ / 얼러너]	귀족 여성, 고귀한 여인	영어	
Erma	[ˈəːrmə / 어어머]	완전한, 전쟁의 여신	독일어	
Ernestine	[ˈəːrnəstin / 어어너스틴]	진지한, 신중한, 진실한	영어	
Esmeralda	[ˈesmʌrɔldʌ / 에스머롤더]	에메랄드 보석의, 에머랄드 도석처럼 귀한	스페인어	
Esperanza	[ˈespʌrænzʌ / 에스퍼랜저]	기대, 희망	프랑스어	
Estee	[ˈesti / 에스티]	별, 항성, 별 모양	프랑스어	
Estella	[eˈstelə / 에스텔러]	별, 항성, 별 모양	스페인어	
Esther	[ˈestər / 에스터]	별, 항성, 별 모양	히브리어	
Ethel	[ˈeθəl / 에썰]	귀족의, 고귀한, 고품격의	영어	
Etta	[ˈetə / 에터]	작은, 어린, Henrietta(난로지기, 가정의 원칙)와 Harriette(가정의 원칙)의 약어	독일어	
Eugenia	[juːˈdʒiːniə / 유지니어]	귀족의, 고귀한, 고품격의	프랑스어	
Eugenie	[juːˈdʒiːni / 유지니]	잘 태어난, Eugene(좋은 가문의)의 여성형	프랑스어	

E Woman

NAME	발음	의미	어원	비고
Eulaie	[juːˈliː / 율리]	달콤하게 말하는, 말 잘하는	프랑스어	
Eunice	[ˈjuːnəs / 유너스]	좋은 승리, 훌륭한 승리	히브리어	
Eva	[ˈeivə / 에이버]	삶, 인생, Eve(삶)의 변형, 성경에서 Eve는 첫 번째 여성이자 아담의 아내	히브리어	
Evalina	[ivælʌnʌ / 이밸러너]	삶, 인생, Evelyn(삶)의 변형	영어	
Evangelina	[evʌŋelʌnʌ / 에번젤러너]	좋은 소식의 전달자, 좋은 소식을 전해주는 사람	그리스어	
Evania	[evʌnʌ / 에버너어]	젊은 여전사, Evan(오른손잡이)의 여성형	영어	
Eve	[ˈiːv / 이브]	삶, 인생, Eve(삶)의 변형, 성경에서 Eve는 첫 번째 여성이자 아담의 아내	히브리어	
Evelina	[eveˈliːnə / 에벨리너]	삶, 인생, Evelyn(삶)의 변형	영어	
Evelyn	[ˈevələn / 에벌런]	삶, 인생	영어	Last name 중성
Evia	[iːviːʌ / 이비어]	삶, 인생, Eve(삶)의 변형, 성경에서 Eve는 첫 번째 여성이자 아담의 아내	히브리어	
Evina	[evʌnʌ / 에버너]	오른 손잡이, 보편적인 손잡이	스코틀랜드어	
Evita	[eˈviːtə / 에비터]	삶, 인생, Eve(삶)의 변형, 성경에서 Eve는 첫 번째 여성이자 아담의 아내	히브리어	
Evon	[ˈevən / 에번]	궁수, Yvonne(활 쏘는 사람)의 변형	프랑스어	
Evonna	[ivɑnʌ / 이바너]	궁수, Yvonne(활 쏘는 사람)의 변형	프랑스어	
Evonne	[eˈvɑːn / 에반]	궁수, Yvonne(활 쏘는 사람)의 변형	프랑스어	
Evony	[evʌniː / 에버니]	궁수, Yvonne(활 쏘는 사람)의 변형	프랑스어	
Ewa	[juːʌ / 유어]	삶, 인생	히브리어	

F Woman

NAME	발음	의미	어원	비고
Fabienne	[feibiːn / 페이빈]	콩 재배자, Fabian(로마 씨족명)의 변형	프랑스어	
Faith	[ˈfeiθ / 페이쓰]	충실한, 충직한, 믿음직한	영어	

NAME	발음	의미	어원	비고
Fanetta	[fʌnetʌ / 퍼네터]	월계수로 만든 왕관을 쓴, 왕위에 오른	프랑스어	
Fannia	[fæniːʌ / 패니어]	자유로운, France(자유인, 프랑스)의 변형	영어	
Fanny	[ˈfæni / 패니]	자유로운, France(자유인, 프랑스)의 변형	영어	
Fantina	[fæntʌnʌ / 팬터너]	어린이 같은, 천진난만한	프랑스어	
Fara	[fɑrʌ / 파러]	여행자, 방랑자	영어	
Faren	[ferʌn / 페런]	모험적인, 위험을 무릅쓰는	영어	
Farrah	[ˈferə / 페러]	금발의, 머리카락 색이 옅은	영어	
Fatima	[ˈfæθəmə / 패써머]	예언자의 딸, 선지자의 딸	아랍어	
Favor	[ˈfeivər / 페이버]	인정, 찬성, 수긍	프랑스어	
Fawn	[ˈfɔn / 폰]	아기사슴, 어린 사슴	영어	
Fawnia	[fɔniːʌ / 포니어]	옅은 황갈색, 새끼 사슴	프랑스어	
Fay	[ˈfei / 페이]	신뢰, 믿음, Faith(신뢰)의 변형	영어	
Feenat	[fiːnʌt / 핀너트]	사슴, 사슴 같은	아일랜드어	
Felda	[ˈfeldə / 펠더]	들판에서 온, 들판 출신의	독일어	
Felicia	[fəˈliːʃə / 펄리셔]	위대한 행복, 대단한 행복	프랑스어	
Felicita	[fʌlisʌtʌ / 펄리서터]	행복한, Felix(행운의)의 여성형	스페인어	
Fenella	[feˈnelə / 페넬러]	하얀 어깨, 어깨가 하얀	아일랜드어	
Feodora	[fiəˈdɔːrə / 피어도러]	하나님께서 주신, 신께서 내리신	그리스어	
Fermina	[fʌrmʌnʌ / 퍼머너]	강력한, 강한	스페인어	
Fern	[ˈfəːrn / 퍼언]	양치류, 그늘을 좋아하는 녹색 식물	영어	
Fifi	[ˈfiːfi / 피피]	Josephine(하나님은 더 주신다)의 별명	프랑스어	
Filberta	[fʌlbʌrtʌ / 펄버터]	빛나는, 광명의	영어	
Filicia	[filiʃʌ / 필리셔]	위대한 행복, 대단한 행복	프랑스어	
Filipa	[fiˈliːpə / 필리퍼]	말(馬)을 사랑하는, Phi lipa(말을 사랑하는)의 스페인어 형태	스페인어	

F Woman

NAME	발음	의미	어원	비고
Finella	[fəˈnelə / 퍼넬러]	하얀 어깨, 어깨가 하얀	아일랜드어	
Fiona	[fiˈounə / 피오우너]	공정한, 아름다운	아일랜드어	
Flair	[ˈfler / 플러]	스타일, 열정	영어	
Flanna	[ˈflænə / 플래너]	빨간 머리, 머리카락 색깔이 빨간색인	아일랜드어	
Flo	[ˈflou / 플로우]	꽃피는, 번영하는, Florence의 애칭	라틴어	
Florence	[ˈflɔːrəns / 플로런스]	꽃피는, 번영하는	영어	
Florencia	[flʌrenʃ / 플러렌쉬]	꽃피는, 번영하는	스페인어	
Floria	[ˈflɔːriə / 플로리어]	꽃, 화초	프랑스어	
Floriana	[flʌraiʌnʌ / 플러라이어너]	꽃, 화초	프랑스어	
Florida	[ˈflɔːrədə / 플로러더]	꽃, 화초	프랑스어	
Florinia	[flɔrʌniːʌ / 플로러니어]	꽃피는, 만개한	스페인어	
Fonda	[ˈfɑːndə / 판더]	부드러운, 매끄러운	영어	
Fontanne	[fɑntʌn / 판턴]	분수, 샘물	프랑스어	
Fortuna	[fɔːrˈtuːnə / 포츄너]	운이 좋은, 행운이 따르는	스페인어	
Fran	[ˈfræn / 프랜]	자유로운, 프랑스, Frances(자유인, 프랑스)의 애칭	라틴어	
France	[fræˈns / 프랜스]	자유인, 프랑스어, Frances(자유인, 프랑스)의 현대적 변형	영어	
Frances	[fræˈnsəs / 프랜서스]	자유로운, 프랑스, Francis(프랑스 남자)의 여성형	라틴어	
Francesca	[fræntʃeˈskə / 프랜체스커]	자유로운, Frances(자유로운, 프랑스)의 변형	라틴어	
Francine	[frænˈsiːn / 프랜신]	자유로운 사람, France(자유로운, 프랑스)의 변형	프랑스어	
Francoise	[frænˈswɑːz / 프랜스와즈]	프랑스에서 온, 자유로운, Francis(프랑스 남자)의 여성형	프랑스어	
Frannie	[ˈfræni / 프래니]	자유로운, 프랑스, Frances(자유인, 프랑스)의 애칭	라틴어	

Woman F

NAME	발음	의미	어원	비고
Freda	[ˈfredʌ / 프레더]	평화로운 통치자, Frederick(평화로운 통치자)의 여성형	독일어	
Frederica	[fredəˈriːkə / 프레더리커]	평화로운 통치자, Frederick(평화로운 통치자)의 여성형	독일어	
Fredrika	[fredrʌkʌ / 프레드러커]	평화로운 통치자, Frederick(평화로운 통치자)의 여성형	독일어	

Woman G

NAME	발음	의미	어원	비고
Gabriela	[gabriˈelə/ 가브리엘러]	하나님의 건장한 존재, Gabriel(대천사)의 여성형	히브리어	
Gabrielle	[ˈgæbriel/ 개브리엘]	하나님께서 힘을 주시다, 신이 주신 힘	히브리어	
Gaia	[ˈgaiə / 가이어]	지구, 땅, 대지	그리스어	
Gail	[ˈgeil / 게일]	활기찬, 즐거운, Abigail(기쁨을 주다)의 약어	영어	
Gaila	[geilʌ / 게일러]	활기찬, 즐거운, Abigail(기쁨을 주다)의 약어	영어	
Galena	[gəˈliːnə / 걸리너]	축하 잔치, 축하연	영어	
Galenia	[gælʌniːʌ / 갤러니어]	어리고 머리 좋은 사람, 작고 지능 높은 사람	스페인어	
Gali	[ˈgɑːli / 갈리]	분수, 샘물	히브리어	
Galiana	[gɑliʌnʌ / 갈리어너]	거만한, 오만한	독일어	
Galice	[gælis/ 갤리스]	분수, 샘물	히브리어	
Galina	[gælʌnʌ / 갤러너]	빛나는, Helen(빛)의 변형	영어	
Ganet	[gænit / 개니트]	정원, 뜰	히브리어	
Garbina	[gɑrbʌnʌ / 가버너]	정화, 정제	스페인어	
Gardenia	[garˈdiːnjə / 가아디니어]	꽃, 화초	영어	
Garia	[geriːʌ/ 게리어]	짧은, 단순한	스코틀랜드어	
Garland	[ˈgɑːrlənd/ 가아런드]	꽃의 왕관을 쓴, 아름다운 왕관을 쓴	프랑스어	

NAME	발음	의미	어원	비고
Garnet	[ˈɡɑːrnət / 가아넷]	석류석, 석류 색깔을 띤 보석	영어	
Gavenia	[ɡævʌniːʌ / 개버니어]	흰 매, 고귀한 매	스코틀랜드어	
Gavra	[ɡævrʌ / 개브러]	하나님께서 힘을 주시다, 신이 주신 힘	히브리어	
Geela	[dʒiːlʌ / 질러]	영원한 기쁨, 영원한 즐거움	히브리어	
Gemma	[ˈdʒemə / 제머]	보석, 보물	프랑스어	
Generosa	[dʒʌnerʌzʌ / 져네러저]	관대한, 관용적인, 마음이 넓은	스페인어	
Genesis	[ˈdʒenəsəs / 제너서스]	시원, 원천, 출생, 창세기, 성경의 첫 번 째 책	히브리어	
Geneva	[dʒəˈniːvə / 저니버]	여성 종족의, 향나무	프랑스어	
Genevieve	[ˈdʒenəviv / 제너비브]	여성 종족의, 하얀 파도	프랑스어	
Genisia	[dʒeniʒʌ / 제니쟈]	시원, 원천, 출생, 창세기, 성경의 첫 번 째 책	히브리어	
Genny	[dʒeniː / 제니]	하얀 파도, Jenny(여호와는 은혜로우시다)의 변형	영어	
Genoveva	[dʒʌnɑvʌvʌ / 저나버버]	하얀 파도, 백파	독일어	
Georgeanne	[dʒɔrdʒʌn / 조오전]	농부, Georgia(농부)의 변형	라틴어	
Georgia	[ˈdʒɔːrdʒə / 조어저]	농부, George(농부)의 여성형	영어	
Geraldine	[dʒerəlˈdiːn / 제럴딘]	창에 의해 통치, Gerald(창에 의한 통치)의 여성형	영어	
Gerica	[gerʌkʌ / 게러커]	권력 있는, Gerri(창으로 지배하는)와 Erica(가장 권력 있는)의 합성어	영어	
Gerri	[ˈdʒeri / 제리]	Gerry(창으로 지배하는)의 현대적 변형	영어	
Gertrude	[ˈɡəːrtruːd / 거어투드]	보호된 농장에서 온	독일어	
Gianna	[dʒaiʌnʌ / 자이어너]	신은 자비롭다, Giovanna(하나님께서 주신 은혜의 선물)의 애칭	이탈리아어	
Gigi	[ˈdʒiːdʒi / 지지]	빛나는, 약속, Gilberte의 애칭	독일어	
Gilat	[dʒailʌt / 자일러트]	영원한 기쁨, 영원한 즐거움	히브리어	
Gilbarta	[dʒʌlbɑrtʌ / 절바아터]	서약, 약속	스코틀랜드어	
Gilda	[ˈɡildə / 길더]	황금의, 금빛을 뜻하는 게르만 이름의 약어	영어	

Woman G

NAME	발음	의미	어원	비고
Gilia	[dʒiliːʌ / 질리어]	영원한 기쁨, 영원한 즐거움	히브리어	
Gillian	[ˈdʒiliən / 질리언]	젊은, Juliana(젊은)의 변형	영어	
Gina	[ˈdʒiːnə / 지너]	–gina로 끝나는 이름의 약어	영어	
Ginessa	[dʒʌnesʌ / 저네서]	흰색의, 순백의	스페인어	
Ginger	[ˈdʒindʒɜr / 진저]	생강, 생기, 활력, Virginia(처녀, 정숙)의 별명	영어	
Ginna	[dʒinʌ / 지너]	Virginia(처녀, 정숙)의 별명	영어	
Ginny	[ˈdʒini / 지니]	Virginia(처녀, 정숙)의 별명	영어	
Giovanna	[dʒiːʌvænʌ / 지어배너]	하나님께서 주신 은혜의 선물, 신의 축복의 선물	히브리어	
Gisela	[ˈgiːzələ / 기절러]	서약, 약속	독일어	
Giselle	[ʒiˈsel / 지셀]	서약, 약속	프랑스어	
Githa	[ˈdʒiðə / 지더]	선물, 재능, 재주	영어	
Glad	[ˈglæd / 글래드]	행복한, 즐거운, 신나는	영어	
Gladys	[ˈglædis / 글래디스]	공주, 귀한 사람	켈트어	
Glenna	[ˈglenə / 글레너]	(특히 스코틀랜드나 아일랜드의) 협곡의, 계곡의	아일랜드어	
Gliona	[glaiʌnʌ / 글라이어너]	강의 신의 딸 Cleone(강의 신의 딸)에서 유래된 이름	아일랜드어	
Gloria	[ˈglɔːriə / 글로리어]	영광, 영예	라틴어	
Gloriana	[glɔːriˈænə / 글로리애너]	영광스러운 은혜, 은혜로운 영광	영어	
Godiva	[gəˈdaivə / 거다이버]	하나님의 선물, 신께서 주신 선물	영어	
Golda	[ˈgoldə / 골더]	황금의, 귀금속의	영어	
Goldy	[ˈgoldi / 골디]	화려한, 금박을 입힌	영어	
Gordana	[gɔrdʌnʌ / 고어더너]	영웅의, 영웅적인, 영웅스러운	스코틀랜드어	
Grace	[ˈgreis / 그레이스]	우아함, 품위, 은총, 은혜	영어	
Gracia	[ˈgrɑːtʃə / 그라쳐]	우아함, 품위, 은총, 은혜	영어	

G Woman

NAME	발음	의미	어원	비고
Gracie	[ˈgreisi / 그레이시]	우아함, 품위, 은총, 은혜, 사랑	아일랜드	
Gregoria	[greˈgɔːriə / 그레고리어]	경계하는, 조심하는	스페인어	
Greta	[ˈgriːtə / 그리터]	진주, Margaret(성자의 이름)의 약어	독일어	
Gretchen	[ˈgretʃən / 그레쳔]	작은 진주, Margaret(성자의 이름)의 약어	독일어	
Gretel	[ˈgretəl / 그레털]	진주, Margaret(성자의 이름)의 약어	독일어	
Griselda	[grʌzeldʌ / 그러젤더]	지루한 전투, 기독교의 전투	독일어	
Grisella	[grʌzelʌ / 그러젤러]	회색, 회색 머리의	독일어	
Grizel	[graizʌl / 그라이절]	회색 머리, 회색 머리카락을 가진	스코틀랜드어	
Guida	[ˈgiːdə / 기더]	안내원, 인도자	독일어	
Guinevere	[ˈgiːnebiə / 기네비어]	새하얀 여인, 순백의 여인	켈트어	
Gustava	[guːˈstaːvə / 구스타버]	신들의 참모, 신들의 조력자	스페인어	
Gustel	[gʌstʌl / 거스털]	고귀한, 고상한, 우아한	독일어	
Gwen	[ˈgwen / 그웬]	흰색의, 눈썹이 하얀, Guinevere(순백의) 혹은 Gwendolyn(순백의, 순수한)의 애칭	웨일즈어	
Gwendolyn	[ˈgwendələn / 그웬덜런]	순백의, 순수한	영어	
Gylda	[gjldæ / 길대]	화려한, 금박을 입힌	영어	
Gypsy	[ˈdʒipsi / 짚시]	방랑자, 여유로운 여행자	영어	

H Woman

NAME	발음	의미	어원	비고
Hadley	[ˈhædli / 해들리]	잡초 초원에서 온, 헤더(낮은 산, 황야 지대에 나는 야생화. 보라색, 분홍색,흰색의 꽃이 핌)의 평원, 헤더 초원	영어	Last name 중성
Haesel	[hezʌl / 헤절]	견과, 씨앗 과일	영어	
Hailey	[ˈheili / 헤일리]	건초 평원, 보통 성씨명으로 많이 쓰임	영어	Last name

NAME	발음	의미	어원	비고
Haley	[ˈheili / 헤일리]	건초의 평원, 건초 많은 들판, 기발한	영어	Last name 증성
Halfrida	[ˈhæfrədə / 해프러더]	평화로운 여주인공, 평화를 사랑하는 여주인공	독일어	
Halley	[ˈhæli / 핼리]	영주의 저택이 있는 초원 출신의, 시골의 대저택에서 온, 시골 대저택 출신의	영어	증성
Hallfrita	[hælfrʌtʌ / 핼프러터]	평화로운 가정, 안락한 가정	영어	
Hanna	[ˈhænə / 해너]	우아함, 품위, 은총, 은혜	히브리어	
Hannah	[ˈhænə / 해너]	친절한, 은혜로운, 성경 속 사무엘 선지자의 어머니	영어	
Hannela	[hænʌlʌ / 해널러]	우아함, 품위, 은총, 은혜	히브리어	
Happy	[ˈhæpi / 해피]	행복한, 즐거운	영어	
Harimanna	[hærʌmænʌ / 해러매너]	전사 처녀, 처녀 용사	독일어	
Harlie	[hɑrli: / 할리]	토끼들의 초원, Harley(토끼 초원에서 온)의 여성형	영어	
Harmonie	[ˈhɑːrməni / 하아머니]	통합, 일치, 음악적 조화, 신화에서 아프로디테의 딸이었음	영어	
Harriet	[ˈheriət / 헤리어트]	가정의 원칙, Harry(육군 남자)의 여성형	영어	
Hattie	[ˈhæti / 해티]	가정의 원칙, Harry(육군 남자)의 여성형	영어	
Haylen	[heilʌn / 헤일런]	빛의 대저택, 빛나는 대저택	영어	
Hazel	[ˈheizəl / 헤이절]	개암나무, 견과	영어	
Heather	[ˈheðər / 헤더]	헤더(낮은 산, 황야 지대에 나는 야생화. 보라색, 분홍색,흰색의 꽃이 핌), 스코틀랜드 같은 이탄 불모지에 꽃피는 상록 식물	영어	
Hedda	[ˈhedə / 헤더]	격렬한 전투 처녀, 강렬한 여성 전투원	독일어	
Heida	[haidʌ / 하이더]	고귀한, 고상한, 우아한	독일어	
Heidi	[ˈhaidi / 하이디]	고귀한, 고상한, 우아한	독일어	
Helen	[ˈhelən / 헬런]	빛, 신화에서 제우스의 딸 헬렌의 납치는 트로이 전쟁을 촉발함	그리스어	
Helena	[ˈhelənə / 헬러너]	Hellen(빛)의 변형	영어	

NAME	발음	의미	어원	비고
Helga	[ˈhelgə / 헬거]	경건한, 독실한	독일어	
Helma	[ˈhelmə / 헬머]	보호하는, 수호하는	독일어	
Heloise	[helɔiz / 헬로이즈]	Louise(유명한 전사)의 프랑스어 형태	프랑스어	
Helsa	[helsʌ / 헬서]	하나님께 헌신한, 하나님께 봉헌한	히브리어	
Henrietta	[henriˈetə / 헨리에터]	난로지기, 가정의 원칙, Henry(가정의 원칙)의 여성형	프랑스어	
Hepsiba	[hepsʌbʌ / 헵서버]	그녀는 나의 기쁨입니다, 그녀는 나의 즐거움입니다.	히브리어	
Hermosa	[herˈmosə / 허모서]	아름다운, 예쁜, 보기 좋은	스페인어	
Hester	[ˈhestər / 헤스터]	별, Esther(별)의 변형	영어	
Hide	[ˈhaid / 하이드]	전사, 용사, 전투원	독일어	
Hilary	[ˈhiləri / 힐러리]	즐거운, 기쁜	영어	
Hilda	[ˈhildə / 힐더]	여전사, 여전투원	영어	
Hildegarde	[ˈhildigɑːrd / 힐디가드]	요새, 방어 시설	독일어	
Hillary	[ˈhiləri / 힐러리]	즐거운, 기쁜	영어	
Hollee	[houliː / 호울리]	크리스마스 트리, 주로 크리스마스에 태어난 여자 아기에게 주어진 이름	영어	
Holly	[ˈhɑːli / 할리]	거룩한, 성스러운, 신령스러운	영어	
Honey	[ˈhʌni / 허니]	달콤한, 달콤한 향기가 나는	영어	
Honor	[ˈɑːnər / 아너]	명예, 영예	아일랜드어	
Honora	[ɔːnɔːˈrə / 오노러]	명예, 영예	아일	
Hope	[houp / 호우프]	기대, 희망	영어	
Hortencia	[hʌrtenʃ / 허텐쉬]	정원, 뜰	스페인어	
Hortense	[hɔrtʌns / 호턴스]	정원, 뜰	영어	
Hosanna	[houˈzænə / 호우재너]	기도하는 사람, 기도	히브리어	
Hylda	[hjldæ / 힐대]	전쟁, 전투, 난리	독일어	

Woman I

NAME	발음	의미	어원	비고
Ida	[ˈaidə / 아이더]	근면한, 그리스 신화에 나오는 산 이름	영어	
Ilene	[ˈilin / 일린]	Eileen(빛나는)의 변형	영어	
Ilia	[ˈili:ə / 일리어]	하나님은 주님이시다, 하느님은 주인이시다	히브리어	
Iliana	[ʌlaiʌnʌ / 얼라이어너]	Elena(빛나는)의 변형	스페인어	
Ilsa	[ˈilsə / 일서]	Elizabeth(충만한 나의 하나님)의 약어	독일어	
Imelda	[iˈmeldə / 이멜더]	강력한 전사, 14세기 스데인 성인의 이름	스페인어	
Imogene	[ˈimədʒin / 이머진]	이미지, 인상, 영상	라틴어	
India	[ˈindiə / 인디어]	나라 인도, 나라 인도의	영어	
Indiana	[indiˈænə / 인디애너]	나라 인도의, 나라 인도	영어	
Inez	[iˈnez / 이네즈]	온화한, 정숙한, Agnes(순결한)의 변형	스페인어	
Inga	[ˈi:ŋgə / 잉거]	영웅의 딸, Ingrid(영웅의 딸)의 변형	스칸디나비아어	
Ingrid	[ˈiŋgrəd / 잉그러드]	영웅의 딸, 영웅의 피가 흐르는 딸	스칸디나비아어	
Inis	[inis / 이니스]	Ennis(유일한 선택)의 변형	아일랜드어	중성
Inocenta	[inʌsentʌ / 이너센터]	순진한, 순수한, 결백한	스페인어	
Irene	[airí:n / 아이린]	평화, 평화의 여신	스페인어	
Iris	[ˈairəs / 아이러스]	꽃, 화초	히브리어	
Irma	[ˈə:rmə / 어어머]	전쟁의 여신, 전투의 여신	독일어	
Isa	[ˈi:sə / 이서]	의지가 강한, 강력한 의지를 가진	독일어	
Isabel	[ˈizəbel / 이저벨]	내 하나님은 충만하시다, 풍요의 하나님, Elizabeth(충만한 나의 하나님)의 변형	영어	
Isabella	[izəˈbelə / 이저벨러]	하나님께 헌신하는, 하나님께 봉헌하는	히브리어	
Isadora	[izædʌrʌ / 이재더러]	많은 아이디어를 재능으로 받은, 천부적 아이디어를 재능으로 가진	스페인어	
Isha	[iʃʌ / 이셔]	여자, 여성	히브리어	
Ivalyn	[ivʌljn / 이벌린]	상록 관상용 담장 식물	영어	
Ivana	[iˈvɑ:nə / 이바너]	하나님의 선물, 신께서 주신 선물	히브리어	

I Woman

NAME	발음	의미	어원	비고
Ivette	[ivʌt / 이버트]	Yvette(궁수, 활 쏘는 사람)의 변형	스페인어	
Ivory	[ˈaivəri / 아이버리]	흰색의, 순수한, 깨끗한	영어	
Ivy	[ˈaivi / 아이비]	담쟁이 넝쿨 나무, 아이비	영어	
Izabella	[izʌbelʌ / 이저벨러]	하나님께 헌신하는, 하나님께 봉헌하는	히브리어	

J Woman

NAME	발음	의미	어원	비고
Jacinda	[dʒəˈsində / 저신더]	아름다운, 예쁜, 보기 좋은	그리스어	
Jackie	[ˈdʒæki / 재키]	왕위를 빼앗은 사람, Jacoba(새 것으로 대체하는 사람) 혹은 Jacqueline(새 것으로 대체하는 사람)의 애칭	히브리어	중성
Jacqueline	[ˈdʒækwələn / 재퀄런]	Jacques(새 것으로 대체하는 사람)의 여성형	프랑스어	
Jacy	[dʒæsiː / 재시]	이니셜 JC 혹은 Jacinda(아름다운)의 약어	영어	
Jade	[ˈdʒeid / 제이드]	보석, 용기 있는, 흠모하는	스페인어	
Jady	[dʒædiː / 재디]	옥 보석, 초록색 보석	영어	
Jadyn	[dʒædjn / 재딘]	하나님께서 들으시다, Jayden(여호와께서 들으셨다)의 변형	히브리어	
Jaime	[ˈhaimi / 하이미]	James(교체, 대체)의 여성형 애칭	스코틀랜드어	
Jaimie	[dʒeimi / 제이미]	James(새로운 왕)의 여성형 애칭	스코틀랜드어	
Jaina	[dʒeinʌ / 제이너]	여호와는 은혜로우시다, 여호화은 친절을 베푸셨다, Joan(하나님께서 은혜를 베푸시다)의 변형	영어	
Jamela	[dʒæmʌlʌ / 재멀러]	아름다운, Jamila(순결한, 순수한)의 변형	아랍어	
Jamia	[dʒeimiːʌ / 제이미어]	James(교체, 대체)의 여성형 애칭	스코틀랜드어	
Jamila	[dʒəmɪˈlə / 저밀러]	(육체적으로) 순결한, 순수한, 결백한	아프리카어	
Jan	[ˈdʒæn / 잰]	하나님의 선물, 신께서 주신 선물	히브리어	중성

Woman **J**

NAME	발음	의미	어원	비고
Jana	[ˈdʒænə / 재너]	John(하나님은 은혜로우시다)의 여성형	아일랜드어	
Jane	[dʒéin / 제인]	자애로운 여호와, John(하나님의 은혜)의 여성형	영어	
Janella	[dʒəˈnelə / 저넬러]	여호와는 은혜로우시다, 여호화은 친절을 베푸셨다, Jane(하나님께서 은혜를 베푸시다)의 변형	영어	
Janelle	[dʒeinʌll / 제이널]	하나님은 은혜로우시다, 은총의 하나님	히브리어	
Janet	[ˈdʒænet / 재네트]	하나님의 선물, 신께서 주신 선물	히브리어	
Janetta	[dʒʌnetʌ / 자네터]	하나님의 선물, 신께서 주신 선물	히브리어	
Janice	[ˈdʒænəs / 재너스]	하나님의 선물, 신께서 주신 선물	히브리어	
Janicia	[dʒæniʃʌ / 재니셔]	신은 자비롭다, Jane(신은 자비롭다)의 변형	영어	
Janie	[ˈdʒeini / 제이니]	여호와는 은혜를 주셨다, 여호와는 호의를 보여주셨다, Joan(하나님께서 은혜를 베푸시다)의 변형	영어	
Janine	[dʒəˈniːn / 저닌]	하나님의 선물, 신께서 주신 선물	히브리어	
Janis	[ˈdʒænis / 재니스]	하나님의 선물, 신께서 주신 선물	히브리어	
Janita	[dʒænitʌ / 재니터]	하나님의 선물, 신께서 주신 선물	히브리어	
Jannet	[dʒænit / 재니트]	Jane(하나님께서 은혜를 베푸시다)의 변형, 프랑스어 Jeanette(하나님은 은혜로우시다)의 변형	스코틀랜드어	
Jannis	[dʒænis / 재니스]	Jane(하나님께서 은혜를 베푸시다)의 변형	영어	
Jasmin	[dʒæzmən / 재저먼]	쟈스민 꽃, 쟈스민 꽃처럼 향기롭고 아름다운	아랍어	
Jasmine	[ˈdʒæzmən / 재즈먼]	쟈스민 꽃, 쟈스민 꽃처럼 향기롭고 아름다운	페르시아어	
Jean	[ˈdʒiːn / 진]	John(하나님은 은혜로우시다)의 여성형 변형	프랑스어	중성
Jeana	[ˈdʒiːnə / 지너]	John(하나님은 은혜로우시다)의 여성형 변형	프랑스어	
Jeanette	[dʒəˈnet / 저네트]	Jean(하나님은 은혜로우시다)의 작은 표현	프랑스어	
Jeannie	[ˈdʒiːni / 지니]	John(하나님은 은혜로우시다)의 여성형 변형	프랑스어	
Jemina	[dʒemʌnʌ / 제머너]	경청하는, 주의 깊게 듣는	히브리어	

J Woman

NAME	발음	의미	어원	비고
Jena	[ˈdʒiːnə / 지너]	Jenny(여호와는 은혜로우시다)의 변형	영어	
Jenda	[dʒendʌ / 젠더]	하나님의 선물, 신께서 주신 선물	히브리어	중성
Jenesia	[dʒenʌʃʌ / 제너셔]	새로 온 사람, 새로운 변화를 줄 사람	라틴어	
Jenesis	[dʒenʌsis / 제너시스]	창조, 시작, 성경 중의 창세기	그리스어	
Jeni	[dʒeniː / 제니]	Jenny(여호와는 은혜로우시다)의 작은 표현	영어	
Jenifer	[dʒenifəːr / 제니퍼]	흰색의, 깨끗한, Jennifer(흰색의)의 변형	영어	
Jenna	[dʒenʌ / 제너]	작은 새, 희고 깨끗한 맑은 목소리의 작은 새	아랍어	
Jennet	[dʒénit / 제닛]	Jane(자애로운 여호와)의 변형, 신의 은총	스코틀랜드어	
Jennifer	[ˈdʒenəfər / 제너퍼]	흰색의, 깨끗한, Guinevere(순백의)의 변형	웨일즈어	
Jennis	[dʒenis / 제니스]	Jenny(여호와는 은혜로우시다)의 변형	영어	중성
Jenny	[ˈdʒeni / 제니]	Jane(여호와는 은혜로우시다)과 Jennifer(공정한 사람)의 작은 표현	영어	
Jerry	[ˈdʒeri / 제리]	창을 잘 다루는, Gerri(유연성)의 다른 형태	독일어	중성
Jessica	[ˈdʒesikə / 제시커]	부자의, 풍부한	히브리어	
Jessie	[ˈdʒesi / 제시]	부자의, 풍부한	히브리어	
Jewel	[ˈdʒuːəl / 주얼]	보석, 귀중한 것	프랑스어	
Jill	[ˈdʒil / 질]	소녀, 쥬피터의 아이들, Jillian(쥬피터의 아이) 혹은 Gillian(쥬피터의 아이)의 약어	영어	
Jillian	[ˈdʒiliən / 질리언]	주피터의 아이, 남성 줄리안에서 파생된 Gillian의 변형	영어	
Jilly	[dʒili: / 질리]	쥬피터의 아이들, Jillian(쥬피터의 아이) 혹은 Gillian(쥬피터의 아이)의 약어	영어	
Jo	[ˈdʒou / 조우]	Jo-로 시작하는 이름의 약어, 자애로운 하느님, 은혜로운 하느님	영어	
Joan	[ˈdʒoun / 조운]	John(하나님께서 은혜를 베푸시다)의 여성형	영어	
Joanna	[dʒouˈænə / 조우애너]	Joan(하나님께서 은혜를 베푸시다)의 변형, John(하나님께서 은혜를 베푸시다)의 여성형	영어	
Joanne	[dʒouˈæn / 조우앤]	Joan(하나님께서 은혜를 베푸시다)의 변형	영어	

Woman J

NAME	발음	의미	어원	비고
Jocelyn	[ˈdʒɔslin / 조슬린]	놀기 좋아하는, 재미있는	영어	
Jody	[ˈdʒodi / 조디]	Joseph(그가 증축할 것이다)과 Jude(칭찬)의 별명의 여성형	영어	중성
Joell	[dʒoul / 조울]	여호와는 하나님이시다, Joel(의지가 강한)의 여성형	프랑스어	
Joella	[dʒoulʌ / 조울러]	여호와는 하나님이시다	히브리어	
Jolene	[dʒoˈliːn / 졸린]	번창할 것이다, 번성하리라	영어	
Jolie	[ʒoˈli / 졸리]	명랑한, 예쁜	영어	
Joni	[ˈdʒouni / 조우니]	John(하나님께서 은혜를 베푸시다)과 Jon(John의 변형)의 현대 여성형	영어	
Jordan	[ˈdʒɔːrdən / 조오던]	하늘에서 내려온, 하늘로부터 받은	히브리어	중성
Josephina	[dʒasəˈfainə / 자서파이너]	하나님은 더해 주십니다, 하나님은 더 주십니다	히브리어	
Josephine	[ˈdʒouzəfiːn / 조우저핀]	하나님은 더해 주십니다, 하나님은 더 주십니다	히브리어	
Josie	[ˈdʒozi / 조지]	Josephine(하나님은 더해 주십니다)의 작은 표현	영어	
Joy	[dʒɔi / 조이]	크게 기뻐하는, 매우 즐거워하는	영어	
Joyce	[dʒɔis / 조이스]	명랑한, 즐거운	영어	
Juana	[huænə / 후애너]	신의 선물, 신의 은총, 신이 주신 재능	히브리어	
Juanita	[waˈniːtə / 와니터]	하나님의 선물, 신께서 주신 선물	히브리어	
Juci	[dʒusiː / 쥬시]	칭찬받는, 칭송받는	히브리어	
Judie	[ˈdʒədi / 저디]	칭찬받는, 고대 유대(이스라엘)에서 온, 유대(이스라엘) 출신의	히브리어	
Judith	[ˈdʒuːdəθ / 주더쓰]	칭찬받는, 칭송받는	히브리어	
Judy	[ˈdʒuːdi / 주디]	칭찬받는, 고대 유대(이스라엘)에서 온, 유대(이스라엘) 출신의	히브리어	중성
Julee	[dʒuːliː / 줄리]	쥬피터의 아이, Julian(쥬피터의 아이, 율리시즈의)의 여성형	프랑스어	
Julia	[ˈdʒuːljə / 줄리어]	젊은, 활동적인, 능력 있는	프랑스어	

J Woman

NAME	발음	의미	어원	비고
Julianna	[dʒʌlaiʌnʌ / 줄라이어너]	젊은, 활동적인, 능력 있는	히브리어	
Julianne	[ˈdʒuːlien / 줄리엔]	젊은, Julia(젊은)의 변형	라틴어	
Julie	[ˈdʒuːli / 줄리]	젊은, 쥬피터의 아이, Julian(쥬피터의 아이, 율리시즈의)의 여성형	프랑스어	
Juliet	[ˈdʒuːliet / 줄리에트]	젊은, 쥬피터의 아이, Julia(젊은)의 변형, 셰익스피어의 소설 로미오와 줄리엣의 여주인공	프랑스어	
Julietta	[dʒuːliˈetə / 줄리에터]	젊은, 활동적인, 능력 있는	프랑스어	
Julina	[juːˈliːnə / 율리너]	쥬피터의 아이, Julian의 여성형	스페인어	
Julita	[dʒuːlʌtʌ / 줄러터]	젊은, 활동적인, 능력 있는	프랑스어	
June	[ˈdʒuːn / 준]	6월, 초여름, 영원한 젊음	라틴어	
Justine	[dʒəˈstiːn / 저스틴]	그냥, 똑바로, 정의로운, Justin(정의로운)의 여성형	영어	
Justyna	[dʒʌstjnʌ / 저스티너]	정의로운, 정직한, 공정한, 옳은	라틴어	

K Woman

NAME	발음	의미	어원	비고
Kacy	[kési / 케시]	K.C.-로 시작하는 이름들의 애칭, Casey(활발한, 용감한)의 변형	영어	
Kadia	[keidiːʌ / 케이디어]	Cady(작은 언덕, 소리의 율동적인 흐름)의 음운 변형	영어	
Kady	[ˈkeidi / 케이디]	Cady(작은 언덕, 소리의 율동적인 흐름)의 음운 변형	영어	
Kaeley	[keliː / 켈리]	열쇠지기, 순수한, Kay(열쇠지기)와 Kayla(열쇠지기)의 변형	영어	
Kaelynn	[keljn / 켈린]	열쇠지기, 순수한, Kay와 Kayla의 변형	영어	
Kaila	[keilʌ / 케이러]	열쇠지기, 순수한, Kay와 Kayla의 변형	영어	
Kailey	[keiliː / 케일리]	열쇠지기, 순수한, Kay와 Kayla의 변형	영어	
Kailyn	[keiljn / 케일린]	열쇠지기, 순수한, Kay와 Kayla의 변형	영어	

Woman K

NAME	발음	의미	어원	비고
Kaitleen	[keitli:n / 케이틀린]	순수한, 캐서린에서 아일랜드의 이름 케이틀린의 현대 발음 형태	아일랜드어	
Kalan	[ˈkeilən / 케일런]	순수한, 캐서린에서 아일랜드의 이름 케이틀린의 현대 발음 형태	영어	
Kaley	[ˈkeili / 케일리]	순수한, 캐서린에서 아일랜드의 이름 케이틀린의 현대 발음 형태	영어	
Kally	[kæli: / 캘리]	Callie(종달새)의 현대적 변형	영어	
Kamelia	[kæmʌli:ʌ / 캐멀리어]	꽃 이름 Camelia(자유로운 탄생, 고귀한)의 변형	영어	
Kapri	[kæpri: / 캐프리]	Caprice(아름다운)의 변형	영어	
Kara	[ˈkerə / 케러]	순수한, Katherine(순수한)의 변형	영어	
Karen	[ˈkerən / 케런]	순수한, Katherine(순수한)의 약어	영어	
Karenza	[kʌrenzʌ / 커렌저]	사랑, 애정, 흠모	스코틀랜드어	
Kari	[ˈkeri / 케리]	즐거운 노래, 신나는 노래	프랑스어	
Karla	[ˈkɑːrlə / 카알러]	Charles(남자다운)의 여성형	영어	
Katarina	[kɑːtəˈriːnə / 카테리너]	순수한, Katherine(순수한)의 체코식 이름	그리스어	
Kate	[ˈkeit / 케이트]	순수한, Katherine(순수한)의 잉글랜드식 약어	영어	
Katelyn	[kætʌljn / 캐털린]	순수한, Katherine(순수한)의 아일랜드 형식인 Caitlin(순수한)의 음운 변환	영어	
Katherine	[ˈkæθərin / 캐써린]	순수한, 3세기 이후 라틴어, 프랑스어, 영어로 다양하게 변환됨	영어	
Kathy	[ˈkæθi / 캐씨]	순수한, Katherine(순수한)의 그리스어인 Catherine의 약어	영어	
Katie	[ˈkeiti / 케이티]	순수한, Katherine(순수한)의 변형	영어	
Katrina	[kɑːtəˈriːnʌ / 카터리너]	Katherine(순수한)의 변형, 순수한, 깨끗한, 순백의	영어	
Kay	[ˈkei / 케이]	열쇠지기, 순수한, 아더왕의 기사 중 한 명	영어	중성
Kayce	[keis / 케이스]	K.C.-로 시작하는 이름들의 애칭, Casey(활발한, 용감한)의 변형	영어	
Kayla	[ˈkeilə / 케일러]	열쇠지기, 순수한, Kay(열쇠지기)의 변형	영어	

NAME	발음	의미	어원	비고
Kaylee	[keiliː / 케일리]	열쇠지기, 순수한, Kay(열쇠지기)와 Kayla(열쇠지기)의 변형, Katherine(순수한)의 변형	영어	
Kayleen	[keiliːn / 케일린]	열쇠지기, 순수한, Kay(열쇠지기)와 Kayla(열쇠지기)의 변형	영어	
Kaylin	[keilin / 케일린]	열쇠지기, 순수한, Kay(열쇠지기)와 Kayla(열쇠지기)의 변형	영어	
Keara	[kiːrʌ / 키러]	성자의 이름	아일랜드어	
Keavy	[kiːvi / 키비]	우아한, 고상한, 품위 있는	아일랜드어	
Kecia	[keʃ / 케쉬]	큰 기쁨, Lakeisha(즐거운, 행복)의 약어	영어	
Keely	[ˈkiːli / 킬리]	아름다운, 예쁜, 보기 좋은	아일랜드어	
Kefira	[kefʌrʌ / 케퍼러]	새끼 사자, 귀엽지만 큰 사자가 될	히브리어	
Keisha	[kiːʃʌ / 키셔]	큰 기쁨, Lakeisha(즐거운, 행복)의 약어	영어	
Kelcey	[ˈkelsi / 켈시]	용감한, 용맹스런, 두려움 없는	영어	
Kelly	[ˈkeli / 켈리]	전사, 전투원	아일리쉬	중성
Kelsey	[ˈkelsi / 켈시]	용감한, 용맹스런, 두려움 없는	아일랜드어	중성
Kemina	[kemʌnʌ / 케머너]	강력한, 강한	스페인어	
Kendra	[ˈkendrə / 켄드러]	총명한, 영리한, Ken(왕족의 의무, 깨끗한 물)과 Sandra(인류의 수호자) 혹은 Andrea(남자다운)의 합성어	영어	
Kendria	[kendriːʌ / 켄드리어]	Ken(왕족의 의무, 깨끗한 물)과 Sandra(인류의 수호자) 혹은 Andrea(남자다운)의 합성어	영어	
Kenya	[ˈkenjə / 케니어]	동물의 뿔, 아름답지만 강한 뿔	히브리어	
Keri	[keriː / 케리]	어두컴컴한, 어두운, 짙은	아일랜드어	
Keriana	[kʌraiʌnʌ / 커라이어너]	어두컴컴한, 어두운, 짙은	아일랜드어	
Kerry	[ˈkeri / 케리]	어두컴컴한, 어두운, 짙은	아일랜드어	중성
Kesara	[kezʌrʌ / 케저러]	젊은, 활동적인, 능력 있는	스페인어	
Ketty	[ketiː / 케티]	통치자, 지배자, 왕	영어	
Kevia	[kiːviːʌ / 키비어]	아름다운 아이, Kevin(잘 생긴 아이)의 여성형	영어	

NAME	발음	의미	어원	비고
Kiera	[kirʌ / 키러]	어두컴컴한, 짙은색 머리의, 검은 머리의	아일랜드어	
Kiki	[ˈkiːki / 키키]	K로시작하는 이름들의 애칭	영어	
Kim	[ˈkim / 킴]	왕실의 요새화된 초원에서 온, 왕실 초원 출신의	영어	중성
Kimberly	[ˈkimbərli / 킴벌리]	왕실의 요새화된 초원에서 온, 왕실 초원 출신의	영어	
Kimbra	[kimbrʌ / 킴브러]	왕실의 요새화된 초원에서 온, 왕실 초원 출신의	영어	
Kindra	[kindrʌ / 킨드러]	Ken(왕족의 의무, 깨끗한 물)과 Sandra(인류의 수호자) 혹은 Andrea(남자다운)의 합성어	영어	
Kira	[kirʌ / 키러]	태양, Cyrus(태양)의 여성형	페르시아어	
Kirsten	[ˈkəːrstən / 커어스턴]	그리스도의 추종자, Christiana(예수 추종자)의 변형	영어	
Kirstie	[ˈkəːrsti / 커어스티]	기독교의, 세례받은, Kristen(그리스도 추종자)의 다른 형태	스칸디나비아어	
Kitty	[ˈkiti / 키티]	순수한, Katherine(순수한)의 변형	영어	
Kolena	[koulʌnʌ / 코울러너]	순수한, Katherine(순수한)의 변형	영어	
Kris	[ˈkris / 크리스]	기독교의, 세례받은, Kristen, Kristine의 애칭	그리스어	
Krista	[ˈkristə / 크리스터]	그리스도의 추종자, Christiana(예수 추종자)의 변형	영어	
Kristen	[ˈkristin / 크리스틴]	그리스도의 추종자, Christiana(예수 추종자)의 변형	영어	
Kristi	[ˈkristi / 크리스티]	기독교의, 세례받은	그리스어	
Kristina	[kristʌnʌ / 크리스터너]	그리스도의 추종자, Christiana(예수 추종자)의 변형	영어	
Kristine	[kriˈstiːn / 크리스틴]	그리스도의 추종자, Christiana(예수 추종자)의 변형	영어	
Krystal	[krjstæl / 크리스탤]	그리스도의 추종자, Christiana(예수 추종자)의 변형	영어	
Krystle	[krjsle / 크리슬레]	수정처럼 맑은, Crystal(그리스도 추종자)의 변형	라틴어	
Kylie	[kjliː / 킬리]	매력적인, Kyle(좁은 장소, 나무, 교회)의 여성형	호주 원주민어	
Kyra	[ˈkairə / 카이러]	즉위한, 품위 있는, Cyrus(태양)의 여성형인 Cyra(달)의 변형	그리스어	

L

Woman

NAME	발음	의미	어원	비고
Lace	[ˈleis / 레이스]	Lacey(여성스러운, 아주 아름다운)에서 변형, 프랑스 귀족의 성	영어	Last name
Lacey	[ˈleisi / 레이시]	여성스러운, 몸집이 작은, 순수한, 아주 아름다운	영어	Last name
Lacie	[leisi: / 레이시]	Lacey(여성스러운, 아주 아름다운)에서 변형, 프랑스 귀족의 성	영어	Last name
Lacina	[laˈtʃiːnə / 라치너]	Lacey(여성스러운, 아주 아름다운)에서 변형, 프랑스 귀족의 성	영어	Last name
Lael	[liː / 릴]	하나님에 속하는, 전통적인 성경의 이름 중 하나	히브리어	
Lair	[ˈler / 레어]	바다, 해양	스코틀랜드어	
Lakeisha	[lʌkaiʃʌ / 러카이셔]	즐거운, 행복한, Letcia(기쁨)의 음운 변형	영어	
Lala	[ˈlɑːlə / 랄러]	말 잘하는, Eulaie(달콤하게 말하는)의 약어	스페인어	
Lana	[ˈlænə / 래너]	공정한, 잘생긴, Alana(아름다운, 소중한 아이)의 약어	영어	
Lane	[ˈlein / 레인]	좁은길, 좁지만 목적지로 갈 수 있는 길	영어	중성
Laney	[ˈleini / 레이니]	경로, 도로, Lane(좁은 길) 혹은 Laine(경로, 도로)의 변형	영어	Last name
Lanie	[leini: / 레이니]	경로, 도로	영어	Last name
Lara	[ˈlɑːrə / 라러]	바다, 해양	스코틀랜드어	
Laraine	[ləˈrein / 러레인]	Lorraine(전쟁에서 유명해진)의 변형	영어	
Laren	[lerʌn / 레런]	Lawrence(월계수의 땅에서 온)를 모시다	스코틀랜드어	
Larissa	[laˈriːsə / 라리서]	쾌활한, 활달한, 유쾌한	그리스어	
Lark	[ˈlɑːrk / 라아크]	종달새, 종달새처럼 잘 지저귀는	영어	
Latoya	[lətɔiə / 러토이어]	승리하는 사람, Victoria(승리)에서 유래	스페인어	
Laura	[ˈlɔːrə / 로러]	명예의 월계수나무, 승리의 월계수나무	영어	
Lauren	[ˈlɔːrən / 로런]	명예와 승리를 상징하는 월계수나무, Laurentium(월계수가 많아 승리의 명예의 장소로 여기는 곳)에서 온	영어	
Laurencia	[lʌrenʃʌ / 러렌셔]	월계수로 된 왕관을 쓴, 왕이 된	스페인어	

Woman L

NAME	발음	의미	어원	비고
Laurie	[ˈlɑːri / 라리]	명예의 월계수나무, 승리의 월계수나무	영어	
Laverne	[ləˈvəːrn / 러버언]	봄과 같은, 봄처럼 따뜻한, 봄처럼 새 생명이 충만한	라틴어	
Leah	[ˈliːə / 리어]	초원, 평야, 들판	영어	
Leana	[ˈliːnə / 리너]	빛, 아름다운 여자, Helen(빛)에서 유래, 혹은 Liana(젊은, 유대관계)의 변형	영어	
Lee	[ˈliː / 리]	은신처, 보호소, 초원, 평야, 들판	영어	Last name 중성
Leesa	[liːzʌ / 리저]	하나님께 봉헌한, Lisa(풍요로운 하나님)의 변형	히브리어	
Leigh	[ˈliː / 리]	초원, 평야, 들판	영어	Last name
Lena	[ˈliːnə / 리너]	유혹하는 여자, 매혹적인, (~line, ~leen, ~lena, ~lina 등)으로 끝나는 이름의 애칭	라틴어	
Lenore	[ləˈnɔːr / 러노어]	빛, Eleanor(빛나는)의 러시아식 이름	그리스어	
Leoda	[ˈledə / 레더]	사람들의, 사람들에게 필요한, 사람에게서 나온	독일어	
Leona	[ˈliːounə / 리오우너]	사자, Leo의 여성형	라틴어	
Lesley	[lésli / 레슬리]	회색빛 요새에서 온	스코틀랜드어	Last name
Leslie	[ˈlesli / 레슬리]	회색의 요새에 거주하는, 안전한 곳에 사는	스코틀랜드어	중성
Leticia	[ləˈtiʃə / 러티셔]	기쁨, 즐거움	라틴어	
Levia	[leviʌ / 레비어]	연결하다, 가입하다, 같이 하다	히브리어	
Lexy	[leksj / 렉시]	인류의 수호자, Alexander(인류의 수호자)의 변형	그리스어	
Leya	[ˈleiə / 레이어]	충성, 충성심	스페인어	
Lia	[ˈliːə / 리어]	Amalia(열심히 일하는, 근면한)과 Rosalia(장미) 의 약어	스페인어	
Liana	[liˈɑːnə / 리아너]	젊은, 활동적인, 능력 있는	스페인어	
Libby	[ˈlibi / 리비]	신의 맹세, Elizabeth(하나님께 헌신)의 애칭	히브리어	
Liberty	[ˈlibərti / 리버티]	자유로운, 자유의	영어	

L Woman

NAME	발음	의미	어원	비고
Licia	[liʃ / 리쉬]	달콤한, 달콤한 향기가 나는, 정직한, 진실한	영어	
Licinda	[lʌsindʌ / 러신더]	빛,빛을 가져오는 자, Lucy(빛, 조명)의 변형	라틴어	
Lila	[ˈliːlə / 릴러]	Lyle(섬)의 여성형 변형	영어	
Lilian	[ˈliliən / 릴리언]	깨끗함, 순수, 아름다움, Lillian(백합같은)의 변형	영어	
Liliana	[liliˈænə / 릴리애너]	순수, 아름다움	라틴어	
Lillian	[ˈliliən / 릴리언]	깨끗함, 순수, 아름다움, Lillian(백합같은)의 변형	영어	
Lily	[ˈlili / 릴리]	백합, 깨끗함, 순수, 아름다움의 상징	영어	
Lilyanna	[lʌljænʌ / 럴리애너]	백합꽃, 희고 깨끗한 향기나는 백합꽃	스페인어	
Lin	[ˈlin / 린]	폭포, 시원하고 힘찬 폭포	영어	
Lina	[lina / 리나]	Carolina(기쁨, 행복의 노래)의 변형	영어	
Linda	[ˈlində / 린더]	라임나무, 보리수나무, 아름다운	영어	
Lindi	[lindiː / 린디]	아름다운, Linda(라임나무) 혹은 linden(보리수나무)의 변형	영어	
Lindsay	[ˈlindzi / 린지]	린든나무(보리수) 섬에서 온	영어	
Linette	[liˈnet / 리네트]	우아한, 품위 있는, 고상한	켈트어	
Lisa	[ˈliːsə / 리서]	Elizabeth(풍요로운 하나님)의 변형	영어	
Lissa	[ˈlisə / 리서]	꿀, 꿀처럼 달콤하고 귀한 것	영어	
Liz	[ˈliz / 리즈]	Elizabeth(풍요로운 하나님)와 Eliza(풍요로운 하나님)의 약어	영어	
Liza	[ˈliːzə / 리저]	Elizabeth(풍요로운 하나님)의 변형	영어	
Lois	[ˈlouis / 로우이스]	유명한 여전사, Louise(유명한 전사)의 변형	독일어	
Lola	[ˈlolə / 롤러]	Carlos(강한)의 여성형, Dolores(슬픔)의 약어	스페인어	
Lora	[ˈlɔːrə / 로러]	명예를 상징하는 월계수나무, 승리를 상징하는 월계수나무	영어	
Lorelei	[ˈlɔːrəlai / 로럴라이]	매혹적인 여자, 라인강의 바위 절벽에서 노래로 배를 유혹해 파괴하는 신화 속 로렐라이	독일어	

NAME	발음	의미	어원	비고
Loren	[´lɔːrən / 로런]	명예를 상징하는 월계수나무, 승리를 상징하는 월계수나무	영어	
Lorena	[ɔˈrenə / 로레너]	Laura(명예, 승리, 월계스나무) 혹은 Lora(명예, 승리, 월계수나무)의 변형	영어	
Lorenia	[lɔrʌniːʌ / 로러니어]	Laura(명예, 승리, 월계수나무) 혹은 Lora(명예, 승리, 월계수나무)의 변형	영어	
Loretta	[ləˈretə / 러레터]	명예를 상징하는 월계수나무, 승리를 상징하는 월계수나무	영어	
Lori	[´lɔːri / 로리]	Laura(명예, 승리, 월계수나무)의 변형	영어	
Lorita	[lɔˈriːtə / 로리터]	Laura(명예, 승리, 월계수나무)의 변형	독일어	
Lorna	[´lɔːrnə / 로오너]	명예를 상징하는 월계수나무, 승리를 상징하는 월계수나무, Laurentium(월계수가 많아 승리의 명예의 장소로 여기는 곳)에서 온, Lawrence(월계수 땅에서 온)의 여성형 변형	영어	
Lorraine	[ləˈrein / 러레인]	전쟁에서 유명해진, 전투를 잘하는	독일어	
Lottie	[´lɑti / 라티]	작고 여성스러운, Charlotte(여자다운)의 애칭	프랑스어	
Louella	[laˈwelə / 라웰러]	유명한 요정, 동화 등에 나오는 널리 알려진 요정	영어	
Louise	[luːˈiːz / 루이즈]	유명한 전사, 유명한 군인	독일어	
Love	[´lʌv / 러브]	애정, 보살핌	영어	
Lucena	[luˈsʌnʌ / 루서너]	조명, 로마신화에서 아이의 탄생에 처음으로 빛을 주는 여신, 빛의 처녀 마리아	스페인어	
Luci	[lusiː / 루시]	빛, 조명	영어	
Lucia	[´luːʃə / 루셔]	빛, 빛을 가져오는 자, Lucy(빛)의 스페인, 이탈리아식 이름	라틴어	
Lucila	[luːsʌlʌ / 루설러]	Lucia(빛, 조명)의 작은 표현	스페인어	
Lucille	[luːˈsiːl / 루실]	빛, 빛을 가져오는 자, Lucy(빛)의 변형	라틴어	
Lucina	[luːsʌnʌ / 루서너]	조명, 로마신화에서 아이의 탄생에 처음으로 빛을 주는 여신, 빛의 처녀 마리아	독일어	
Lucinda	[luːsɪndə / 루신더]	우아한 빛, 아름다운 조명, 아름다운 빛	이탈리아어	
Lucy	[´luːsi / 루시]	빛, 조명	영어	

L Woman

NAME	발음	의미	어원	비고
Luella	[luːˈelə / 루엘러]	유명한 요정, 동화 등에 나오는 널리 알려진 요정	영어	
Luisa	[luːˈiːzə / 루이저]	Louise(유명한 전사)의 스페인어 형태	스페인어	
Lulu	[ˈluːluː / 룰루]	Louise(유명한 전사) 또는 Louella(유명한 요정)의 애칭	영어	
Luna	[ˈluːnə / 루너]	달, 달과 관련된	스페인어	
Lurleen	[lərˈliːn / 러얼린]	유혹하는 여자, 매력 있는 여자	독일어	
Lydia	[ˈlidiə / 리디어]	아름다움, 예쁨, 보기 좋음	그리스어	
Lyn	[lin / 린]	예쁜, 아름다운, 보기 좋은	스페인어	
Lyndi	[ljndi / 린디]	아름다운, 라임나무, 린든(보리수) 나무, Linda(라임나무, 보리수나무)의 변형	영어	
Lynn	[ˈlin / 린]	폭포, 시원하고 힘찬 폭포	영어	중성

M Woman

NAME	발음	의미	어원	비고
Mabbina	[mæbʌnʌ / 매버너]	행복, 만족감	아일랜드어	
Mabel	[ˈmeibəl / 메이벌]	사랑스러운, 애정 어린	라틴어	
Madalyn	[mʌdʌlin / 머덜린]	꼭대기에서 온, 높은 곳에서 온, 숭고한	히브리어	
Madelena	[madeˈlenə / 마델레너]	막달라에서 온 여인, Madeline(막달라 출신 여성)의 변형	영어	
Madeline	[ˈmædəlin / 매덜린]	막달라 출신의 여성 이름	그리스어	
Madge	[ˈmædʒ / 매쥐]	막달라 출신의 여성 이름, Madeline, Magaret의 애칭	그리스어	
Madison	[ˈmædəsən / 매더선]	Matthew(여호와의 선물, 마태복음) 혹은 Matilda(강한 전사)에서 유래된 성	영어	Last name 중성
Madonna	[məˈdɑːnə / 머다너]	성모 마리아, 예수의 어머니	라틴어	
Magdala	[magˈdɑːlə / 마그달러]	꼭대기에서 온, 높은 곳 출신의	히브리어	

Woman M 여성편

NAME	발음	의미	어원	비고
Maggie	[ˈmægi / 매기]	진주, Margaret(진주, 성자의 이름)의 약어	영어	
Mahalia	[məˈhæliə / 머핼리어]	부드러운, 매끄러운	히브리어	
Maira	[merʌ / 메러]	Mary(비통한)의 변형	스코틀랜드어	
Maitilda	[meitildʌ / 메이틸더]	강력한 여전사, 강한 여자 전투원	아일랜드어	
Malina	[maˈliːnə / 말리너]	꼭대기에서 온, 높은 곳 출신의	히브리어	
Malinda	[maˈliːndə / 말린더]	Melissa(꿀벌)와 Linda(라임나무)의 합성어	영어	
Mallory	[ˈmæləri / 맬러리]	무장한 사람, 전투 준비가 되어 있는 여성	프랑스어	Last name
Malvina	[malˈviːnə / 말비너]	달콤한, 달콤한 향기가 나는	아일랜드어	
Mamie	[ˈmeimi / 메이미]	Mary(비통한)과 Miriam(반항하는)의 약어, 대자대비의	영어	
Manda	[ˈmændə / 맨더]	사랑받을 만한, 대자대비의, Mary(비통한)과 Miriam(반항하는)의 약어	영어	
Mandy	[ˈmændi / 맨디]	사랑받을 만한, 대자대비의, Mary(비통한)과 Miriam(반항하는)의 약어	영어	
Manon	[maˈnɔn / 마논]	Mary(비통한)의 변형인 Marie(비통한)의 작은 표현, 대자대비의	프랑스어	
Mara	[ˈmɑːrə / 마러]	비통한, 대자대비의, Mary(비통한)의 변형, Tamara(비통한, 야자나무)의 약어, 성경에서 나오미는 남편과 아들이 죽자 슬픔을 표현하기 위해 Mara(비통한)라는 이름을 썼다	영어	
Marcella	[marˈselə / 마아셀러]	투쟁하는, 싸우는, 전투하는	프랑스어	
Marcia	[ˈmɑːrʃə / 마아셔]	호전적인, Mark(전쟁의 신)의 여성형	라틴어	
Marcie	[ˈmɑːrki / 마아키]	호전적인, Marcia(호전적인), Marcella(투쟁하는)의 애칭	라틴어	
Margaret	[ˈmɑːrɡərət / 마거러트]	진주, 성자의 이름	아일랜드어	
Margarita	[mɑːrɡəˈriːtə / 마거리터]	진주, 진주처럼 아름답고 귀한	스페인어	
Marge	[ˈmɑːrdʒ / 마아쥐]	진주, Margery(진주), Margaret(진주)의 애칭	그리스어	
Margery	[ˈmɑːrdʒəri / 마아저리]	진주, 진주처럼 아름답고 귀한	프랑스어	
Margo	[ˈmɑːrɡou / 마아고우]	진주, Margaret(진주)의 변형	프랑스어	

NAME	발음	의미	어원	비고
Maria	[məˈriːə / 머리어]	비통한, 마음이 아픈, 대자대비의	히브리어	
Mariah	[məˈraiə / 머라이어]	비통한, 대자대비의, Mary(비통한)의 변형	영어	
Marian	[ˈmeriən / 메리언]	비통한, 마음이 아픈, 대자대비의	프랑스어	
Marianne	[meriˈæn / 메리앤]	비통한, 마음이 아픈, 대자대비의	프랑스어	
Maribella	[merʌbelʌ / 메러벨러]	비통한, 마음이 아픈, 대자대비의	히브리어	
Maricel	[merʌkʌl / 메러컬]	Mars(전쟁의 신, 화성)에서 나온 이름 Marcella(호전적인)의 변형	스페인어	
Maricela	[marisʌlʌ / 마리설러]	Mars(전쟁의 신, 화성)에서 나온 이름 Marcella(호전적인)의 변형	스페인어	
Maricelia	[marisʌlʌ / 마리설러어]	Mars(전쟁의 신, 화성)에서 나온 이름 Marcella(호전적인)의 변형	스페인어	
Marie	[məˈriː / 머리]	비통한, 대자대비의, Mary(비통한)의 변형	영어	
Marigold	[ˈmærigould / 매리고울드]	Mary(예수의 어머니)의 금, 꽃 이름	영어	
Marilda	[məˈriːldə / 마릴더]	유명한 여전사, 유명한 여성 전투원	독일어	
Marilyn	[ˈmerələn / 메럴런]	비애미, Marie(비통한) 혹은 Mary(비통한)와 Lyn(예쁜)의 합성어	영어	
Marin	[ˈmerin / 메린]	바다의, 바다와 관련된	라틴어	
Marina	[məˈriːnə / 머리너]	바다, 바다처럼 넓고 시원한	라틴어	
Marion	[ˈmeriən / 메리언]	비통한, 대자대비의, 마음이 아픈	히브리어	
Marisa	[məˈrisə / 머리서]	Maria(비통한)의 변형	영어	
Marjorie	[ˈmaːrdʒəri / 마아저리]	진주, 진주처럼 아름답고 귀한	그리스어	
Marlena	[marˈleinə / 마아레이너]	Madeline(막달라 출신의 여성 이름)의 변형	영어	
Marley	[ˈmaːrli / 마알리]	습지 초원, 수분이 많아 초목과 동물들이 잘 자라는 초원	영어	
Marlin	[ˈmaːrlən / 마알런]	Marlon(작은 매)의 여성형	영어	
Marlina	[marlʌnʌ / 마알러너]	Madeline(막달라 출신의 여성 이름)의 변형	영어	
Marlinda	[marlindʌ / 마알린더]	Madeline(막달라 출신의 여성 이름)의 변형	영어	

Woman **M**

NAME	발음	의미	어원	비고
Marlisa	[mɑrlʌzʌ / 마알러저]	Madeline(막달라 출신의 여성 이름)의 변형	영어	
Marlo	[ˈmɑːrlou / 마알로우]	비통한, 대자대비의, Mary(비통한)의 변형	히브리어	
Marnie	[mɑrniː / 마니]	바다, Marina(바다)의 애칭	라틴어	
Marsha	[ˈmɑːrʃə / 마아셔]	Marcia(호전적인)의 변형	영어	
Martha	[ˈmɑːrθə / 마아써]	비통한, 마음이 아픈, 대자대비의	히브리어	
Martina	[marˈtiːnə / 마아티너]	Martin(전사, 군인)의 여성형	스페인어	
Marvel	[ˈmɑːrvəl / 마아벌]	기적, 믿을 수 없이 좋은 일	프랑스어	
Mary	[ˈmeri / 메리]	비통한, 대자대비의, Miriam(저항하는)의 변형, 성모 마리아의 삶을 표현하고 숭배하기 위한 이름	영어	
Mary Beth	[ˈmeri ˈbeθ / 메리베쓰]	비통한 신의 맹세, 비통하지만 큰일을 위해 지켜야 하는 신의 서약	히브리어	
Mary Ellen	[ˈmeri ˈelən / 메리엘런]	비통한 신의 맹세, 비통하지만 큰일을 위해 지켜야 하는 신의 서약	히브리어	
Mary Lou	[ˈmeri ˈluː / 메리 루]	비통한 여전사, 비장한 각오의 여전사	독일어	
Matilda	[məˈtildə / 머틸더]	전쟁에 강한, 전쟁에서 이기는	프랑스어	
Maud	[mɔd / 모드]	강력한 처녀 전사, 강한 여성 전투원	아일랜드어	
Maureen	[mɔːˈriːn / 모린]	비통한, 마음이 아픈, 더자대비의	아일랜드어	
Mavis	[ˈmeivis / 메이비스]	노래지빠귀(개똥지빠귀의 일종), 노래지빠귀처럼 노래를 잘하는	영어	
Maxine	[mækˈsiːn / 맥신]	가장 큰, Max(세력 있는 사람의 우물) 여성형 변형	영어	
May	[ˈmei / 메이]	비통한, 마음이 아픈, , 대자대비의, 봄날처럼	히브리어	
Maya	[ˈmaiə / 마이어]	Amalia(근면한, 노력하는)의 약어	스페인어	
Mayda	[ˈmeidə / 메이더]	소녀, 계집아이, 순수하고 맑은 여자 아이	영어	
Meagan	[miːgʌn / 미건]	강력하고 거대한 존재 진주	아일랜드어	
Meg	[ˈmeg / 메그]	위대한, 대단한, 훌륭한	그리스어	
Meira	[merʌ / 메러]	빛, 광명	히브리어	
Melaina	[meleinʌ / 멜레이너]	어두운, 짙은, 검은색의	프랑스어	

NAME	발음	의미	어원	비고
Melanie	[ˈmeləni / 멜러니]	어두운, 짙은, 검은색의	프랑스어	
Melina	[meˈliːnə / 멜리너]	노란색 카나리아(새 이름)	라틴어	
Melinda	[məˈlində / 멀린더]	Melissa(꿀벌)와 Linda(라임나무)의 합성어	영어	
Melisenda	[məlʌzendʌ / 멀러젠더]	달, 달과 관련된	스페인어	
Melissa	[məˈlisə / 멀리서]	꿀벌, 귀엽고 유익한 꿀벌	그리스어	
Melita	[meˈliːtə / 멜리터]	Carmelita(포도원, 정원)의 약어	스페인어	
Melody	[ˈmelədi / 멜러디]	음악, 아름답고 마음을 쉬게 하는 음악	그리스어	
Melosa	[melʌzʌ / 멜러저]	달콤한, 달콤한 향기가 나는	스페인어	
Melvina	[melˈviːnə / 멜비너]	Melvin(강한 친구)의 여성형	영어	
Melynda	[meljndʌ / 멜린더]	Melissa(꿀벌)와 Linda(라임나무)의 합성어	영어	
Mendi	[mendiː / 멘디]	성모 마리아와 같은, 인류의 구원을 위해 아들의 죽음을 지켜봐야 하는 슬픔을 감내하는 성모 마리아와 같은	스페인어	
Meranda	[məˈrɑːndə / 머란더]	촉망받는, 유력한	영어	
Mercedes	[mərˈseidiz / 머세이디즈]	자비, 은혜, 은총	스페인어	
Mercia	[mʌrʃ / 머쉬]	자비, 연민, 관용	영어	
Mercilla	[mʌrsilʌ / 머실러]	연민, 관용	영어	
Mercy	[ˈməːrsi / 머어시]	자비로운, 은혜로운, 은총을 주는	영어	
Meredith	[ˈmerədiθ / 메러디쓰]	바다의 수호자, 바다의 수호신	웨일즈어	
Merry	[ˈmeri / 메리]	명랑한, 즐거운, Meredith(바다의 수호자)의 약어	영어	
Merryl	[merjl / 메릴]	검은 새, 강하고 날렵한 검은 새	프랑스어	
Meryl	[ˈmerəl / 메럴]	검은 새, 강하고 날렵한 검은 새	프랑스어	
Mia	[ˈmiːə / 미어]	나의 것, 내 소유의 것	라틴어	
Michaela	[maiˈkelə / 마이켈러]	Michael(하나님의 선물)의 여성형	영어	

Woman M

NAME	발음	의미	어원	비고
Michal	[ˈmitʃəl / 미철]	하나님을 닮은 이는 누구인가? Michael(하나님의 선물)의 여성형, 성경에서 Michal은 사울 왕의 딸이자 다윗의 첫째 부인이었음	히브리어	
Micheline	[miʃələn / 미셜런]	하나님께 가까이, 주님께 한 걸음 더 바짝	히브리어	
Michelle	[miˈʃel / 미셸]	하나님께 가까이, 주님께 한 걸음 더 바짝	히브리어	
Mickie	[ˈmiki / 미키]	하나님을 닮은 이는 누구인가? Michelle(하나님께 가까이)의 변형	히브리어	
Mignon	[ˈmignən / 미그넌]	섬세한, 세심한	프랑스어	
Mikaela	[miˈkeilə / 미케일러]	Michael(하나님의 선물)의 여성형	영어	
Mikella	[mʌkelʌ / 머켈러]	Michael(하나님의 선물)의 여성형	영어	
Mildred	[ˈmildrəd / 밀드러드]	부드러운 힘, 힘있는 부드러움	영어	
Milla	[milʌ / 밀러]	근면한, 부지런한	독일어	
Millian	[miliːʌn / 밀리언]	순결한, 순수한, 아름다운, Lyli(백합)에서 유래됨	영어	
Millicent	[ˈmiləsənt / 밀러선트]	천 명의 성인의, 천 명의 성인들과 관련된	프랑스어	
Millie	[ˈmili / 밀리]	강함, 결정	프랑스어	
Mimi	[ˈmiːmi / 미미]	Williamina(단호한 보호자)의 변형	프랑스어	
Min	[ˈmin / 민]	부드러운, 좋은, 작은	아일랜드어	
Mina	[ˈmiːnə / 미너]	사랑, 애정, 좋아함	독일어	
Mindy	[ˈmindi / 민디]	Melinda(꿀벌과 라임나무)의 약어	영어	
Minerva	[miˈnəːrvə / 미너어버]	지혜, 슬기로움, 현명함	그리스어	
Minetta	[mʌnetʌ / 머네터]	Williamina(단호한 보호자)의 변형	프랑스어	
Minnie	[ˈmini / 미니]	Williamina(단호한 보호자)의 변형	프랑스어	
Mira	[ˈmirə / 미러]	비통한, 마음이 아픈, 대자대비의	히브리어	
Mirabel	[miraˈbel / 미라벨]	빼어난 아름다움의, 숨막히게 예쁜	라틴어	
Miranda	[məˈrændə / 머랜더]	훌륭한, 존경스러운	스페인어	
Miriam	[ˈmiriəm / 미리엄]	반항적인, 저항하는	히브리어	

NAME	발음	의미	어원	비고
Misha	[ˈmiʃə / 미셔]	Michael(하나님의 선물)의 변형	프랑스어	
Missy	[ˈmisi / 미시]	꿀벌, Melissa(꿀벌)와 Milicent(천 명 성인의)의 애칭	그리스어	
Misti	[misti / 미스티]	안개 낀, 안개 때문에 뿌연	영어	
Misty	[ˈmisti / 미스티]	안개 낀, 안개 때문에 뿌연	영어	
Mitzi	[ˈmitsi / 밑시]	작은, 비통한	히브리어	
Moina	[mɔinə / 모이너]	고귀한, 고상한, 우아한	아일랜드어	
Moira	[mɔirə / 모이러]	비통한, 마음이 아픈, 대자대비의	아일랜드어	
Molly	[ˈmɑːli / 말리]	비통한, 대자대비의, Mary(비통한)의 애칭인 게일어 Maili(비통한)의 변형	영어	
Mona	[ˈmounə / 모우너]	귀족 여성, 우아한 여인, 품격 있는 여인	아일랜드어	
Monica	[ˈmɑːnikə / 마니커]	Mona(귀족 여성)의 변형, 귀족, 유일한	영어	
Monique	[moˈniːk / 모니크]	슬기로운, Mona(귀족 여성) 혹은 Madonna(성모 마리아)의 변형	프랑스어	
Moreen	[mɔˈriːn / 모린]	위대한, 대단한, 훌륭한	아일랜드어	
Morella	[mɔˈrelə / 모렐러]	위대한, 대단한, 훌륭한	아일랜드어	
Morgan	[ˈmɔːrgən / 모오건]	바다의 끝, 아주 먼 곳	스코틀랜드 게일어	
Morgana	[mɔːrˈgænə / 모오개너]	바다의 끝, 아주 먼 곳	웨일즈어	
Morgen	[ˈmɔːrgən / 모건]	아침, 오전, 새벽	독일어	중성
Moria	[ˈmɔːriə / 모리어]	바람, 바람처럼 가볍고 자유로움	영어	
Morice	[ˈmɔris / 모리스]	하나님의 가르침, 신의 가르침	히브리어	
Morisa	[mɔrʌzʌ / 모러저]	어두운, 짙은 피부의, Maurice(그을린 피부의)의 여성형.	스페인어	
Muriel	[ˈmjuriəl / 뮤리얼]	몰약(쓴맛 나는 향료, 향약, 성경에 나옴)	아랍어	
Myla	[mailæ / 마일래]	자비로운, Myles(하나님의 선물)의 여성형 변형	영어	
Myra	[ˈmairə / 마이러]	시적인 창의성, 시를 쓰는 창의력	영어	

Woman M

NAME	발음	의미	어원	비고
Myriam	[ˈmiriəm / 미리엄]	Mary(비통한)의 고대어, 성경에서 Myriam 자매는 모세를 구함.	히브리어	
Myrna	[ˈməːrnə / 머너]	공손한, 친절한	아일랜드 게일어	
Mysti	[mjsti / 미스티]	안개 낀, 안개 때문에 뿌연	영어	

Woman N

NAME	발음	의미	어원	비고
Nadia	[ˈnædjə / 내디어]	희망, 기대	히브리어	
Nadine	[nəˈdiːn / 너딘]	Nadia(희망, 기대)의 변형	프랑스어	
Nana	[ˈnænə / 내너]	우아함, 품위, 은총	히브리어	
Nancy	[ˈnænsi / 낸시]	Anne(은혜, 친절)의 변형, 은총	영어	
Nanette	[nəˈnet / 너네트]	우아함, 품위, 은총	히브리어	
Naomi	[neˈomi / 네오미]	즐거운, 유쾌한	히브리어	
Nara	[ˈnɑːrə / 나러]	가장 가까운, 가장 친근한	영어	
Narcisa	[nɑrsʌzʌ / 나서저]	수선화, 나팔 수선화	스페인어	
Nastassia	[nʌstæʃʌ / 너스태셔]	부활, 그리스도의 부활	그리스어	
Natalia	[nəˈtɑːljə / 너탈리어]	생년월일, 특히 그리스도의 생일	스페인어	
Natalie	[ˈnætəli / 내털리]	크리스마스에 태어난, 크리스마스 출생의	프랑스어	
Natania	[nætʌnʌʌ / 내터너]	하나님의 선물, 신의 선물	히브리어	
Natasha	[nəˈtɑːʃə / 너타셔]	크리스마스, 크리스마스에 태어난, Natalie(크리스마스에 태어난)의 러시아식 이름	라틴어	
Nathalia	[nəˈθæliə / 너쌜리어]	생년월일, 특히 그리스도의 생일	프랑스어	
Nathaly	[næθʌliː / 내썰리]	생년월일, 특히 그리스도의 생일	프랑스어	
Nathania	[nəˈθæniə / 너쌔니어]	하나님의 선물, 신의 선물	히브리어	

Woman

NAME	발음	의미	어원	비고
Nayomi	[neiʌmi: / 네이어미]	즐거운, 유쾌한	프랑스어	
Neda	[ˈneidə / 네이더]	부유한 후견인, 돈 많은 후견인	영어	
Neely	[ˈniːli / 닐리]	Neil(승리)의 여성형	영어	
Neiva	[naivʌ / 나이버]	눈(雪), 스페인 이름 Nieve(눈 덮인)의 여성형	스페인어	
Nelda	[ˈneldə / 넬더]	오리나무 옆에, 오리 나무 근처의	영어	
Nelia	[ˈneliə / 넬리어]	노란색, 황금색	스페인어	
Nelida	[nelʌdʌ / 넬러더]	밝게 빛나는, Eleanor(빛나는)의 변형	스페인어	
Nellie	[ˈneli / 넬리]	밝게 빛나는, Eleanor(빛나는)의 약어	영어	
Neomi	[niːʌmi: / 니어미]	즐거운, 유쾌한	히브리어	
Nerissa	[nʌrisʌ / 너리서]	바다의 딸, 바다의 소녀	라틴어	
Nettie	[ˈneti / 네티]	크리스마스, 크리스마스에 태어난, Natalie(크리스마스에 태어난)의 애칭, 'nette'로 끝나는 이름의 애칭	라틴어	
Nevada	[nəˈvɑːdə / 너바더]	눈, 눈 덮인	스페인어	중성
Nichole	[nikoul / 니코울]	Nicholas(사람들의 승리)의 여성형	프랑스어	
Nicola	[niˈkolə / 니콜러]	사람들의 승리, 사람들의 승전	프랑스어	
Nicole	[niˈkol / 니콜]	사람들의 승리, 사람들의 승전	프랑스어	
Nikita	[niˈkiːtə / 니키터]	사람들의 승리, 사람들의 승전	그리스어	
Nikkie	[nikiː / 니키]	승리, Nicole(사람들의 승리)의 약어	영어	
Nili	[niːli: / 닐리]	성공, 성취, 성과	히브리어	
Nina	[ˈnainə / 나이너]	우아함, 품위, 은총	히브리어	
Nira	[nirʌ / 니러]	북두칠성, 쟁기 모양의, 농부의	히브리어	
Nita	[ˈniːtə / 니터]	우아함, 품위, 은총	히브리어	
Noa	[ˈnoə / 노어]	움직임, 이동	히브리어	
Noel	[ˈnouəl / 노우얼]	크리스마스, 성탄절	프랑스어	중성

Woman N

NAME	발음	의미	어원	비고
Nora	[ˈnɔːrə / 노러]	빛, 명예, Eleanora(빛)와 Honora(명예)의 약어	영어	
Nordica	[ˈnɔːrdikə / 노오디커]	북쪽에서 온, 북쪽 출신의	독일어	
Noreen	[nəˈriːn / 너린]	규칙, 양식	라틴어	
Nyssa	[ˈnisə / 니서]	시작, 출발	그리스어	

Woman

NAME	발음	의미	어원	비고
Odelina	[oudelʌnʌ / 오우델러너]	꼬마 요정의 창, 꼬마 요정의 무기	독일어	
Odila	[adʌlʌ / 아덜러]	부유한, 돈 많은	프랑스어	
Ofra	[afrʌ / 아프러]	엷은 황갈색의, 새끼 사슴	히브리어	
Oldwin	[ouldwin / 오울드윈]	특별한 친구, 소중하고 귀해서 특별한 친구	영어	
Oleta	[alʌtʌ / 알러터]	날개 달린, 날 수 있는	영어	
Olga	[ˈolgə / 올거]	신성한, 성스러운	스칸디나비아어	
Olinda	[oˈliːndə / 올린더]	땅의 수호자, 땅의 보호자	독일어	
Olive	[ˈaːləv / 알러브]	올리브나무의, 올리브 열매의	아일랜드어	
Oliveria	[aːliˈviːriə / 알리비리어]	애정 어린, 사랑이 깊은	스페인어	
Olivia	[oˈliviə / 올리비어]	올리브나무의, 올리브 열매의	스페인어	
Olympia	[oˈlimpiə / 올림피어]	올림푸스 산에서 온, 을림푸스 산 출신의	프랑스어	
Opal	[ˈoupəl / 오우펄]	보석, 귀금속, 매우 귀한 것	힌두어	
Ophelia	[əˈfiːljə / 어필리어]	도움, 조력, 지원	그리스어	
Ophra	[afrʌ / 아프러]	엷은 황갈색, 진하지 않은 갈색	히브리어	
Oprah	[ˈoprə / 오프러]	엷은 황갈색, 진하지 않은 갈색	히브리어	
Orah	[ɔrʌ / 오러]	빛, 광명	히브리어	

O Woman

NAME	발음	의미	어원	비고
Ordella	[ɔːrˈdelə / 오어델러]	꼬마 요정의 창, 꼬마 요정의 무기	독일어	
Orelia	[ɔˈreliə / 오렐리어]	황금의, 황금처럼 귀한	영어	
Orlina	[ɔrlʌnʌ / 올러너]	황금, 황금처럼 귀한 것	프랑스어	
Osana	[ɑzʌnʌ / 아저너]	건강, 보건, 의료	스페인어	
Otylia	[ɑtjliːʌ / 아틸리어]	행운의 여주인공, 행운의 여성 영웅	독일어	

P Woman

NAME	발음	의미	어원	비고
Pabla	[pæblʌ / 패블러]	작은, 귀여운, 어린	스페인어	
Page	[ˈpeidʒ / 페이쥐]	동반자, 동행인, 파트너	프랑스어	
Paige	[ˈpeidʒ / 페이쥐]	동반자, 동행인, 파트너	프랑스어	
Palmira	[palˈmirə / 팔미러]	야자나무 도시에서 온, 야자나무 도시 출신의	스페인어	
Paloma	[paˈlomə / 팔로머]	비둘기, 평화의 새	스페인어	
Pam	[ˈpæm / 팸]	매우 유쾌한, 매우 즐거운	그리스어	
Pamela	[ˈpæmələ / 패멀러]	달콤하게 말하는, 꿀맛이 나는	그리스어	
Pandora	[pænˈdɔːrə / 팬도러]	타고난 재능이 있는, 천부적 재능이 있는	그리스어	
Pansy	[ˈpænzi / 팬지]	꽃, 아름다운 꽃, 화초	프랑스어	
Parnella	[parˈnelə / 파넬러]	바위, 암석, 단단하고 굳은 돌	프랑스어	
Pascala	[pæskʌlʌ / 패스컬러]	부활절에 태어난, 부활절 출생의	프랑스어	
Pastora	[pæˈstɔːrə / 패스토러]	양치는 여자, 양을 키우는 여성	스페인어	
Pat	[ˈpæt / 패트]	귀족층의, Partricia(고귀한)의 애칭	라틴어	중성
Patricia	[pəˈtriʃə / 퍼트리셔]	고귀한, 고상한, 우아한	스페인어	
Patsy	[ˈpætsi / 팥시]	귀족층의, Partricia(고귀한)의 애칭	라틴어	

NAME	발음	의미	어원	비고
Patti	[ˈpæti / 패티]	귀족층의, Partricia(고귀한)의 애칭	라틴어	
Paula	[ˈpɔlə / 폴러]	작은, Paul(작은, 성경 속의 바울)의 여성형	라틴어	
Pauline	[pɔˈliːn / 폴린]	작은, Paula(작은)의 다른 형태	라틴어	
Peace	[ˈpiːs / 피스]	평화로운, 평화적인	영어	
Pearl	[ˈpəːrl / 퍼얼]	진주, 보석, 귀한 것	라틴어	
Pedra	[pedrʌ / 페드러]	돌, 암석, 단단한 것	스페인어	
Peggy	[ˈpegi / 페기]	진주, Margaret(진주, 성인의 이름)의 애칭	그리스어	
Penelope	[pəˈneləpi / 퍼넬러피]	꿈 직조공, 꿈 꾸는 사람	그리스어	
Penina	[peninʌ / 페니너]	진주, 보석, 귀한 것	히브리어	
Penny	[ˈpeni / 페니]	직조공, Penelope(꿈 꾸는 사람)의 애칭	그리스어	
Petra	[ˈpetrə / 페트러]	바위, 암석, 단단하고 굳은 돌	그리스어	
Petrina	[peˈtriːnə / 페트리너]	바위, 암석, 단단하고 굳은 돌	그리스어	
Philipinna	[flʌpinʌ / 플러피너]	말(馬)을 사랑하는, 말(馬)에 대한 사랑	독일어	
Phoebe	[ˈfiːbi / 피비]	빛나는, 돋보이는, 뛰어난	그리스어	
Phylicia	[fjliʃ / 필리쉬]	행복한, 즐거운	라틴어	
Phyllis	[ˈfilis / 필리스]	녹색 곁가지, 줄기에서 갈라진 초록색 가지	그리스어	
Pia	[ˈpiːə / 피어]	경건한, 독실한	스페인어	
Pierretta	[piːretʌ / 피레터]	Pierre(바위)의 여성 형태	프랑스어	
Pilar	[ˈpailər / 파일러]	기둥, 기념비	스페인어	
Piper	[ˈpaipər / 파이퍼]	피리 부는 사람, 백파이프(악기 이름) 연주자	영어	
Polly	[ˈpɑːli / 팔리]	비통한, 마음이 아픈, 대자대비의	히브리어	
Poppy	[ˈpɑːpi / 파피]	꽃, 아름다운 꽃, 화초	영어	
Porsche	[ˈpɔːrʃə / 포오셔]	헌금, 봉헌	독일어	
Porsha	[pɔrʃʌ / 포르샤]	자손, 후손	라틴어	

Woman

NAME	발음	의미	어원	비고
Priscilla	[prəˈsilə / 프러실러]	고대, 고대의, 아주 오래된	라틴어	
Prudence	[ˈpruːdəns / 프루던스]	선경지명, 지성	라틴어	
Prudencia	[prʌdenʃ / 프러덴쉬]	조심스런, 신중한	스페인어	
Prunella	[pruːˈnelə / 프루넬러]	자두 색깔, 자두 빛	프랑스어	

Woman

NAME	발음	의미	어원	비고
Queena	[ˈkwiːnə / 크위너]	여왕, 왕후, 왕비, 여왕 같은	영어	
Queenie	[ˈkwiːni / 크위니]	여왕, 왕후, 왕비, 여왕 같은	영어	

R Woman

NAME	발음	의미	어원	비고
Rachael	[rætʃʌl / 래철]	순수한 어린 양, Rachel(암양)의 변형	히브리어	
Rachel	[ˈreitʃəl / 레이철]	암양, 새끼를 낳을 수 있는 암양처럼 유목민에게 가장 귀한 것	히브리어	
Rachelle	[rəˈʃel / 러셀]	양, 유목민의 재산처럼 귀한 양	프랑스어	
Raina	[ˈreinə / 레이너]	여왕, 왕후, 왕비, 여왕 같은	프랑스어	
Raison	[ˈreisan / 레이산]	사상가, 생각하는 사람	프랑스어	
Randi	[ˈrændi / 랜디]	은폐된 늑대, Randall(집 늑대, 보호자), Randolph(집 늑대, 보호자)의 여성형 변형	영어	
Ranice	[rænis / 래니스]	사랑스런 선율, 아름다운 선율	히브리어	
Raquel	[rəˈkel / 러켈]	순진한, 무구한, 순결한	히브리어	
Raven	[ˈreivən / 레이번]	짙은색 머리카락의, 현명한	영어	
Reba	[ˈriːbə / 리버]	네 번째 탄생, 네 번째로 태어난	히브리어	

NAME	발음	의미	어원	비고
Rebecca	[rəˈbekə / 러베커]	매혹적인, 매력적인, 끌 는	히브리어	
Regina	[riˈdʒiːnə / 리지너]	여왕, 왕후, 왕비, 여왕 같은	스페인어	
Reina	[reˈiːnə / 레이너]	여왕, 왕후, 왕비, 여왕 같은	프랑스어	
Rena	[ˈriːnə / 리너]	즐거운 노래, 기쁨의 노래	히브리어	
Renee	[rəˈnei / 러네이]	재탄생, 거듭남, 다시 활발해짐	프랑스어	
Reveka	[revʌkʌ / 레버커]	매혹적인, 매력적인, 끌티는	히브리어	
Rhea	[ˈriːə / 리어]	땅, 강처럼 흐르는	그리스어	
Rhoda	[ˈrodə / 로더]	장미, Rose(장미)의 다른 형태	그리스어	
Rhonda	[ˈrɑːndə / 란더]	웅장한, 거대한, 어마어마한	웨일즈어	
Ricca	[ˈriːkə / 리커]	풍부한, 부유한	스페인어	
Ricki	[ˈriki / 리키]	권력있는, Erica(가장 권력있는), Frederica(평화로운 통치자)의 변형	영어	
Rina	[ˈriːnə / 리너]	즐거운 노래, 기쁨의 노래	히브리어	
Rio	[ˈriːou / 리오우]	강, 강물	스페인어	
Riona	[raiʌnʌ / 라이어너]	왕의, 왕을 위한	아일랜드어	
Risa	[ˈriːsə / 리서]	웃음, 웃음 소리, 웃는 것	스페인어	
Rita	[ˈriːtə / 리터]	진주, 보석, 귀한 것	스페인어	
Riva	[ˈriːvə / 리버]	해변에서 온, 바닷가 출신의	프랑스어	
Roberta	[rəˈbəːrtə / 러버터]	유명한, 이름 있는	영어	
Robin	[ˈrɑːbən / 라번]	명성이 자자한, Roberta(유명한)의 애칭	영어	중성
Rolanda	[roˈlɑːndə / 롤란더]	유명한 땅에서 온, 유명지 출신의	독일어	
Romana	[rɑmʌnʌ / 라머너]	로마에서 온, 로마 출신의	프랑스어	
Rona	[ˈrounə / 로우너]	나의 기쁨, 나의 즐거움	히브리어	
Ronia	[rouniːʌ / 로우니어]	나의 기쁨, 나의 즐거움	히브리어	
Ronni	[rɑniː / 라니]	진실된 이미지, Veronica(진실된 이미지)의 변형	그리스어	

Woman

NAME	발음	의미	어원	비고
Rori	[rɔri / 로리]	빛나는, 훌륭한, 멋진	아일랜드어	
Rosa	[ˈrozə / 로저]	유명한 보호자, 유명한 수호자	독일어	
Rosalie	[ˈrouzəli / 로우절리]	장미, Rose(장미)의 아일랜드식 이름	그리스어	
Rosalind	[ˈrɑːzələnd / 라절런드]	아름다운, 예쁜, 보기 좋은	스페인어	
Rosanna	[roˈzænə / 로재너]	장미, 장미꽃, 장미 빛	그리스어	
Rosario	[roˈzɑːriou / 로자리오우]	아름다운, 예쁜, 보기 좋은	스페인어	
Rose	[rouz / 로우즈]	장미, 장미꽃, 장미 빛	프랑스어	
Roseanne	[roˈzæn / 로잰]	장미, 장미꽃, 장미 빛	그리스어	
Rosemarie	[rozməˈri: / 로즈머리]	비통한, 마음이 아픈, 대자대비의	프랑스어	
Rosemary	[ˈrouzməri / 로우즈머리]	꽃, 아름다운 꽃, 화초	라틴어	
Rosie	[ˈrouzi / 로우지]	장미, Rosalind(아름다운), Rosanna(장미), Rose(장미)의 변형	그리스어	
Roxanne	[rɑːkˈsæn / 락샌]	새벽, 여명, 동 틀 무렵	프랑스어	
Roz	[ˈrɑːz / 라즈]	아름다운 장미, Rosalind(아름다운)의 애칭	스페인어	
Ruby	[ˈruːbi / 루비]	보석, 보물, 아주 소중한 사람	프랑스어	
Rudella	[rʌdelʌ / 러델러]	유명한, 이름 있는, 명성이 자자한	독일어	

Woman

NAME	발음	의미	어원	비고
Sabana	[sæbʌnʌ / 새버너]	넓은 평원에서 온, 넓은 초원 출신의	스페인어	
Sabina	[səˈbiːnə / 서비너]	사빈(고대 이탈리아의 중부 지역) 사람	스페인어	
Sabra	[ˈsɑːbrə / 사브러]	휴식을 위해, 쉬기 위해	히브리어	
Sabrina	[səˈbriːnə / 서브리너]	전설의 공주, 전설적인 공주	영어	

NAME	발음	의미	어원	비고
Sadie	[ˈsædi / 새디]	공주, 왕자비, 공주 같은	히브리어	
Saina	[seinʌ / 세이너]	공주, 왕자비, 공주 같은	그리스어	
Sally	[ˈsæli / 샐리]	공주, 왕자비, 공주 같은	히브리어	
Saloma	[saˈlomə / 살로머]	고요한, 평온한	히브리어	
Salome	[səˈlomi / 설로미]	고요한, 평온한	히브리어	
Samantha	[səˈmænθə / 서맨써]	하나님의 이름, 신의 이름	히브리어	
Samara	[ˈsæmərə / 새머러]	하나님의 보호 아래, 하나님이 보호해 주시는	히브리어	
Sancia	[ˈsɑːntʃə / 산쳐]	거룩한, 신성한, 성스러운	스페인어	
Sandi	[ˈsændi / 샌디]	수비수, 방어군, 모든 사람의 조력자	그리스어	중성
Sandra	[ˈsændrə / 샌드러]	인류의 수호자, Alexander(인류의 수호자) 여성형	영어	
Sandy	[ˈsændi / 샌디]	인류의 보호자, Sandra(인류의 수호자)의 애칭	그리스어	
Sapphire	[ˈsæfaiər / 새파이어]	아름다운, 예쁜, 보기 좋은	히브리어	
Sara	[ˈserʌ / 세러]	Sarah(공주)의 변형, 왕자비, 공주 같은	히브리어	
Sarah	[ˈserə / 세러]	공주, 왕자비, 공주 같은	히브리어	
Sasha	[ˈsæʃə / 새셔]	인류의 수호자, Alexander(인류의 수호자)의 여성형	영어	
Savannah	[səˈvænə / 서배너]	넓은 평원에서 온, 넓은 초원 출신의	스페인어	
Scarlett	[ˈskɑːrlet / 스카알레트]	빨간, 빨간색의, 빨간색을 띤	영어	
Seanna	[siːnʌ / 시너]	하나님의 관대함, 하나님의 너그러우심	히브리어	
Seina	[sainʌ / 사이너]	순진한, 무구한, 순결한	스페인어	
Sela	[ˈselə / 셀러]	바위, 암석, 단단하고 굳은 돌	히브리어	
Selena	[səˈliːnə / 설리너]	Celine(눈 먼)의 변형	스페인어	
Selma	[ˈselmə / 셀머]	신성하게 보호된, 신성한 보호를 받는	스칸디나비아어	
Semira	[seˈmirə / 세미러]	하늘에서 온, 하늘로부터 내려온	히브리어	

Woman

NAME	발음	의미	어원	비고
Senalda	[sʌnɔldʌ / 서놀더]	기호, 표시	스페인어	
Serena	[serʌnʌ / 세러너]	고요한, 평화로운	스페인어	
Shaina	[ʃeinʌ / 세이너]	아름다운, 예쁜, 보기 좋은	히브리어	
Shakila	[ʃækʌlʌ / 새컬러]	예쁜, 귀여운, 보기 좋은	아랍어	
Shana	[ˈʃænə / 새너]	신은 자비로우시다, 자비의 신	히브리어	
Shaniqua	[ʃænikjuːʌ / 새니큐어]	사랑스런 여자 아이, 사랑스런 소녀	영어	
Shannon	[ˈʃænən / 새넌]	작은, 현명한	아일랜드 게일어	중성
Shari	[ˈʃɑːri / 샤리]	공주, Sarah(공주)의 헝가리식 이름	히브리어	
Sharlene	[ˈʃɑːrlin / 샤아린]	Charles(남자다운, 용감한)의 여성형 변형	영어	
Sharon	[ˈʃerən / 쉐런]	평야, 평원, 초원	히브리어	
Shauna	[ˈʃɔnə / 소너]	선물, 예물, 선사	아일랜드어	
Sheena	[ˈʃiːnə / 쉬너]	하나님의 선물, 신의 선물	히브리어	
Sheila	[ˈʃiːlə / 쉴러]	Cecilia(눈 먼)의 아일랜드어 형태	아일랜드어	
Shelby	[ˈʃelbi / 쉘비]	버드나무 농장에서 온, 영주의 대저택에서 온	영어	Last name
Shelley	[ˈʃeli / 쉘리]	초원의 끝에서 온, 먼 초원 출신의	영어	
Sherry	[ˈʃeri / 쉐리]	흰색 초원에서 온, 흰색 초원 출신의	영어	
Sheryl	[ˈʃerəl / 쉐럴]	작고 여성스러운, Shirley(흰색 초원에서 온)의 변형	프랑스어	
Shirley	[ˈʃəːrli / 셔얼리]	흰색 초원에서 온, 흰색 초원 출신의	영어	
Sibeal	[sibiːl / 시빌]	여성 선지자, 여성 예언자	아일랜드어	
Sierra	[siˈerə / 시에러]	어두운, 짙은, Ciaran(검은색 머리의)의 여성형	아일랜드어	
Silana	[silʌnʌ / 실러너]	위엄 있는, 품위 있는	프랑스어	
Simone	[siˈmoun / 시모운]	큰 소리로, 우렁찬	히브리어	
Sissy	[ˈsisi / 시시]	장님의, 맹인의	라틴어	

NAME	발음	의미	어원	비고
Skye	[skje / 스키에]	물 주는 사람, Skyler(보호)의 애칭	아랍어	
Slany	[slæniː / 슬래니]	건강, 아주 건강한	아일랜드어	
Solana	[soˈlænə / 솔래너]	햇빛, 햇볕	스페인어	
Sonia	[ˈsounjə / 소우니어]	지혜, Sophia(지혜)의 슬라브/스칸디나비아식 이름	그리스어	
Sonya	[ˈsounjə / 소우니어]	큰소리로, 우렁찬	영어	
Sophia	[soˈfiːə / 소피어]	지혜, 슬기로움, 현명함	그리스어	
Stacy	[ˈsteisi / 스테이시]	그리스도의 부활, Anastasia(부활)의 애칭	그리스어	중성
Star	[stɑːr / 스타아]	별, 항성, 별 모양	영어	
Stefania	[stefʌnʌ / 스테퍼너]	승리의 왕관을 쓴, 왕위에 오른	프랑스어	
Steffi	[ˈstefi / 스테피]	왕위에 오른, Stephanie(승리의 왕관을 쓴)의 변형	그리스어	
Stella	[ˈstelə / 스텔러]	별, 항성, 별 모양	라틴어	
Stephanie	[ˈstefəni / 스테퍼니]	승리의 왕관을 쓴, 왕위에 오른	프랑스어	
Stevie	[ˈstiːvi / 스티비]	왕위에 오른, Stephanie(승리의 왕관을 쓴)의 변형	그리스어	중성
Stormy	[ˈstɔːrmi / 스토오미]	폭풍, 아주 거센 바람	영어	
Sue	[ˈsuː / 수]	백합, Susan(백합)의 변형	히브리어	
Suma	[ˈsuːmə / 수머]	여름에 태어난, 여름 출생의	영어	
Summer	[ˈsʌmər / 서머]	여름에 태어난, 여름 출생의	영어	
Sunny	[ˈsʌni / 서니]	발랄한, 쾌활한	영어	
Susan	[ˈsuːzən / 수전]	백합, 백합처럼 순수하고 순결한	히브리어	
Susanna	[suːˈzænə / 수재너]	백합, 백합처럼 순수하고 순결한	히브리어	
Susanne	[suːˈzæn / 수잰]	백합, 백합처럼 순수하고 순결한	프랑스어	
Suzie	[ˈsəzi / 서지]	백합, Susan(백합)의 애칭	히브리어	
Sybil	[ˈsibəl / 시벌]	여성 선지자, 여성 예언자	아일랜드어	

S Woman

NAME	발음	의미	어원	비고
Sydney	[ˈsidni / 시드니]	성자 데니스에서 유래한, 성인 데니스의	영어	
Sylvia	[ˈsilviə / 실비어]	숲, 삼림	라틴어	
Sylvina	[sjlviːnʌ / 실비너]	숲, 라틴어 Sylvia(숲)의 변형	영어	

T Woman

NAME	발음	의미	어원	비고
Tabitha	[ˈtæbəθə / 태버써]	아름다움, 우아함, 가젤(동물)을 뜻하는 아람어(예수 시대의 언어)에서 유래함, 성경(사도행전)에서 Tabitha는 선행으로 유명함	히브리어	
Tabora	[tæbʌrʌ / 태버러]	작은 북을 연주하다, 작은 북을 두드리다	스페인어	
Tacy	[ˈteisi / 테이시]	침묵, 고요함	영어	
Talia	[teiliːʌ / 테일리어]	하늘의 이슬, 천국의 이슬	히브리어	
Tallulah	[tæˈluːlə / 탤룰러]	거친 수면, 거칠게 흔들리는 물의 표면	북아메리카 인디언어	
Tamara	[təˈmɑːrə / 터마러]	비통한, 야자나무, 아름다움과 풍요의 결실을 의미하는 동양식 이름	히브리어	
Tamika	[tæmʌkʌ / 태머커]	쌍둥이, 쌍둥이 같은, 똑같이 생긴	아람어 (예수시대 언어)	
Tammy	[ˈtæmi / 태미]	Tamara(야자나무)의 약어	영어	
Tanisha	[tæniʃʌ / 태니셔]	외향적이고 목청이 큰, 현대 미국에서 만들어진 이름	미국	
Tanya	[ˈtɑːnjə / 타니어]	요정의 여왕, 여왕 요정	슬라브어	
Tara	[ˈterə / 테러]	암석으로 된 산봉우리, 돌산 봉우리	아일랜드어	
Taryn	[tɑrjn / 타린]	암석으로 된 산봉우리, Tara의 다른 형태	아일랜드어	
Tasha	[ˈtæʃə / 태셔]	크리스마스, 크리스마스에 태어난	그리스어	
Taylor	[ˈteilər / 테일러]	재단사, 옷 만드는 사람	영어	Last name 중성

Woman T 여성편

NAME	발음	의미	어원	비고
Teodora	[tiːʌdʌrʌ / 티어더러]	하나님께서 주신, Theodore(하나님의 선물)의 여성형	스페인어	
Teresa	[təˈriːsə / 터리서]	수확하는 사람, 거둬들이는 사람	그리스어	
Teri	[ˈteri / 테리]	수확하는 사람, Teresa(수확하는 사람)의 약어	영어	
Tess	[ˈtes / 테스]	수확하는 사람, Teresa(수확하는 사람)의 약어	영어	
Tessa	[ˈtesə / 테서]	수확하는 사람, Teresa(수확하는 사람)의 약어	그리스어	
Teva	[ˈteivə / 테이버]	쌍둥이, 쌍둥이 같은, 똑 같이 생긴	스코틀랜드어	
Thadina	[θædʌnʌ / 쌔더너]	칭찬받는, 칭송받는	히브리어	
Thelma	[ˈθelmə / 쎌머]	귀염둥이, 사랑받는 사람, 총아	그리스어	
Theodora	[θiəˈdɔːrə / 씨어도러]	천부적인 재능, Theodore(하나님의 선물)의 여성형	그리스어	
Theresa	[təˈriːsə / 터리서]	수확자, 거둬들이는 사람	그리스어	
Tia	[ˈtiːə / 티어]	공주, 왕관을 쓴 사람	그리스어	
Tiara	[tiˈɑːrə / 티아러]	왕위에 오른, 왕관을 쓴	라틴어	
Tiffany	[ˈtifəni / 티퍼니]	하나님의 현신, 신의 나타남	프랑스어	
Tilda	[ˈtildə / 틸더]	전쟁에서 싸움을 잘하는, 전투를 잘하는	프랑스어	
Tina	[ˈtiːnə / 티너]	강, 강물	영어	
Tipper	[ˈtipər / 티퍼]	물을 붓는 사람, 우물, 샘	아일랜드어	
Tira	[tirʌ / 티러]	땅, 토지	스코틀랜드어	
Toni	[ˈtouni / 토우니]	Antonia(칭찬 그 이상의)와 Antoinette(칭찬을 넘어선)의 약어	영어	
Tony	[ˈtouni / 토우니]	승리, Victoria(승리)에서 유래	영어	중성
Tonya	[ˈtɑːnjə / 타니어]	요정의 여왕, 여왕 요정	슬라브어	
Tori	[ˈtɔːri / 토리]	승리, Victoria(승리)에서 유래	영어	
Torra	[tɔrʌ / 토러]	성(城)에서 온, 성(城) 출신의	스코틀랜드어	
Tracy	[ˈtreisi / 트레이시]	수확하는 사람, 용감한, 두려움 없는	그리스어, 라틴어	Last name 중성
Tricia	[ˈtriʃə / 트리셔]	귀족층의, Partricia(고귀한)의 애칭	라틴어	

T Woman

NAME	발음	의미	어원	비고
Trina	[triːnʌ / 트린너]	순수한, 순결한, 결백한	그리스어	
Trixie	[ˈtriksi / 트릭시]	기쁨을 가져다 주는, Beatrice(기쁨을 가져다 주는 사람)의 약어	라틴어	
Trudy	[ˈtruːdi / 트루디]	가장 사랑하는, Gertrude(보호된 농장에서 온)의 애칭	독일어	
Tuesday	[ˈtuːzdi / 투즈디]	화요일에 태어난, 화요일 출생의	영어	
Tullia	[ˈtəliə / 털리어]	평화로운, 평화적인	아일랜드어	
Twyla	[ˈtwailə / 트와일러]	짜서 만들어진, 엮어서 만들어진	영어	
Tyna	[tjnæ / 티내]	강, 강물	영어	
Tyne	[ˈtain / 타인]	강, 강물	영어	
Tyra	[ˈtairə / 타이러]	땅, 토지	스코틀랜드어	

U Woman

NAME	발음	의미	어원	비고
Uma	[ˈjuːmə / 유머]	어머니, 모태	힌두어	
Unity	[ˈjuːnəti / 유너티]	함께, 같이	아일랜드어	

V Woman

NAME	발음	의미	어원	비고
Val	[ˈvæl / 밸]	강인한, Valerie(강력한, 용감한)의 애칭	라틴어	
Valencia	[vəˈlensiə / 벌렌시어]	격렬한, 강력한	라틴어	
Valentina	[vælənˈtiːnə / 밸런티너]	용감한, 두려움 없는	스페인어	
Valerie	[ˈvæləri / 밸러리]	강력한, 용감한 로마 씨족 Valerius 가문의 여성	영어	
Vanessa	[vəˈnesə / 버네서]	나비, 아름답고 자유로운 나비	히브리어	

NAME	발음	의미	어원	비고
Vania	[ˈvɑːniə / 바니어]	하나님의 선물, 신의 선물	히브리어	
Vanna	[ˈvænə / 배너]	하나님의 선물, 신의 선물	히브리어	
Velma	[ˈvelmə / 벨머]	보호자, 수호자	그리스어	
Velvet	[ˈvelvət / 벨버트]	부드러운, 푹신한, 연한	영어	
Ventura	[venˈtʃəːrə / 벤쳐러]	행운, 좋은 운세, 좋은 운명	스페인어	
Venus	[ˈviːnəs / 비너스]	사랑, 애정, 아름다움	그리스어	
Vera	[ˈverə / 베러]	진실의, Veronica(진실된 이미지)의 애칭	라틴어	
Verena	[vəˈreinə / 버레이너]	보호자, 수호자	독일어	
Verna	[ˈvəːrnə / 버너]	봄과 같은, 봄처럼 새 생명이 충만한	라틴어	
Veronica	[vəˈrɑːnikə / 버라니커]	진실된 이미지, 진짜 이미지	라틴어	
Vicki	[ˈviki / 비키]	승리, 승리하는, Victoria(승리)의 변형	라틴어	
Victoria	[vikˈtɔːriə / 빅토리어]	승리, Victor(승리자)의 여성형	라틴어	
Violet	[ˈvaiələt / 바이얼러트]	제비꽃, 제비꽃 같은	라틴어	
Violetta	[vioˈletə / 비올레터]	제비꽃의 작은 표현, 브라색의 작은 표현	프랑스어	
Virginia	[vərˈdʒinjə / 버지니어]	정숙한, 처녀의	영어	
Virna	[ˈvəːrnə / 버어너]	봄과 같은, 봄처럼 새 생명이 충만한	라틴어	
Vivian	[ˈviviən / 비비언]	매혹적인 여자 마술사, 호수의 여인	영어	
Viviana	[viviˈænə / 비비애너]	매혹적인 여자 마술사, 호수의 여인	영어	

NAME	발음	의미	어원	비고
Wanda	[ˈwɑːndə / 완더]	방랑자, 나그네	독일어	
Wandy	[wɑndiː / 완디]	방랑자, 나그네	독일어	
Welda	[weldʌ / 웰더]	지배자, 통치자	독일어	
Wenda	[ˈwendə / 웬더]	어여쁜, 예쁜	영어	

W Woman

NAME	발음	의미	어원	비고
Wendy	[ˈwendi / 웬디]	제임스 바니의 소설 피터팬에서 처음으로 만들어진 여자 이름	영어	
Whitney	[ˈwitni / 위트니]	아름다운 섬, 멋있는 섬	영어	중성
Willa	[ˈwilə / 윌러]	단호한, 확고한	영어	중성
Williamina	[ˈwiljəmina / 윌리어미나]	단호한 보호자, William(의지, 단호한 보호자)의 여성형 변형	영어	
Willow	[ˈwilou / 윌로우]	날씬한, 우아한, 잎과 가지가 날씬하고 우아하기로 유명한 버드나무에서 유래	영어	
Wilma	[ˈwilmə / 윌머]	확고한 보호자, William(확고한 보호자)의 여성형 변형	독일어	
Winola	[viˈnolə / 비놀러]	자애로운 친구, 품위 있는 친구	독일어	
Winova	[winʌvʌ / 위너버]	첫째 딸, 장녀	다코타어 (북아메리카인디언)	
Wynne	[ˈwin / 윈]	아름다운, Gwendolyn(순백의, 순수한)의 애칭	웨일즈어	

X Woman

NAME	발음	의미	어원	비고
Xaviera	[igzeˈvjerə / 이그제비에러]	밝은, 화려한, Xavier(새 집을 갖다)의 여성형 변형	스페인어	
Xenia	[ˈziːniə / 지니어]	친절한, 상냥한, 우호적인	그리스어	

Y Woman

NAME	발음	의미	어원	비고
Yadra	[jædrʌ / 얘드러]	어머니, 모태, 기반, 바탕	스페인어	
Yarkona	[jɑrkʌnʌ / 야커너]	녹색의, 초록색의	히브리어	
Yedda	[ˈjedə / 예더]	아름다운 목소리, 목소리가 예쁜	영어	
Yetta	[ˈjetə / 예터]	관대한, 자비로운	영어	

Woman Y

NAME	발음	의미	어원	비고
Yoko	[ˈjokou / 요코우]	긍정적인 여성, 낙관적인 여인	일본어	
Yolanda	[jouˈlændə / 요울랜더]	제비꽃, Violet(제비꽃)의 변형	프랑스어	
Yona	[ˈjounə / 요우너]	비둘기, 평화의 새	히브리어	
Yosephina	[jʌzefʌnʌ / 여제퍼너]	하나님은 증식시킬 것입니다, 하나님께서 번창시킬 것이다	히브리어	
Yvette	[iˈvet / 이베트]	활 쏘는 사람, 궁수, Yves(궁수)의 여성형	프랑스어	
Yvonne	[iˈvɑːn / 이반]	활 쏘는 사람, 궁수	프랑스어	

Woman Z

NAME	발음	의미	어원	비고
Zamora	[zəˈmɔːrə / 저모러]	칭찬받는, 칭송받는	히브리어	
Zanetta	[zʌnetʌ / 저네터]	하나님의 선물, 성자의 이름	스페인어	
Zelda	[ˈzeldə / 젤더]	여전사, Griselda(기독교의 전투)의 애칭	독일어	
Zena	[ˈziːnə / 지너]	친절한, 상냥한, 우호적인	그리스어	
Zerlina	[zərˈliːnə / 절리너]	아름다운 새벽, 아름다운 여명	히브리어	
Zibia	[zibiːʌ / 지비어]	암사슴, 암토끼	히브리어	
Zina	[ziːnʌ / 지너]	환영하는, 환대하는, Xenia(친절한)의 변형	영어	
Ziva	[ziːvʌ / 지버]	화려한, 인상적으로 아름다운	히브리어	
Zoe	[ˈzoui / 조우이]	인생, 삶	그리스어	
Zohar	[zɑhʌr / 자허르]	반짝거림, 광채	히브리어	
Zola	[ˈzolə / 졸러]	흙 덩어리, 흙의 뭉치	이탈리아어	
Zsa Zsa	[ˈʒɑː ˈʒɑː / 자자]	백합, Susan(백합)의 헝가리식 이름	히브리어	
Zulima	[zuːlʌmʌ / 줄러머]	평화, 평온, Salome(고요한) 혹은 Solomon(평화)의 변형	히브리어	
Zurina	[zuːrʌnʌ / 쥬러너]	흰색의, 순백의, 순결의	스페인어	

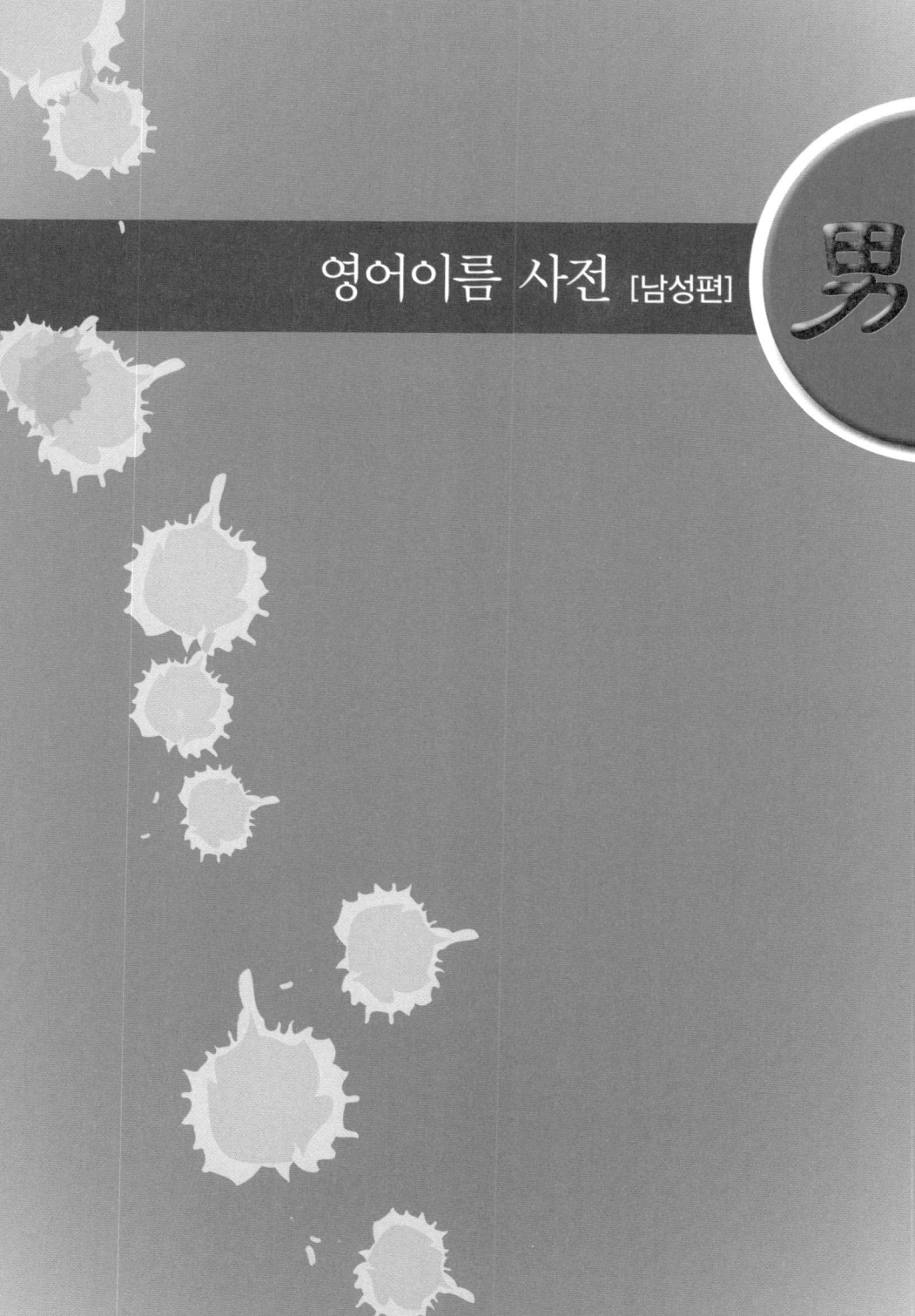

영어이름 사전 [남성편]

男

Man

NAME	발음	의미	어원	비고
Abbott	[ˈæbət / 애버트]	수도원의 아버지, 수녀원의 아버지	영어	
Abe	[ˈeib / 에이브]	대중의 아버지, Abraham의 애칭	히브리어	
Abel	[ˈeibəl / 에이벌]	아들 혹은 호흡, 성경 속 아담의 둘째 아들	히브리어	
Abir	[æbir / 애비리]	강한, 튼튼한, 힘센, 확고한	히브리어	
Abiram	[æbʌrʌm / 애버럼]	최고의 아버지, 키가 큰 아버지, 높은 곳의 아버지	히브리어	
Abisha	[æbiʃʌ / 애비셔]	주님은 나의 아버지이시다.	히브리어	
Able	[ˈeibəl / 에이벌]	호흡의 날숨, 성경에서 아담의 둘째 아들	히브리어	Last name
Abner	[ˈæbnər / 애브너]	빛의 아버지, 성경 속 사울왕 군대의 사령관	히브리어	
Abraham	[ˈeibrəhæm / 에이브러햄]	고귀한 아버지, 구약에서 하나님이 Abram을 히브리 민족의 아버지로 임명할 때 그의 이름을 Abraham으로 바꾸셨다. Ham은 뜨겁다는 뜻이다.	히브리어	
Abran	[æbrʌn / 애브런]	Abram의 변형, 고귀한 아버지	스페인어	
Acair	[ækeir / 애케일]	닻, 정신적 지주, 기반, 중심	스코틀랜드어	
Ace	[ˈeis / 에이스]	우수한, 뛰어난, 탁월한, 고귀한, 숭고한, 귀족의, 웅장한	영어	Last name
Acel	[ækʌl / 애컬]	귀족을 지지하는 사람, 귀족 제도의 지지자, 귀족 신봉자	프랑스어	
Ackerley	[ˈækərli / 애컬리]	초원에서 사는 사람, 들판의 원주민	영어	
Adal	[ædʌl / 애덜]	고귀한, 숭고한, 귀족의, 웅장한	독일어	
Adalson	[ʌdælsʌn / 어댈선]	모두의 아들, 누구나의 아들, 누구에게나 귀한 아들	영어	
Adalwin	[ʌdælwin / 어댈윈]	고귀한 친구, 숭고한 친구	독일어	
Adam	[ˈædəm / 애덤]	붉은 땅의, 붉은 땅에서 온	영어	
Adamson	[ˈædəmsən / 애덤선]	아담의 아들, 남자, 인간	영어	
Adan	[ˈeidən / 에이던]	붉은 땅에서 온, Adam(붉은 땅의)의 변형	스페인어	
Addis	[ˈɑːdis / 아디스]	아담의 아들, 남자, 인간	영어	

A Man

NAME	발음	의미	어원	비고
Addison	[ˈædəsən / 애더선]	아담의 아들, 남자, 인간	영어	
Addney	[ædniː / 애드니]	귀족의 섬에 사는, 보통 사람들과 차별되는	영어	
Addy	[ˈædi / 애디]	열정적인, 열렬한, 너무나 갈망하는	영어	
Adel	[əˈdel / 어델]	고귀한, 숭고한, 귀족의, 웅장한	독일어	
Adin	[əˈdin / 어딘]	하늘로부터 받은 기쁨, 성경 속 인물(바빌론에서 이스라엘로 돌아옴)	히브리어	
Adir	[ædir / 애디르]	고귀한, 숭고한, 귀족의, 웅장한	히브리어	
Adiv	[ædiv / 애디브]	섬세한, 우아한, 정교한, 세심한, 은은한	히브리어	
Adlai	[adˈlɑːi / 아들라이]	증인, 증거자, 간증하는 사람	히브리어	
Adney	[ˈædni / 애드니]	귀족의 섬에 사는, 보통 사람들과 차별되는	영어	
Adon	[aˈdɔn / 아돈]	주님, 주 하나님, 만군의 주	히브리어	
Adrian	[ˈeidriən / 에이드리언]	아드리아 바다(발칸반도 서부에 있는 바다)에서 온, 아드리아 바다에서 유래한, 어두운, 짙은	영어	중성
Adron	[ædrʌn / 애드런]	아드리아 바다(발칸반도 서부에 있는 바다)에서 온, 아드리아 바다에서 유래한, 어두운, 짙은	영어	
Ager	[ˈeidʒər / 에이져]	(천을 모아 만든 작은) 주름, 작은 주름	히브리어	
Agustin	[əˈgɔstən / 어고스턴]	장엄한 위엄, 웅장함, 위풍당당한 품위	스페인어	
Ahern	[əˈhəːrn / 어헌]	말(馬)의 제왕, 말들의 주인	아일랜드어	
Ahmad	[ˈɑːmad / 아마드]	가장 높이 찬양받는, 최고로 추앙받는	아랍어	
Ahren	[ˈɑːrən / 아런]	독수리, 하늘의 제왕	독일어	
Aidan	[aˈiːdan / 아이단]	불타는 듯한, 불같은, 맹렬한, 입안이 타는 듯한	아일랜드어	
Aidrian	[eidriʌn / 에이드리언]	아드리아 바다(발칸반도 서부에 있는 바다)에서 온, 아드리아 바다에서 유래한, 어두운, 짙은	아일랜드어	
Aikin	[ˈeikən / 에이컨]	오크(떡갈나무)로 만든, 오크가 재료인	영어	
Ail	[ˈeil / 에일]	돌이 많은 장소에서 나온, 생존력이 강한	스코틀랜드어	중성
Aitan	[eitʌn / 에이턴]	강한, 튼튼한, 의지가 굳은	히브리어	
Akeem	[ækiːm / 애킴]	신이 세우실 것이다	히브리어	

Man A

NAME	발음	의미	어원	비고
Akiba	[əˈkiːbə / 어키버]	대신하다, 대체하다, 새로운 것으로 채우다	히브리어	
Al	[ˈæl / 앨]	Al로 시작하는 이름의 약어	영어	
Alain	[əˈlein / 얼레인]	잘생긴, 호감을 주는	프랑스어	
Alan	[ˈælən / 앨런]	잘생긴, 호감을 주는	영어	
Alanzo	[ʌlænzou / 얼랜조우]	준비된, Alfonso(준비된)의 변형	스페인어	
Alastair	[ˈæləstər / 앨러스터]	남자의 수호자, 인류의 수호자	스코틀랜드어	
Albert	[ˈælbərt / 앨버트]	고귀한, 고상한, 품위 있는, 밝은, 환한, 희망적인	영어	
Alberto	[ælˈbəːrtou / 앨버토우]	고귀한, 고상한, 품위 있는, 밝은, 환한, 희망적인	스페인어	
Aldo	[ˈɑːldou / 알도우]	노련한, 경험이 많은, 현명한	독일어	
Alec	[ˈælik / 앨리크]	인류의 수호자, Alexander(인류의 수호자)의 변형	스코틀랜드어	
Alejandro	[aleˈjɑːndrou / 알레잔드로우]	인류를 보호하다, Alexander(인류의 보호자)의 스페인어 형태	스페인어	
Alexander	[æləgˈzændər / 앨럭잰더]	인류의 수호자, 자연과 악신들로부터 인류를 보호하는 자	그리스어	
Alfonso	[ælˈfɑːnsou / 앨판소우]	준비된, 즉시 이용할 수 있는, 재치 있는	독일어	
Alfred	[ˈælfrəd / 앨프러드]	슬기로운, 현명한	영어	
Alfredo	[ælˈfreidou / 앨프레이도우]	슬기로운, 현명한	영어	
Ali	[ˈɑːli / 알리]	가장 위대한, 최고로 훌륭한, 가장 존경받는	아랍어	
Alison	[ˈælɪsən / 앨러선]	모두의 아들, 누구나의 아들, 누구에게나 귀한 아들	영어	중성
All	[ɔːl / 올]	잘생긴, 호감을 주는	영어	
Allard	[ˈælərd / 앨러드]	용감한, 두려움 없는, 두려움을 극복하는	영어	
Allen	[ˈælən / 앨런]	잘생긴, 호감을 주는	아일랜드 게일어	
Almo	[ˈɑːlmou / 알모우]	귀족적인, 고상한, 유명한	영어	

영어이름 사전 [남성편]

NAME	발음	의미	어원	비고
Aloin	[ælɔin / 앨로인]	고귀한 친구, 숭고한 친구	프랑스어	
Alois	[alɔis / 알로이스]	유명한 전사, 유능한 용사, 유능한 군인	독일어	
Alon	[əˈlɑːn / 얼란]	오크나무, 떡갈나무, 참나무	히브리어	
Alonso	[əˈlɑːnsou / 얼란소우]	전투에 대한 열망, 당장이라도 싸울 수 있는, Alphonse(당당하고 열정적인)의 변형	스페인어	
Alphonse	[ælˈfɑːnz / 앨판즈]	당당하고 열정적인, 두려움 없이 열렬한	고대 독일어	
Alpin	[əlˈpin / 얼핀]	금발의, 머리카락 색깔이 노란	스코틀랜드어	
Alson	[ælsʌn / 앨선]	모두의 아들, 누구나의 아들, 누구에게나 귀한 아들	영어	
Altman	[ˈɔltmən / 올트먼]	현인, 지혜로운 자, 지혜로 도움을 줄 수 있는 사람	독일어	
Alton	[ˈɔltən / 올턴]	오래 된 마을에서 온, Elton(오래된 마을에서 온)과 유사	영어	
Alvin	[ˈælvin / 앨빈]	현명한 친구, 지혜로운 친구, 도움을 주는 친구	영어	
Alvino	[alˈviːnou / 알비노우]	흰색, 깨끗한, 순순한, 공정한, 투명한	스페인어	
Alvis	[ˈɑːlvis / 알비스]	모든 것을 아는, 전지의	영어	
Amaud	[æmʌd / 애머드]	독수리의 통치자, 독수리 같은 지배자, 하늘의 지배자	프랑스어	
Ambros	[æmbrʌs / 앰브러스]	신성한, 성스러운, 아주 멋진	아일랜드어	
Amd	[æmd / 앰드]	독수리의 힘, 자유롭고 강한 힘	독일어	
Ame	[ˈeim / 에임]	독수리, 하늘의 제왕	독일어	
Ami	[ˈɑːmi / 아미]	독수리, 하늘의 제왕	독일어	중성
Amir	[əˈmir / 어미르]	선언하다, 선포하다, 분명히 보여주다	히브리어	
Amo	[ˈɑːmou / 아모우]	작은 독수리, 작지만 강한 독수리, 하늘의 왕이 될 독수리	프랑스어	
Amos	[ˈeiməs / 에이머스]	용감한, 두려움 없는, 두려움을 극복하는	히브리어	
Ancil	[ænsil / 앤실]	귀족을 지지하는 사람, 귀족 제도 옹호자	프랑스어	
Anderson	[ˈændərsən / 앤더선]	Andrew(남자다운, 용감한)의 아들	스코틀랜드어	

Man A 남성편

NAME	발음	의미	어원	비고
Andre	[ˈɑːndre / 안드레]	남자다운, 용감한	프랑스어	
Andrew	[ˈændruː / 앤드루]	남자다운, 용감한, 성경 속의 열두 사도 중 첫째 사도	영어	
Andy	[ˈændi / 앤디]	남자다운, 용감한, Andrew(남자다운, 용감한)의 변형	프랑스어	
Angel	[ˈeindʒəl / 에인절]	천사, 천사같은 사람, 아즈 친절한 사람	스페인어	
Angelino	[ændʒəˈliːnou / 앤절리노우]	전달자, 성경에서 하나님의 뜻을 인간에게 전하는 자	스페인어	
Angelo	[ˈændʒəlou / 앤절로우]	전달자, 성경에서 하나님의 뜻을 인간에게 전하는 자	스페인어	
Angus	[ˈæŋɡəs / 앵거스]	활기, 힘, 활력, 에너지가 넘치는	아일랜드어	
Ansel	[ənˈsel / 언셀]	하나님의 보호, 하나님의 축복	영어	
Anthony	[ˈænθəni / 앤써니]	최고로 칭송받을 가치가 있는, 가장 훌륭한	영어	
Antoine	[anˈtwɑːn / 안트완]	최고로 칭송받을 가치가 있는, 가장 훌륭한	프랑스어	
Antonio	[ænˈtouniou / 앤토우니오우]	칭찬 그 이상의, 더 이상 잘 할 수 없이 훌륭한, Anthony(최고로 칭송받을 가치가 있는)의 스페인어 형태	스페인어	
Antony	[æntəni / 앤터니]	Anthony(가장 훌륭한)의 변형, 최고로 칭송받을 만한	이탈리아어	
Aram	[ærʌm / 애럼]	열국(세상 모두)의 아버지, 인류의 아버지	히브리어	
Aramis	[ˈerəmis / 에러미스]	야망 있고 종교적 영성으로 가득찬 검객, 뒤마의 소설 삼총사에 나옴	프랑스어	
Archard	[arˈʃɑːrd / 알샤드]	강력한, 유력한, 영향력 있는	프랑스어	
Archer	[ˈɑːrtʃər / 아아쳐]	궁수(활쏘는 사람), 주로 영어의 성으로 많이 쓰임	영어	Last name
Archibald	[ˈɑːrtʃəbɔld / 아아쳐볼드]	가치 있는, 대담한	영어	
Archie	[ˈɑːrtʃi / 아아취]	가치 있는, 대담한	영어	
Ardel	[ɑrdʌl / 아덜]	토끼굴짜기에서 온, 토끼가 많은 지역에서 온	영어	중성
Aric	[ˈærik / 애리크]	신성한 통치자, 신의 은혜를 입은 지도자	영어	
Arion	[eriʌn / 에리언]	선율적인, 음악적인, 음악적으로 아름다운	히브리어	

NAME	발음	의미	어원	비고
Arlan	[ɑrlʌn / 알런]	서약, 약속, 굳건한 맹세	히브리어	
Arlando	[ɑrlændou / 알랜도우]	서약, 약속, 굳건한 맹세	히브리어	
Arlen	[ˈɑːrlən / 알런]	서약, 약속, 굳건한 맹세	아일랜드어	
Arlo	[ɑrlou / 알로우]	요새화된 언덕, 안전한 곳	영어	
Armand	[ˈɑːrmənd / 아먼드]	Herman(군인)의 프랑스어 형태	프랑스어	
Armando	[arˈmɑːndou / 아만도우]	육군, Herman(군인)의 변형	독일어	
Armen	[ˈɑːrmən / 아어먼]	높은 곳, 굽어 보는 곳, 올라가기 어려운 곳	히브리어	
Armstrong	[ˈɑːrmstrɔːŋ / 암스트롱]	강력하게 무장된, 누구와 싸워도 이길 수 있는	영어	
Arne	[ˈɑːrn / 아안]	독수리, 하늘의 제왕	고대 독일어	
Arnett	[arˈnet / 아네트]	작은 독수리, 작지만 강한 독수리, 하늘의 왕이 될 독수리	영어	
Arnie	[ˈɑːrni / 아니]	독수리, 하늘의 제왕	고대 독일어	
Arnold	[ˈɑːrnəld / 아널드]	독수리의 규칙, 신성한 기준	영어	
Aron	[ˈerən / 에런]	높은 산, 우러러 보는 곳, 함부로 올라갈 수 없는 곳	히브리어	
Art	[ˈɑːrt / 아트]	귀족, 용기, Arthur(고귀한, 용감한)의 약어	영어	
Arthur	[ˈɑːrθər / 아아써]	고귀한, 용감한, 전설적인 6 세기 영국의 왕	영어	
Artie	[ˈɑːrti / 아아티]	고귀한, 용감한, Arthur(고귀한, 용감한)의 약어	영어	
Arturo	[arˈturou / 아투로우]	고귀한, 고상한, 우아한, 용감한	스페인어	
Asa	[ˈɑːsə / 아서]	치료자, 치유의 능력이 있는 사람	히브리어	
Ashley	[ˈæʃli / 애쉴리]	물푸레나무 과수원에 사는, 물푸레 과수원 출신의	영어	Last name 중성
Ashton	[ˈæʃtən / 애쉬턴]	물푸레나무 농장에서 온, 물푸레 농장 출신의	영어	중성
Atmore	[ʌtmɔr / 어트모어]	황야에서 온, 거친 곳에서 온	영어	
Attewater	[ætuːʌtəːr / 애투어터]	물가에서 온, 물가 출신의	영어	

Man **A**

NAME	발음	의미	어원	비고
Attewell	[ætuːel / 애투엘]	봄의 생명들, 생동감 넘치는 생명들	영어	
Attewode	[ætuːʌd / 애투어드]	숲에 사는, 숲에서 온	영어	
Atteworthe	[ætuːʌrθ / 애투어쓰]	농장에 사는, 농장에서 온	영어	
Aubin	[ˈɔbin / 오빈]	공정한, 깨끗한, 우아한	프랑스어	
Aubrey	[ˈɔbri / 오브리]	꼬마 요정의 지혜와 규칙, 재치 있는 기준	영어	중성
Audel	[ɔdʌl / 오덜]	오랜 친구, 믿음직한 친구, 편한 친구	영어	
Audley	[ˈɔːdliː / 오들리]	오랜 친구, 믿음직한 친구, 편한 친구	영어	중성
Augustine	[aˈgəstiːn / 아거스틴]	위대한, 엄청난, 대단한	라틴어	
Austin	[ˈɔstən / 오스턴]	Augustine(위대한)의 변형	영어	
Averill	[aveˈriːl / 아베릴]	멧돼지, 야생돼지, 힘이 센, 난폭한	영어	
Avery	[ˈeivəri / 에이버리]	요정의 왕, 오래된 여울	영어	
Avi	[ˈɑːvi / 아비]	아버지, 시조	히브리어	
Avidan	[ævʌdʌn / 애버던]	하나님은 나의 아버지, 하나님만이 나의 아버지	히브리어	
Aviva	[ævʌvʌ / 애버버]	강력함, 용기	히브리어	
Axel	[ˈæksəl / 액설]	평화의 아버지, 평화의 시조	히브리어	
Axton	[ˈækstən / 액스턴]	검객의 돌, 검술사의 바위	영어	

Man **B**

NAME	발음	의미	어원	비고
Bac	[bæk / 배크]	은행(Bank), 저장고	스코틀랜드어	
Bailey	[ˈbeili / 베일리]	청지기, 집사, 공무원	영어	Last name 중성
Baker	[ˈbeikər / 베이커]	빵 굽는 사람, 제빵사	영어	

영어이름 사전 [남성편] **163**

NAME	발음	의미	어원	비고
Balder	[ˈbɔldər / 볼더]	용감한 군대, 대담한 군대	영어	
Baldrik	[bɔldrik / 볼드리크]	용감한, 대담한	독일어	
Baldwin	[ˈbɔldwən / 볼드윈]	용감한 친구, 담대한 친구	독일어	
Banan	[bænʌn / 배넌]	흰색의, 순백의, 순결한	아일랜드어	
Barak	[ˈbɑːrək / 바러크]	번개, 번개의 불빛, 축복받은, 성경 속의 인물	히브리어	
Barclay	[ˈbɑːrkle / 바아클레]	자작나무 초원, 자작나무가 많은 들판	영어	
Barnabas	[ˈbɑːrnəbəs / 바아너버스]	편안함의 아들, 성경 속 바울의 선교 동반자	히브리어	
Barnaby	[ˈbɑːrnəbi / 바아너비]	편안함의 아들, 위로와 안락의 자식	영어	
Barney	[ˈbɑːrni / 바아니]	편안함의 아들, 위로와 안락의 자식	영어	
Barrett	[ˈbærit / 배리트]	곰처럼 힘이 센, 곰과 같이 굳센	독일어	
Barron	[ˈbærən / 배런]	전사, 군인, Baron(귀족)의 변형	영어	
Barry	[ˈbæri / 배리]	금발의, 옅은 머리색깔의	영어	
Bartholomew	[barˈθɑːləmjuː / 바아쌀러뮤]	쟁기질 하는 사람, 농부의 아들, 북두칠성(쟁기 모양의 별자리)	영어	
Bartley	[ˈbɑːrtli / 바아틀리]	자작나무 초원, 자작나무 들판	영어	
Barton	[ˈbɑːrtən / 바아턴]	보리 농장에서 온, 보리 농장 출신의	영어	
Basil	[ˈbæzəl / 배절]	왕의, 왕 같은, 왕처럼	영어	
Bay	[ˈbei / 베이]	Bayard(적갈색 머리의)의 변형, 갈색 머리의	영어	
Bayard	[béiərd / 베이어드]	적갈색 머리의, 머리카락 색깔이 적갈색인	프랑스어	
Bayley	[ˈbeili / 베일리]	청지기, 집사, 공무원	영어	
Beacher	[ˈbiːtʃər / 비이쳐]	너도밤나무 근처에서 사는, 너무밤나무를 먹고 사는	영어	
Bean	[ˈbiːn / 빈]	아름다운 피부의, 깨끗한 피부를 가진	스코틀랜드어	
Beau	[ˈbou / 보우]	잘생긴, 호감가는, 멋진	프랑스어	

NAME	발음	의미	어원	비고
Beck	[ˈbek / 베크]	시내, 개천, 여울	영어	
Beckham	[ˈbekhæm / 벡햄]	시냇가 농가에서 온, 여울 농가 출신의	영어	
Bell	[ˈbel / 벨]	잘생긴, 호감을 주는, 멋진	프랑스어	
Ben	[ˈben / 벤]	Benjamin(오른손의 아들)과 Benedict(축복받은)의 약어	영어	
Benji	[bendʒiː / 벤지]	Benjamin(오른손의 아들)과 Benedict(축복받은)의 약어	영어	
Bennett	[ˈbenət / 베너트]	Benedict(축복받은)의 변형	영어	
Bennie	[ˈbeni / 베니]	Benjamin(오른손의 아들)과 Benedict(축복받은)의 약어	영어	
Benson	[ˈbensən / 벤선]	Benedict(축복받은)의 변형	영어	
Bentley	[ˈbentli / 벤틀리]	잔디 초원에서 온, 잔디 초원 출신의	영어	
Beric	[berik / 베리크]	곡물 농장, 곡식 농장	영어	
Berkley	[ˈbəːrkli / 버어클리]	자작나무 초원, 자작 나무가 많은 들판	영어	
Bernard	[bərˈnɑːrd / 버어나아드]	곰처럼 강한, 곰처럼 힘이 센	영어	
Bernie	[ˈbəːrni / 버어니]	용맹스러운 곰, 힘센 곰	고대 독일어	
Bernon	[bʌrnʌn / 버어넌]	곰처럼 용감한, 곰처럼 생명력이 강한	독일어	
Bert	[ˈbəːrt / 버어트]	영광스러운, 저명한	영어	
Bertrand	[ˈbəːrtrənd / 버어트런드]	머리가 좋은, 영광의 까마귀	프랑스어	
Beverley	[ˈbevərli / 베벌리]	비버들의 초원에서 온, 비버 들판 출신의	영어	중성
Bill	[ˈbil / 빌]	William(단호한 보호)의 별명, 흔히 독립이란 뜻의 이름으로 사용함	영어	
Bing	[ˈbiŋ / 빙]	텅 빈 주전자 모양의, 채울 수 있는 공간 있는 주전자 모양의	독일어	
Birch	[ˈbəːrtʃ / 버어취]	밝은, 빛나는, 자작나무	영어	
Bird	[ˈbəːrd / 버어드]	새, 하늘을 나는 자유로운	영어	
Birk	[ˈbəːrk / 버어크]	자작나무, 자작나무 재목	영어	

NAME	발음	의미	어원	비고
Birkett	[ˈbəːrkət / 버어커트]	자작나무 곶에서 사는, 자작나무 만 출신의	영어	
Biron	[ˈbairən / 바이런]	세익스피어 소설(Loves Labours Lost)에 나오는 배우 이름	영어	Last name
Bishop	[ˈbiʃəp / 비셔프]	감독관, 관리자	영어	
Bittan	[bitʌn / 비턴]	욕망, 욕구	독일어	
Bjorn	[ˈbjɔːrn / 비온]	곰, 곰의	고대 독일어	
Black	[ˈblæk / 블래크]	어두운, 짙은	영어	
Blade	[ˈbleid / 블레이드]	부유한 영광, 유복한 영예	영어	
Blair	[ˈbler / 블레르]	들판에서 온, 들판 출신의	아일랜드어	중성
Blake	[ˈbleik / 블레이크]	검은색 또는 흰색의, 밝은 또는 어두운	영어	
Blakemore	[ˈbleikmɔːr / 블레이크모오]	어두운 황야에서 온, 어두운 황야 출신의	영어	
Blanco	[ˈblæŋkou / 블랭코우]	금발의, 머리카락 색깔이 노란	스페인어	
Blanford	[ˈblænfərd / 블랜퍼드]	회색 머리, 머리카락 색깔이 진하지 않은	영어	
Blian	[blaiʌn / 블라이언]	얇은, 가는	아일랜드어	
Bo	[ˈbou / 보우]	잘생긴, 호감을 주는, 멋진	고대 프랑스어	
Bob	[ˈbɑːb / 바브]	Robert(유명한, 밝게 빛나는)의 약어	영어	
Bobby	[ˈbɑːbi / 바비]	Robert(유명한, 밝게 빛나는)의 약어	영어	
Bocley	[bɑkliː / 바클리]	사슴들의 초원에서 사는, 사슴 초원 출신의	영어	
Bogart	[ˈbogɑːrt / 보가트]	활시위, 활이 활답게 하는 것	독일어	
Boone	[ˈbuːn / 분]	좋은, 축복	영어	
Borden	[ˈbɔːrdən / 보오던]	멧돼지 계곡에서 온, 멧돼지 계곡 출신의	영어	
Boris	[ˈbɔris / 보리스]	전사, 용사, 군인	슬라브어	
Boyd	[bɔid / 보이드]	금발의, 옅은 머리색깔의	스코틀랜드어	
Brad	[ˈbræd / 브래드]	넓은 계곡에서 온, 넓은 계곡 출신의	영어	

Man B

NAME	발음	의미	어원	비고
Bradford	[ˈbrædfərd / 브래드퍼드]	넓은 여울에서 온, 넓은 여울 출신의	영어	
Bradley	[ˈbrædli / 브래들리]	숲 속의 넓은 공터, 숲 속의 넓은 공간	영어	
Bradly	[brædliː / 브래들리]	넓은 초원에서 온, 넓은 초원 출신의	영어	
Brady	[ˈbreidi / 브레이디]	넓은 섬에서 온, 큰 섬 출신의	영어	
Bram	[ˈbræm / 브램]	가시나무, Abraham(고귀한 아버지)과 Abram(고귀한 아버지)의 약어	영어	
Brand	[ˈbrænd / 브랜드]	자랑스런, 자부심 있는	영어	
Brandan	[brændʌn / 브랜단]	언덕 위의 등대, 덤불 언덕 위의 등대	영어	
Brandon	[ˈbrændən / 브랜던]	등대 언덕에서 온, 등대 있는 언덕 출신의	영어	
Brant	[ˈbrænt / 브랜트]	자랑스런, Brand(자랑스런)의 변형	영어	
Brawley	[ˈbrɔli / 브롤리]	경사진 초원에서 온, 경사진 초원 출신의	영어	
Brendan	[ˈbrendən / 브렌던]	왕자, 군주의 아들, 귀공자	아일랜드어	
Brent	[ˈbrent / 브렌트]	가파른 언덕에서 온, 가파른 언덕 출신의	영어	
Brett	[ˈbret / 브레트]	영국인, 토종 영국인	영어	
Brian	[ˈbraiən / 브라이언]	권력, 미덕	아일랜드 게일어	
Brice	[ˈbrais / 브라이스]	작은 반점들이 있는, 얼룩덜룩한	영어	
Brick	[ˈbrik / 브리크]	다리, 교량	영어	
Brighton	[ˈbraitən / 브라이턴]	지붕 있는 다리, 비 맞지 않는 교량	영어	
Brock	[ˈbrɑːk / 브라크]	오소리, Brook(개울 옆에 사는)의 변형	영어	
Broderic	[brɑdʌrik / 브라더리크]	형제, 친한 사람	스코틀랜드어	
Brody	[ˈbrodi / 브로디]	진흙밭에서 온, 진흙밭 출신의	아일랜드어	Last name
Brok	[ˈbrɑːk / 브라크]	오소리, 계속 묻는 사람	영어	
Bronson	[ˈbrɑːnsən / 브란선]	Brown(어두운 피부색)의 아들	영어	
Brook	[ˈbruk / 브루크]	개울 옆에 사는, 개울가 출신의	영어	

영어이름 사전 [남성편] 167

B Man

NAME	발음	의미	어원	비고
Brown	[ˈbraun / 브라운]	어두운 피부색의, 짙은 피부색을 가진	영어	
Bruce	[ˈbruːs / 브루스]	중세 영국의 대도시인 Bruis에서 온, Bruis 출신의	영어	Last name
Bruno	[ˈbruːnou / 브루노우]	갈색, 갈색 피부의, 갈색 머리의	독일어	
Bryan	[ˈbraiən / 브라이언]	Brian(권력, 미덕)의 변형	영어	
Bryant	[ˈbraiənt / 브라이언트]	Brian(권력, 미덕)의 변형	영어	
Bryce	[ˈbrais / 브라이스]	얼룩무늬의, 얼룩덜룩 모양으로 특징적인	스코틀랜드어	Last name
Buck	[bʌk / 버크]	사슴, 사슴처럼 순하고 고마운	영어	
Bud	[ˈbəd / 버드]	형제, 친한 사람	영어	
Buddy	[ˈbʌdi / 버디]	친구, 친구 같은	영어	
Burch	[ˈbəːrtʃ / 버어취]	자작나무, 자작나무 재목	영어	
Burel	[ˈberəl / 베럴]	붉은 갈색 머리의, 머리카락 색이 붉은 빛 도는 갈색인	프랑스어	
Burke	[ˈbəːrk / 버어크]	요새화된 언덕, 안전한 곳	영어	
Burl	[ˈbəːrl / 버얼]	(궁중에서) 술 따르는 사람, 술 시중드는 신하	영어	
Burn	[ˈbəːrn / 버언]	시내(개울)에서 온, 개울가 출신의	영어	
Burt	[ˈbəːrt / 버어트]	영광스러운, 영예스러운	영어	
Burton	[ˈbəːrtən / 버어턴]	요새화된 마을에서 온, 안전한 곳 출시의	영어	
Byron	[ˈbairən / 바이런]	곰, 곰처럼 강한	영어	

C Man

NAME	발음	의미	어원	비고
Cable	[ˈkeibəl / 케이벌]	밧줄 만드는 사람, 밧줄 제작자	영어	Last name
Cacey	[kæsiː / 캐시]	활발한, 생동감 넘치는	아일랜드어	

Man

NAME	발음	의미	어원	비고
Caden	[kædʌn / 캐던]	전투의 정신, 투쟁의 정신	웨일즈어	Last name
Caesar	[ˈsiːzər / 시이저]	긴 머리의, 머리카락이 긴	스페인어	
Cailean	[ˈkeiliən / 케일리언]	전투에서 승리하는, 전쟁에서의 승리, 강아지	스코틀랜드어	
Caith	[keiθ / 케이쓰]	전장에서 온, 전쟁터 출신의	아일랜드어	
Cal	[ˈkæl / 캘]	굵은, 대담한, Cal로 시작하는 이름의 약어	영어	
Calan	[ˈkeilən / 케일런]	강아지, Cailean(강아지)의 현대적 변형	스코틀랜드어	
Calbert	[ˈkælbərt / 캘버어트]	소 치는, 카우보이	영어	
Caleb	[ˈkeiləb / 케이러브]	대담한, 대범한	히브리어	
Caley	[ˈkeili / 케일리]	날씬한, 날렵한	아일랜드어	
Calhoun	[kælˈhuːn / 캘훈]	좁은 숲에서 온, 좁은 숲 출신의	아일랜드어	Last name
Calix	[ˈkæliks / 캘릭스]	아주 잘 생긴, 너무 호감가는	그리스어	
Calvin	[ˈkælvən / 캘번]	대머리의, 머리카락이 없는	라틴어	
Calvino	[kɔlˈviːnou / 콜비노우]	대머리의, 머리카락이 없는	스페인어	
Cameron	[ˈkæmərən / 캐머런]	휘어진 코, 매부리 코	스코틀랜드어	
Carl	[ˈkɑːrl / 카알]	남자, 남성	영어	
Carleton	[ˈkɑːrltən / 카알턴]	Carlton(자유로운 남자 마을)의 변형	영어	
Carlo	[ˈkɑːrlou / 카알로우]	강한, 힘센, 강력한	프랑스어	
Carlos	[ˈkɑːrlos / 카알로스]	강한, 힘센, 강력한	프랑스어	
Carlton	[ˈkɑːrltən / 카알턴]	자유로운 남자들의 마을, 자유로운 사람들의 마을	영어	
Carmelo	[karˈmelou / 카멜로우]	결실의 과수원, 팔레스타인의 Carmel 산	히브리어	
Carmine	[ˈkɑːrmən / 카알먼]	포도 나무를 키우는 사람, 포도 나무 재배자	히브리어	
Carr	[kaˈr / 카아르]	창, 작살, 창병	아일랜드어	
Carrington	[ˈkeriŋtən / 케링턴]	지명 이름	영어	Last name

 Man

NAME	발음	의미	어원	비고
Carroll	[ˈkærəl / 캐럴]	남자다운, 용감한	아일랜드어	
Carson	[ˈkɑːrsən / 카아선]	Carr(창)의 아들	영어	
Carter	[ˈkɑːrtər / 카아터]	수레를 몰다, 마차를 몰다	영어	
Carver	[ˈkɑːrvər / 카아버]	나무판에 새기다, 조각을 새기다	영어	
Cary	[ˈkeri / 케리]	짙은색 피부를 가진 사람의, 검은색 피부의	아일랜드어	
Casey	[ˈkeisi / 케이시]	경고하는, 활발한	아일랜드어	
Casimiro	[kasiˈmirou / 카시미로우]	평화로운, 평화를 사랑하는	스페인어	
Casper	[ˈkæspər / 캐스퍼]	부자, 부유한 사람	영어	
Cassian	[kæsiːʌn / 캐시언]	곱슬 머리, 머리카락이 구불구불한	아일랜드어	
Cassius	[kæsiːʌs / 캐시어스]	자만심이 강한, 자만심이 넘치는	라틴어	
Cecil	[ˈsiːsəl / 시설]	눈이 먼, 장님의	라틴어	
Cedric	[ˈsedrik / 세드릭]	전투의 선봉장, 전쟁의 지도자	영어	
Chace	[ˈtʃeis / 체이스]	사냥꾼, 수렵인	영어	
Chad	[ˈtʃæd / 채드]	전쟁 중인, Chadwick(전사의 마을에서 온)의 약어	영어	Last name
Chadwick	[ˈtʃædwik / 채드위크]	전사의 마을에서 온, 전사 마을 출신의	영어	
Chan	[ˈtʃæn / 챈]	John(하나님께서 은혜와 호의를 베풀어 주시다)의 별명	스페인어	
Chance	[ˈtʃæns / 챈스]	총장, 우두머리	영어	
Chancellor	[ˈtʃænsələr / 챈설러]	총장, 우두머리	영어	
Chaney	[ˈtʃeini / 체이니]	오크(떡갈나무)의 마음(단단함)을 가진, 용감한	프랑스어	
Channon	[ˈtʃænən / 채넌]	젊은 늑대, 젊은 늑대처럼 강하고 멋진	영어	
Charles	[ˈtʃɑːrlz / 차알스]	남자, 남자다운	영어	
Charley	[ˈtʃɑːrli / 차알리]	남자, Carl(남자)의 변형	영어	
Charlie	[ˈtʃɑːrli / 차알리]	남자, Carl(남자)의 변형	영어	중성

NAME	발음	의미	어원	비고
Charlot	[ˈtʃɑːrlət / 찰러트]	Charlemagne(서로마 제국 황제)의 아들	프랑스어	
Charlton	[ˈtʃɑːrltən / 차알턴]	Charles(남자)의 농장에서 온, Charles(남자)의 농장 출신의	영어	
Charly	[ʧɑrliː / 차알리]	남자, Carl(남자)의 변형	영어	
Chase	[ˈtʃeis / 체이스]	사냥꾼, 수렵인	영어	
Chauncey	[ˈtʃɔnsi / 촌시]	총장, 재산, 도박	영어	
Chaz	[ˈtʃæz / 채즈]	남자, Carl(남자)의 변형	영어	
Chester	[ˈtʃestər / 체스터]	군대 야영장에서 사는, 군부대 출신의	영어	
Cheston	[ˈtʃestən / 체스턴]	야영장, 야영지	영어	
Chet	[ˈtʃet / 체트]	군인들의 야영장, 군부대 숙영지	영어	
Chick	[ˈtʃik / 취크]	남자, Carl(남자)의 변형	영어	
Chico	[ˈtʃiːkou / 취코우]	소년, Carl(남자)의 변형	스페인어	
Chilton	[ˈtʃiltən / 칠턴]	봄의 농장에서 온, 봄 능장 출신의, 생동감 있는	영어	
Chip	[ˈtʃip / 취프]	Ch로 시작하는 이름들의 애칭		
Chris	[ˈkris / 크리스]	Christopher(그리스도의 심부름꾼) & Christian(기독교)의 약어	영어	중성
Christian	[ˈkrisʧən / 크리스쳔]	예수그리스도의 신봉자 혹은 추종자	그리스어	
Christophe	[kriˈstrɔf / 크리스트로프]	마음속의(내면의, 영혼의) 그리스도와 함께	프랑스어	
Christopher	[ˈkristəfər / 크리스터퍼]	예수 그리스도의 심부름꾼, 예수 그리스도의 전달자	그리스어	
Christy	[ˈkristi / 크리스티]	기독교의, 기독교적인	스코틀랜드어	중성
Chuck	[ˈtʃək / 쳐크]	남자, Carl(남자)의 변형	영어	
Ciaran	[ˈkiɑːræn / 키아랜]	검은색 머리의, 머리색깔이 짙은	아일랜드어	
Cisco	[ˈsiskou / 시스코우]	Francisco(자유로운 남자)의 약칭	스페인어	
Claiborn	[ˈkleibərn / 클레이번]	진흙 개울에서 온, 진흙 개울 출신의	영어	
Clarence	[ˈklerəns / 클레런스]	빛나는, 유명한	라틴어	

Man

NAME	발음	의미	어원	비고
Clark	[ˈklɑːrk / 클라아크]	성직자, 비서	영어	
Claude	[ˈklɔd / 클로드]	절름발이, 다리를 저는	영어	
Clay	[ˈklei / 클레이]	운명, 운명적인	영어	
Clayborne	[ˈkleibərn / 클레이번]	진흙 개울에서 온, 진흙 개울 출신의	영어	
Clayton	[ˈkleitən / 클레이턴]	운명, Clay(진흙)에서 파생됨	영어	Last name
Cleavon	[kliːvʌn / 클리번]	절벽, 낭떠러지	영어	
Clem	[ˈklem / 클렘]	자비로운, 자애로운	라틴어	
Clement	[ˈklemənt / 클레먼트]	자비로운, 자애로운	라틴어	
Cleon	[kliːɑn / 클리안]	절벽에서 온, 절벽 출신의	영어	
Cletus	[kletʌs / 클레터스]	용기를 불러 일으키는, 힘을 북돋아 주는	그리스어	
Cliff	[ˈklif / 클리프]	절벽 근처 개울에 사는, 절벽 근처 개울의 삶	영어	
Clifford	[ˈklifərd / 클리퍼드]	절벽 근처 개울에 사는, 절벽 근처 개울의 삶	영어	
Cliffton	[kliftʌn / 클리프턴]	절벽 근처의 농장에서 온, 절벽 근처 농장 출신의	영어	
Clint	[ˈklint / 클린트]	곶 지역에서 온, 곶 지역 출신의	영어	
Clinton	[ˈklintən / 클린턴]	곶 지역에서 온, 언덕 마을	영어	
Clintwood	[klintwud / 클린트우드]	언덕, 높은 지대	영어	
Clive	[ˈklaiv / 클라이브]	절벽, 절벽에 사는	영어	
Clovis	[ˈklovis / 클로비스]	왕의 이름	프랑스어	
Clyde	[ˈklaid / 클라이드]	스코틀랜드의 강 이름, 두뇌라는 뜻	스코틀랜드어	
Coby	[ˈkobi / 코비]	Coburn(고대 스코틀랜드의 지역명)의 변형	영어	
Codell	[kɑdʌl / 카덜]	도움을 주는, 보탬이 되는	영어	
Cody	[ˈkodi / 코디]	완충작용을 하는, 도움을 주는	영어	중성
Cohen	[ˈkoən / 코언]	Coen 혹은 Koen의 변형, 용감한	독일어	
Colbert	[ˈkolbərt / 콜버어트]	선원, 뱃사람	영어	
Colbey	[koulbi: / 코울비]	어두운, 검은색 머리	프랑스어	

NAME	발음	의미	어원	비고
Colby	[ˈkolbi / 콜비]	검은 농장에서 온, 검은 농장 출신의	영어	중성
Cole	[ˈkol / 콜]	승리한 사람들, Nicholas(사람들의 승리)의 약어	영어	
Coleman	[ˈkolmən / 콜먼]	검은 피부의, 짙은색 피부의	영어	
Coley	[ˈkoli / 콜리]	Nicholas(사람들의 승리)의 변형	영어	
Colin	[ˈkolin / 콜린]	Nicholas(사람들의 승리)의 약어	영어	
Colis	[ˈkolis / 콜리스]	검은 피부를 가진 사람의 아들, 짙은색 피부를 가진 사람의 아들	영어	
Colson	[ˈkolsən / 콜선]	Nicholas(사람들의 승리)의 변형	영어	
Colt	[koult / 코울트]	어두운 마을에서 온, 어두운 마을 출신의	영어	
Colton	[ˈkoltən / 콜턴]	어두운 마을에서 온, 어두운 마을 출신의	영어	
Connor	[ˈkɑːnər / 카너]	의지가 강한, 강한 의지를 가진	아일랜드어	
Conrad	[ˈkɑːnræd / 칸래드]	정직한 조언자, 용감한, 현명한	독일어	
Conroy	[ˈkɔnrɔj / 콘로이]	현명한 또는 빨간색	아일랜드어	
Constantine	[ˈkɑːnstəntin / 칸스턴틴]	단호한, 불변의	라틴어	
Conway	[ˈkɑːnwe / 칸웨]	평원의 사냥개, 초원의 사냥개	아일랜드어	
Cooney	[ˈkuːni / 쿠니]	잘생긴, 호감을 주는, 멋진	아일랜드어	
Cooper	[ˈkuːpər / 쿠퍼]	술통 제조자, 술통 제작자	영어	
Corbin	[ˈkɔːrbin / 코빈]	까마귀 머리카락의, 검은 머리카락을 가진	영어	
Corey	[ˈkɔːri / 코리]	움푹 꺼진 언덕, 쑥 파인 언덕	영어	중성
Cornelius	[kɔːrˈniːljəs / 코닐리어스]	강한 의지, 지혜	아일랜드어	
Cornell	[kɔrˈnel / 코넬]	뿔 색깔의, 뿔 색깔 머리의	라틴어	
Cort	[ˈkɔːrt / 코트]	왕의 신하, 법원 직원	영어	
Cortez	[kɔrˈtez / 코테즈]	정중한, Curtis(예의 바른)의 변형, 스페인 탐험가 Cortez는 멕시코의 아즈텍 문명을 정복	스페인어	
Cosmo	[ˈkɔzmou / 코즈모우]	주문, 요청, 우주	그리스어	

Man

NAME	발음	의미	어원	비고
Courtney	[ˈkɔːrtni / 코트니]	왕의 신하, 법원 직원	영어	중성
Covey	[ˈkʌvi / 커비]	평원의 사냥개, 초원의 사냥개	아일랜드어	
Cowen	[ˈkauən / 카우언]	쌍둥이, 똑같이 생긴 것	아일랜드어	
Craig	[ˈkreig / 크레이그]	험준한 바위에 사는, 거친 바위에 사는	스코틀랜드어	
Crandall	[ˈkrændəl / 크랜덜]	두루미 계곡에서 온, 두루미 계곡 출신의	영어	
Creighton	[ˈkreitən / 크레이턴]	개울가 마을에 사는, 시냇가 동네에 사는	영어	
Cris	[ˈkris / 크리스]	Christopher(그리스도의 심부름꾼)와 Christian(기독교)의 변형	스페인어	
Crispin	[ˈkrispin / 크리스핀]	곱슬 머리의, 머리카락이 구불구불한	영어	
Cristofer	[kristʌfəːr / 크리스터퍼]	마음 속의(내면의, 영혼의) 그리스도와 함께	스페인어	
Culbert	[ˈkəlbərt / 컬버어트]	선원, 뱃사람	영어	
Cullen	[ˈkələn / 컬런]	잘생긴 소년, 멋진 청년	아일랜드어	Last name
Curt	[ˈkəːrt / 커트]	Curtis(정중한)의 약어	영어	
Curtis	[ˈkəːrtəs / 커터스]	예의 바른, 정중한	영어	
Cy	[ˈsai / 사이]	주인, 주님	영어	
Cynerik	[kjnerik / 키네릭]	왕의, 왕족의	영어	
Cyril	[ˈsirəl / 시럴]	주인, 주님	영어	
Cyrus	[ˈsairəs / 사이러스]	태양, 해	페르시아어	

D Man

NAME	발음	의미	어원	비고
Dace	[ˈdeis / 데이스]	귀족의, 고귀한, 우아한	영어	
Dag	[ˈdæg / 대그]	낮, 낮의	고대 노르웨이어	
Dakota	[dəˈkoutə / 더코우터]	친구, 친구 같은	다코타어	중성

NAME	발음	의미	어원	비고
Dalbert	[ˈdælbərt / 댈버어트]	자부심 있는, 자긍심 넘치는	영어	
Dale	[ˈdeil / 데일]	계곡에 사는, 계곡의 삶	영어	
Dallas	[ˈdæləs / 댈러스]	폭포에서 온, 폭포 출신의	스코틀랜드어	중성
Dalton	[ˈdɔltən / 돌턴]	(잉글랜드 북부)골짜기 농장에서 온, 골짜기 농장 출신의	영어	
Damon	[ˈdeimən / 데이먼]	변치 않는, 조련사	그리스어	
Dan	[ˈdæn / 댄]	하나님께서 심판하실 것이다	히브리어	
Dana	[ˈdeinə / 데이너]	Daniel(하나님의 나의 판결자) 또는 Dane(덴마크에서 온)의 변형	영어	중성
Dane	[ˈdein / 데인]	덴마크에서 온, 덴마크 출신의	영어	
Daniel	[ˈdænjəl / 대니얼]	하나님은 나의 판사이시다, 성경 속 인물, 하나님을 대신하는 재판관	히브리어	
Danny	[ˈdæni / 대니]	하나님께서 심판하실 것이다	히브리어	
Dante	[ˈdɑːnte / 단테]	인내, 신곡의 저자	스페인어	
Dar	[ˈdɑːr / 다아ㄹ]	진주, 주옥 같은 것	히브리어	
Darby	[ˈdɑːrbi / 다비]	질투하지 않고, 부러움 없는	영어	
Darcio	[dɑrʃiːou / 다시오우]	어두운, 검은색 머리의	프랑스어	
Daren	[ˈdærən / 대런]	위대한, 훌륭한, 장엄한	영어	
Darius	[dəˈraiəs / 더라이어스]	부유한, 돈 많은	그리스어	
Darneil	[dɑrnail / 다나일]	숨겨진, 비장의	영어	
Darrell	[ˈderəl / 데럴]	가슴 깊이 사랑한, 너무너무 사랑하는	영어	
Darren	[ˈdɑːrən / 다런]	위대한, 훌륭한, 장엄한	영어	
Darryl	[ˈderəl / 데럴]	Darrell(가슴 깊이 사랑한)의 변형	영어	
Dave	[ˈdeiv / 데이브]	가장 사랑받는, 총애받는	히브리어	
David	[ˈdeivəd / 데이버드]	가슴 깊이 사랑한, 너무너무 사랑하는	히브리어	

NAME	발음	의미	어원	비고
Davidson	[ˈdeivədsən / 데이버드선]	David(가슴 깊이 사랑한)의 변형	영어	Last name
Davis	[ˈdeivəs / 데이버스]	David(가슴 깊이 사랑한)의 아들	영어	
Dawson	[ˈdɔːsən / 도선]	David(가슴 깊이 사랑한)의 변형	영어	Last name
Deacon	[ˈdiːkən / 디컨]	한 개의 먼지, 하인	영어	
Dean	[ˈdiːn / 딘]	깊은 골짜기에서 온, 깊은 골짜기 출신의	영어	
DeAngelo	[di anzelou / 디 안젤로우]	천사, 천사 같은 사람, 아주 친절한 사람	이탈리아어	
Dedric	[dedrik / 데드리크]	유능한 통치자, 선택받은 통치자	독일어	
Deen	[ˈdiːn / 딘]	하나님께서 심판하실 것이다	히브리어	
Del	[ˈdel / 델]	'~의'라는 접두사, 또는 독립적인 이름과 Del-로 시작하는 이름들의 약어	프랑스어	Last name
Delano	[dəˈlɑːnou / 덜라노우]	오래된 과수원에서 온, 오래된 과수원 출신의	아일랜드어	
Delbert	[ˈdelbərt / 델버어트]	자부심 있는, 고귀한, 밝은	영어	
Dell	[deˈl / 델]	계곡, 협곡	영어	중성
Delmar	[ˈdelmər / 델머]	선원, 뱃사람	프랑스어	중성
Delrick	[delrik / 델리크]	왕의, 왕족의	프랑스어	
Demetrius	[diˈmiːtriəs / 디미트리어스]	땅을 사랑하는 사람, 땅을 좋아하는 사람	그리스어	
Dennis	[ˈdenis / 데니스]	Dionysius(그리스 신화의 술의 신)의 변형, 디오니시우스는 포도나무와 와인의 그리스 신(로마의 신 바커스에 해당)	영어	
Denny	[ˈdeni / 데니]	Dionysius(그리스 신화의 술의 신)의 변형	영어	
Denver	[ˈdenvər / 덴버어]	Danvers(Anvers(섬 이름)에서 온)의 변형	영어	Last name
Denzel	[ˈdenzəl / 덴절]	야생의, 거친	영어	
Dereck	[derʌk / 데러크]	천부적인 통치자, 유능한 통치자	영어	
Dermod	[dʌrmʌd / 더머드]	자유로운, 거칠 것 없는	아일랜드어	
Deron	[derʌn / 데런]	자유로운, 거칠 것 없는	히브리어	

NAME	발음	의미	어원	비고
Desmond	[ˈdezmənd / 데즈먼드]	Munster(아일랜드 남서부 주) 남쪽에서 온, 남 Munster 출신의	아일랜드어	
Destin	[ˈdestin / 데스틴]	운명, 숙명	프랑스어	
Devin	[ˈdevin / 데빈]	신성의, 완벽한	프랑스어	
Dewey	[ˈduːi / 두이]	David(가슴 깊이 사랑한)의 웨일즈식 표현	영어	Last name
Dewitt	[dəˈwit / 더위트]	금발의, 머리카락이 노란	플라망어 (네덜란드 방언)	
Dexter	[ˈdekstər / 덱스터]	솜씨가 좋은, 재주가 좋은	라틴어	
Dick	[ˈdik / 디크]	Rick(강력한 지도자)의 변형(음운의 변형)	영어	
Dickson	[ˈdiksən / 딕선]	Dick(강력한 통치자)의 변형	영어	
Diego	[diˈeigou / 디에이고]	새롭게 바꾸는 사람, 개혁자	스페인어	
Dilan	[dailʌn / 다일런]	사자 같은, 사자처럼 용맹한	아일랜드어	
Dillon	[ˈdilən / 딜런]	사자 같은, 사자처럼 용맹한	아일랜드어	Last name
Dino	[ˈdiːnou / 디노우]	깊은 골짜기에서 온, 도래톱에서 온	영어	
Dion	[ˈdaiən / 다이언]	Dionysius(술의 신)의 약어	영어	
Dirk	[ˈdəːrk / 더크]	Derek(선택받은 통치자)의 변형	독일어	
Dmitri	[dəˈmiːtri / 더미트리]	땅을 사랑하는 사람, Demetrius(땅을 사랑하는 사람)의 러시아식 이름	그리스어	
Dolan	[ˈdolən / 돌런]	어두운, 대담한	아일랜드어	Last name
Dolph	[ˈdolf / 돌프]	위엄 있는 늑대, 고귀한 영웅	고대 독일어	
Domingo	[doˈmiŋgou / 도밍고]	일요일에 태어난, 일요일 생의	스페인어	
Dominic	[ˈdaːmənik / 다머닉]	주님에 속한, 주님의 품 안에서	라틴어	
Donahue	[ˈdanəhju / 다너휴]	어두운, 짙은, 전투원, 전사, 성씨 이름	아일랜드 게일어	Last name
Donald	[ˈdaːnəld / 다널드]	위대한 최고위자, 훌륭한 지도자	스코틀랜드어	
Donny	[ˈdaːni / 다니]	Donn(지하세계의 왕)의 변형	영어	
Donovan	[ˈdaːnəvən / 다너번]	갈색 머리 족장, 갈색 머리 우두머리	아일랜드어	

 Man

NAME	발음	의미	어원	비고
Dorian	[ˈdɔːriən / 도리언]	Dorus의 후손(그리스 신화 속 인물, Doris 족의 조상)	영어	
Doug	[ˈdəg / 더그]	어두운 강, 짙은 색 강	스코틀랜드어	
Douglas	[ˈdʌgləs / 더글러스]	짙은 피부색의 이방인, 검은 피부의 이방인	아일랜드어	
Doyle	[dɔil / 도일]	짙은 피부색의 이방인, 검은 피부의 이방인	아일랜드어	
Drago	[ˈdrɑːgou / 드라고우]	용, 용과 같은	프랑스어	
Drake	[ˈdreik / 드레이크]	용, 용과 같은	영어	
Drew	[ˈdruː / 드루]	Andrew(남자다운)의 약어	영어	중성
Duane	[ˈdwein / 드웨인]	어두운, 짙은	아일랜드어	
Dudley	[ˈdʌdli / 더들리]	사람들의 초원에서 온, 사람 초원 출신의	영어	
Duke	[ˈduːk / 듀크]	리더, 지도자	영어	
Duncan	[ˈdʌŋkən / 덩컨]	갈색의 전사	스코틀랜드어	
Duran	[dəˈræn / 더랜]	견고한, 지속적인	영어	
Dustan	[dʌstʌn / 더스턴]	전사, 투사	영어	
Dustin	[ˈdəstin / 더스틴]	전사, 투사	영어	
Dusty	[ˈdʌsti / 더스티]	전사, 투사	영어	
Dwayne	[ˈdwein / 드웨인]	어두운, 짙은	아일랜드어	
Dwight	[ˈdwait / 드와이트]	금발의, 머리카락이 노란	영어	Last name
Dylan	[ˈdilən / 딜런]	바다, 넘치도록 풍부한 바다	고대 웨일즈어	

 Man

NAME	발음	의미	어원	비고
Eagan	[ˈiːgən / 이건]	불같은, 강력한	아일랜드어	
Earl	[ˈəːrl / 어얼]	귀족, 귀한 사람, 우아한 사람	영어	

NAME	발음	의미	어원	비고
Eaton	[ˈiːtən / 이턴]	강변 마을에서 온, 강변 출신의	영어	
Ebenezer	[ebəˈniːzər / 에버니저]	도움을 주는 바위, 유용한 바위	히브리어	
Ed	[ˈed / 에드]	Ed-로 시작하는 이름들의 애칭	영어	
Eddie	[ˈedi / 에디]	Ed-로 시작하는 이름들의 애칭	영어	
Edgar	[ˈedgər / 에드거]	행운의, 강력한	영어	
Edison	[ˈedəsən / 에더선]	Edward(부유한 후견인)의 아들, 부자집 아들	영어	
Edric	[ˈedrik / 에드리크]	힘, 능력, 행운, 좋은 일	영어	
Edsel	[ˈedsəl / 에드설]	Edward(부유한 후견인)의 지역에서 온	영어	
Eduardo	[eˈdwɑːrdou / 에드우아도우]	번창한 후견인, 번영한 후견인	스페인어	
Edward	[ˈedwərd / 에드워드]	부유한 후견인, 돈 많은 후견인	영어	
Edwin	[ˈedwən / 에드윈]	우정이 깊은, 절친한	영어	
Efrem	[efrʌm / 에프럼]	두 배의 결실을 맺는, 노력 이상의 결과가 나는	히브리어	
Egbert	[ˈegbərt / 에그버트]	머리가 좋은, 영광의 까마귀	영어	
Elan	[ˈiːlən / 일런]	나무, 풀보다 강하고 열매 맺는 나무	히브리어	중성
Eli	[ˈiːlai / 일라이]	승천, 나의 하나님. 성경 속의 대제사장	히브리어	
Elia	[əˈlaiə / 얼라이어]	여호와는 나의 하나님, 나의 주는 여호와이시다	스페인어	중성
Elias	[əˈlaiəs / 얼라이어스]	여호와는 하나님이시다	히브리어	
Elijah	[eˈlaidʒə / 엘라이저]	여호와는 하느님이시다	히브리어	
Eliot	[ˈeliət / 엘리어트]	Elijah(내 하나님의 여호와이시다)의 변형	영어	
Ellery	[ˈeləri / 엘러리]	즐거운, 행복한	영어	
Elliot	[ˈeliət / 엘리어트]	Elijah(내 하나님의 여호와이시다)의 변형	영어	
Ellison	[ˈeləsən / 엘러선]	장로의 아들, 경험 많은 어른의 아들	영어	
Ellwood	[ˈelwud / 엘우드]	오래된 숲에서 온, 우거진 숲에서 온	영어	
Elmer	[ˈelmər / 엘머]	느릅나무 황무지에 사는, 고귀한	영어	

NAME	발음	의미	어원	비고
Elmo	[ˈelmou / 엘모우]	안전모, 보호장치	이탈리아어	
Elroy	[elrɔi / 엘로이]	왕, 지배자	영어	
Elson	[ˈelsən / 엘선]	오래된 마을에서 온, 전통 있는 마을에서 온	영어	Last name
Elston	[elˈstɑːn / 엘스탄]	Elijah(내 하나님의 여호와이시다)의 변형, 오래된 마을에서 온	영어	Last name
Elton	[ˈeltən / 엘턴]	오래 된 마을에서 온, 전통있는 마을에서 온	영어	
Elvin	[ˈelvin / 엘빈]	요정, 현명한 친구, Alvin(현명한 친구)의 변형	영어	중성
Elvis	[ˈelvis / 엘비스]	요정, 현명한 친구, Alvin(현명한 친구)의 변형	영어	
Elwood	[ˈelwud / 엘우드]	오래 된 숲에서 온, 우거진 숲에서 온	영어	
Emerson	[ˈemərsən / 에머선]	용감한, 강력한	영어	
Emery	[ˈeməri / 에머리]	용감한, 강력한	영어	
Emil	[eˈmiːl / 에밀]	근면한, 근면한 로마 씨족명에서 유해함	영어	
Emilio	[əˈmiːliou / 어밀리오]	돋보이게 하는, 두드러지게 하는	스페인어	
Emmanuel	[eˈmænjuːəl / 에매뉴얼]	하나님은 우리와 함께 하신다, 주님은 우리 곁에 계신다,	히브리어	
Emmett	[ˈemet / 에메트]	강력한, 전체의, 완전한, Emma(전체의, 우주의)의 남성형 변형	영어	
Emmitt	[ˈemet / 에메트]	애국자, 충성스러운 사람	아일랜드	
Engelbert	[ˈeŋgəlbərt / 엥걸버트]	천사처럼 빛나는, 천사처럼 아름다운	고대 독일어	
Enoch	[íːnək / 이너크]	헌신적인, 신에게 바쳐진, 숙련된, 창세기의 인물 이름	히브리어	
Enos	[enous / 에노우스]	활력, 생기, 활동성	아일랜드어	
Enzo	[ˈenzou / 엔조우]	가정의 원칙, Henry(가정의 원칙)의 변형	스페인어	
Ephraim	[íːfrəm / 이프럼]	과실을 맺은, 결실, 결과, 목적의 이룸	히브리어	
Erasmus	[iˈræzməs / 이래즈머스]	사랑스러운, 아름다운	그리스어	
Eric	[ˈerik / 에릭]	영원한 지배자, 영원한 권력을 가진	고대 스칸디나비아어	

NAME	발음	의미	어원	비고
Ernest	[ˈəːrnəst / 어너스트]	신중한, 단단히 결심한	영어	
Errol	[ˈerəl / 에럴]	귀족, Earl(귀족)의 변형	독일어	
Erskine	[ˈəːrskain / 어스카인]	절벽 꼭대기에서 온	스코틀랜드어	
Ervin	[ˈəːrvin / 어빈]	친구, Irving(친구)의 변형	영어	
Erwin	[ˈəːrwin / 어윈]	바다의 친구, 바다에서 온 친구	영어	
Esteban	[ˈestəban / 에스터반]	승리의 왕관을 쓴, Stephen(왕관)의 변형	스페인어	
Eston	[estʌn / 에스턴]	동쪽 마을에서 온, 동쪽 방향에서 온	영어	Last name
Ethan	[ˈiːθən / 이썬]	강한, 강력한, 힘 있는	히브리어	
Eugene	[juːˈdʒiːn / 유진]	좋은 가문의, 훌륭한 집안에 태어난, 명문가 출신의	그리스어	
Evan	[ˈevən / 에번]	오른 손잡이, 보편적인 손잡이	스코틀랜드어	
Evelyn	[ˈevələn / 에벌런]	생활, 인생, 삶	영어	Last name 중성
Everett	[ˈevərət / 에버러트]	강인한, 용감한	영어	
Evert	[iˈvəːrt / 이버어트]	멧돼지처럼 힘센, 멧돼지처럼 용맹한	영어	
Evian	[ˈeviən / 에비언]	Evan(오른 손잡이)의 변형, 프랑스의 유명한 샘물 이름	영어	
Ezekiel	[ˈezikil / 에지킬]	하나님은 강하게 하신다, 성경 속 인물	히브리어	
Ezra	[ˈezrə / 에즈러]	조력자, 도움을 주는 사람	히브리어	

NAME	발음	의미	어원	비고
Faber	[ˈfeibər / 페이버어]	로마의 Fabius 씨족명에서 유래함, Fabius는 기원전 2~3세기 로마의 정치가이며 장군	영어	
Fabian	[ˈfeibiən / 페이비언]	로마의 Fabius 씨족명에서 유래함, Fabius는 기원전 2~3세기 로마의 정치가이며 장군	영어	

NAME	발음	의미	어원	비고
Fabio	[ˈfɑːbiou / 파비오우]	콩 재배자, 콩을 키우는 사람	스페인어	
Fairfax	[ˈferfæks / 퍼팩스]	금발의, 머리카락 색깔이 노란	영어	
Farley	[ˈfɑːrli / 파를리]	황소의 목장에서 온, 황소 목장 출신의	영어	
Fernando	[fərˈnændou / 퍼낸도우]	모험가, 위험을 무릅쓰고 새로운 일을 하는 사람	스페인어	
Ferris	[ˈferəs / 페러스]	위대한 지도자, 훌륭한 리더	아일랜드 게일어	
Filbert	[ˈfilbərt / 필버어트]	빛나는, 눈에 잘 보이는	영어	
Flavio	[ˈflɑːviou / 플라비오]	금발의, 머리카락 색깔이 노란	스페인어	
Fleming	[ˈflemiŋ / 플레밍]	네덜란드 사람, 화란인	영어	
Fletcher	[ˈfletʃər / 플레쳐]	화살 만드는 사람, 화살 장인	영어	
Flint	[ˈflint / 플린트]	부싯돌, 쇠로 Flint를 치면 불꽃이 생김	영어	Last name
Floyd	[flɔid / 플로이드]	흰 머리의, Lloyd(백발의)의 변형	영어	
Ford	[ˈfɔːrd / 포오드]	강을 가로지르는, 강을 건너는	영어	
Forrest	[ˈfɔːrəst / 포러스트]	숲의 땅, 숲으로 이루어진 땅	영어	
Fortune	[ˈfɔːrtʃən / 포어쳔]	행운의, 운이 좋은	프랑스어	
Foster	[ˈfɑːstər / 파스터]	숲을 지키는, 삼림 경비원	영어	Last name
Francis	[ˈfrænsəs / 프랜서스]	프랑스 남자, 자유로운 남자	라틴어	
Francisco	[frænˈsiskou / 프랜시스코우]	자유로운 남자, Frank(자유로운 남자)의 변형	스페인어	
Franco	[ˈfræŋkou / 프랭코우]	자유로운 남자, 솔직한 남자	스페인어	
Frank	[ˈfræŋk / 프랭크]	자유로운 남자, 솔직한 남자	영어	
Frankie	[ˈfræŋki / 프랭키]	자유로운 사람, Frankie는 여자에게도 종종 쓰임	영어	
Franklin	[ˈfræŋklin / 프랭클린]	자유로운 남자, 땅주인	영어	
Frantz	[ˈfrænts / 프랜츠]	자유로운, 자유로운 남자	독일어	
Fraser	[ˈfreizər / 프레이저]	딸기 꽃, 숲의 남자	스코틀랜드어	

Man F

NAME	발음	의미	어원	비고
Fred	[ˈfred / 프레드]	Frederick(평화로운 통치자)의 변형	독일어	
Freddie	[ˈfredi / 프레디]	Frederick(평화로운 통치자)의 변형	독일어	
Frederick	[ˈfredrik / 프레드릭]	평화로운 통치자, 평화롭게 통치하는 사람	독일어	
Freeman	[ˈfriːmən / 프리먼]	자유로운 남자, 지배자로부터 해방된 사람	영어	Last name
Fritz	[ˈfrits / 프리츠]	Frederick(평화로운 통치자)의 독일식 변형	독일어	

Man G

NAME	발음	의미	어원	비고
Gabe	[ˈgeib / 게이브]	하나님의 건장한 존재, Gabriel(하나님의 건장한 존재)의 변형	히브리어	
Gabino	[gæbʌnou / 개버노우]	하나님은 나의 힘이시다, 하나님은 나의 힘	스페인어	
Gabrian	[gæbriːʌn / 개브리언]	하나님의 건장한 존재, Gabriel(하나님의 건장한 존재)의 변형	히브리어	
Gabriel	[ˈgeibriəl / 게이브리얼]	하나님의 건장한 존재, 성경 속의 대천사	히브리어	
Gace	[geis / 게이스]	서약, 약속, 굳건한 맹세	프랑스어	
Gale	[ˈgeil / 게일]	생동감 있는, 살아 있는	영어	
Garcia	[gɑːrˈsiːə / 가아시어]	전투에서 용감한, 전쟁에서 잘 싸우는	스페인어	
Gardner	[ˈgɑːrdnər / 가아드너]	정원지기, 정원사	영어	Last name
Gareth	[ˈgeriθ / 게리쓰]	부드러운, 매끄러운	웨일즈어	
Garfield	[ˈgɑːrfild / 가아필드]	삼각 지역에서 온, 삼각주에서 온	영어	
Garnett	[ˈgɑːrnet / 가아네트]	창으로 무장한, 작살로 무장한	영어	
Garrett	[ˈgerət / 게러트]	강한 창, Gerald(강한 창)의 변형	영어	
Garrick	[ˈgerik / 게릭]	창에 의한 통치, 무력에 의한 통치	영어	

NAME	발음	의미	어원	비고
Garrison	[ˈgærəsən / 개러선]	창으로 요새화된 마을, 창으로 무장한 마을	영어	
Garry	[ˈgæri / 개리]	창, 작살, 창병	영어	
Garth	[ˈgɑːrθ / 가아쓰]	정원, 뜰, 공원	영어	
Gary	[ˈgeri / 게리]	창을 운반하는, 작살을 공급하는	영어	
Gavin	[ˈgævin / 개빈]	흰색 매, 힘 있고 고귀한 매	스코틀랜드어	
Gaylord	[ˈgeilɔːrd / 게일로오드]	생기 있는, 교도관	고대 프랑스어	
Gene	[ˈdʒiːn / 진]	Eugene(좋은 가문의) 약어, 잘 태어난, 좋은 집에 태어난	영어	
Geoffrey	[ˈdʒefri / 제프리]	평화로운, 태평성대의	영어	
George	[ˈdʒɔːrdʒ / 조오쥐]	농부, 중세 잉글랜드 전설에서 악마를 상징하는 용과 싸움	영어	
Gerald	[ˈdʒerəld / 제럴드]	창의적인 통치, 무력에 의한 통치	영어	
Geraldo	[dʒəˈrɑːldou / 저랄도우]	창의적인 통치, 무력에 의한 통치	스페인어	
Gerard	[dʒəˈrɑːrd / 저라아드]	강력한 창, 강력한 무력	프랑스어	
Gerry	[ˈdʒeri / 제리]	창으로 지배하는, Ger-로 시작되는 이름들의 약어	영어	
Gian	[ˈdʒiːan / 지안]	하나님의 선물, 신의 선물	히브리어	
Gibson	[ˈgibsən / 기브선]	Gilbert(신뢰할 수 있는)의 아들	영어	
Gideon	[ˈgidiən / 기디언]	파괴자, 잘못된 것을 무너뜨리는 자	히브리어	
Gil	[ˈgil / 길]	그리스도를 돕는, 그리스도를 지원하는	아일랜드어	
Gilbert	[ˈgilbərt / 길버어트]	신뢰할 수있는, 믿음직한, 금처럼 빛나는	영어	
Gildas	[dʒildʌs / 질더스]	금박을 입힌, 고급의	영어	
Giles	[ˈdʒailz / 자일즈]	방패지기, 방패병	그리스어	
Gino	[ˈdʒiːnou / 지노우]	유명한, 잘 알려진, 훌륭한	이태리어	

Man G 남성편

NAME	발음	의미	어원	비고
Giovanni	[dʒioˈvaːni/ 지오바니]	하나님의 선물, 신의 선물	히브리어	
Giuseppe	[dʒəˈsepi / 저세피]	그가 창조할 것이다, Joseph(그가 증축할 것이다)의 이탈리아식 이름	히브리어	
Glen	[ˈglen / 글렌]	계곡에 사는 사람, 계곡에서 온 사람	아일랜드 게일어	
Godfrey	[ˈgaːdfri / 가드프리]	하나님의 평화, 하나님께서 주신 평화	영어	
Godwin	[ˈgaːdwin / 가드윈]	하나님의 친구, 하나님과 같은 친구	영어	
Goldwyn	[ˈgoldwin / 골드윈]	금과 같은 친구, 귀한 친구	영어	
Gordon	[ˈgɔːrdən / 고오던]	세 모서리 언덕에서 온, 습지에서 온	영어	Last name
Gordy	[ˈgɔːrdi / 고오디]	평지의 언덕, 평지 중의 언덕	고대 영어	
Gorman	[ˈgɔːrmən / 고오먼]	푸른, 푸른 빛을 띠는	아일랜드어	
Gorry	[gɔriː / 고리]	하나님의 평화, 하나님께서 주신 평화	아일랜드어	
Gowyn	[gaujn / 가우인]	하나님의 친구, 하나님과 같은 친구	영어	
Grady	[ˈgreidi / 그레이디]	고귀한, 고상한, 우아한	아일랜드어	
Graham	[ˈgreiəm / 그레이엄]	위대한 초원 농장 집에서 온, 위대한 초원 농장 출신의	영어	Last name
Granger	[ˈgreindʒər / 그레인저]	농부, 곡식을 키우는 사람	영어	
Grant	[ˈgrænt / 그랜트]	존경스런, 위대한, 키가 큰	영어	Last name
Granville	[ˈgrænvil / 그랜빌]	큰 도시에서 온, 대도시 출신의	프랑스어	
Gray	[ˈgrei / 그레이]	회색 머리, 처음부터 머리색깔이 회색인, 흰 머리가 섞인	영어	
Grayson	[ˈgreisən / 그레이선]	지방 행정관의 아들, 회색 가문의 아들	영어	
Greg	[ˈgreg / 그레그]	Gregory(잘 살피는)의 약어	영어	
Gregorio	[griˈgɔːriou / 그리고리오우]	주의 깊은, 세심한, 배려 깊은	스페인어	
Gregory	[ˈgregəri / 그레거리]	잘 살피는, 주의를 하고 있는	영어	

영어이름 사전 [남성편]

G Man

NAME	발음	의미	어원	비고
Greyson	[greisʌn / 그레이선]	지방 행정관의 아들, 회색 가문의 아들	영어	
Grover	[ˈgrovər / 그로버어]	숲에 사는, 숲에서의 삶	영어	
Gunther	[ˈgənθər / 건쎄]	전투, 전사	독일어	
Gus	[ˈgəs / 거스]	신의 추종자, 신의 숭배자	고대 독일어	
Gustave	[guːˈstɑːvi / 구스타비]	충성스런 직원, 충성스러운 참모	프랑스어	
Guy	[ˈgai / 가이]	생동적인, 살아 있는, 발랄한	영어	

H Man

NAME	발음	의미	어원	비고
Hackett	[ˈhæket / 해케트]	포도밭을 경작하는 작은 인부, 포도를 키우는 키작은 사람	독일어	
Haden	[ˈheidən / 헤이던]	황야에서 온, 거친 황야 출신의	영어	
Hadley	[ˈhædli / 해들리]	잡초 덮인 초원에서 온, 잡초 초원 출신의	영어	Last name 중성
Hadon	[heidʌn / 헤이던]	황야에서 온	영어	
Hadwin	[ˈhædwin / 해드윈]	전쟁에서의 친구, 전쟁에서 만난 친구	영어	
Hagan	[ˈheigən / 헤이건]	생각하는 사람, 머리가 좋은	아일랜드어	
Hakeem	[hɑːˈkiːm / 하킴]	현명한, 똑똑한	아랍어	
Hal	[ˈhæl / 핼]	Henry(가정의 원칙)의 별명	영어	
Haley	[ˈheili / 헤일리]	기발한, 독창적인, 건초 평원의	아일랜드어	Last name 중성
Hall	[ˈhɔl / 홀]	영주의 저택에서 온, 영주 저택 출신의	영어	
Halley	[ˈhæli / 핼리]	영주의 저택이 있는 초원에서 온, 영주 저택 초원 출신의, 시골 대저택의	영어	중성

Man H

NAME	발음	의미	어원	비고
Halton	[ˈhæltən / 핼턴]	경사진 언덕에서 온, 경사진 언덕 출신의	영어	
Hamilton	[ˈhæməltən / 해멀턴]	산골 마을에서 온, 산골 마을 출신의	프랑스어	
Hamlet	[ˈhæmlət / 햄러트]	작은 집에서 온, 조그만 집 출신의	독일어	
Hampton	[ˈhæmptən / 햄프턴]	장소 이름과 성	영어	Last name
Han	[ˈhɑːn / 한]	하나님의 선물, 신의 선물	독일어	
Hanford	[ˈhænfərd / 핸퍼드]	높은 개울에서 온, 높은 데 있는 개울 출신의	영어	
Hank	[ˈhæŋk / 행크]	Henry(가정의 원칙)의 별명	영어	
Hans	[ˈhɑːns / 한스]	하나님의 선물, 신의 선물	히브리어	
Hardy	[ˈhɑːrdi / 하어디]	대담한, 용기 있는	독일어	
Harlan	[ˈhɑːrlən / 하알런]	토끼의 땅에서 온, 토끼가 많은 지역 출신의	영어	
Harley	[ˈhɑːrli / 하알리]	토끼의 초원에서 온, 토끼가 많은 초원 출신의	영어	
Harmon	[ˈhɑːrmən / 하어먼]	성경에 나오는 장소 이름, Herman(군인)의 변형	히브리어	
Harold	[ˈherəld / 헤럴드]	육군 사령관, 군대 지휘관	영어	
Harper	[ˈhɑːrpər / 하어퍼]	하프 연주자, 음유 시인	영어	
Harris	[ˈheris / 헤리스]	Harry(육군)의 아들	영어	
Harrison	[ˈherəsən / 헤러선]	Harry(육군) 가문의 아들	영어	Last name
Harry	[ˈheri / 헤리]	육군 남자, 육군	영어	
Hartman	[ˈhɑːrtmən / 하아트먼]	강력한, 용감한	영어	Last name
Hartwood	[ˈhɑːrtwud / 하아트우드]	숫사슴의 숲에서 온, 숫사슴 숲 출신의	영어	
Harvey	[ˈhɑːrvi / 하아비]	전투에 대한 결렬한 열정, 전투에서 이기고자 하는 열망	영어	
Haven	[ˈheivən / 헤이번]	안전한 장소, 은신처	영어	

NAME	발음	의미	어원	비고
Hawley	[ˈhɔli / 홀리]	울타리 쳐진 초원에서 온, 울타진 쳐진 초원 출신의	영어	
Hayden	[ˈheidən / 헤이던]	울타리 쳐진 계곡에서 온, 울타리 쳐진 계곡 출신의	영어	
Hector	[ˈhektər / 헥터]	결연한, 완강한	스페인어	
Henderson	[ˈhendərsən / 헨더선]	Henry(가정의 원칙)의 아들	스코틀랜드어	
Hennessy	[ˈhenəsi / 헤너시]	성씨 이름	아일랜드어	Last name
Henry	[heˈnri / 헨리]	가정의 원칙, 가정의 규율, 가장	영어	
Henson	[ˈhensən / 헨선]	Henry(가정의 원칙)의 아들	스코틀랜드어	
Herald	[ˈherəld / 헤럴드]	선포하는 사람, Harold(육군 사령관)의 변형	영어	
Herb	[ˈəːrb / 어브]	명예로운 전사, 영예의 군인	고대 독일어	
Herbert	[ˈhəːrbərt / 허어버어트]	걸출한 전사, 뛰어난 군인	프랑스어	
Herman	[ˈhəːrmən / 허어먼]	군인, 전투원	독일어	
Herschel	[ˈhəːrʃəl / 허어셜]	사슴, 순하고 아름다운 사슴	히브리어	
Heywood	[ˈheiwud / 헤이우드]	울타리 쳐진 숲에서 온, 울타리 쳐진 숲 출신의	영어	
Hilton	[ˈhiltən / 힐턴]	언덕 위의 대저택에서 온, 언덕 위 대저택 출신의	영어	
Hline	[hlain / 흘라인]	은행에서 온, 은행 출신의	영어	
Homer	[ˈhomər / 호머]	약속, 서약, 맹세	그리스어	
Horace	[ˈhɔːrəs / 호러스]	시간의 수호자, 시간를 지키는 사람	라틴어	
Horton	[ˈhɔːrtən / 호어턴]	회색 지역에서 온, 회색 지역 출신의	영어	
Houston	[ˈhjuːstən / 휴스턴]	Hugh(머리가 좋은)의 마을에서 온, 미국 텍사스 지명	스코틀랜드어	Last name
Howard	[ˈhauərd / 하우어드]	최고의 보호자, 최고의 수호자	영어	
Howie	[ˈhaui / 하우이]	Howard(최고의 보호자)의 별명	영어	

Man H

NAME	발음	의미	어원	비고
Hubert	[ˈhjuːbərt / 휴버어트]	밝은, 머리가 좋은	독일어	
Hudson	[ˈhədsən / 허드선]	모자(후드) 쓴 사람의 아들	영어	
Hugh	[ˈhjuː / 휴]	머리가 좋은, 영광의 까마귀	영어	
Hughston	[ˈhəgstən / 헉스턴]	Houston(머리가 좋은)의 변형	스코틀랜드어	
Hugo	[ˈhjuːgou / 휴고우]	Hugh(머리가 좋은)의 변형	독일어	
Hulbert	[ˈhəlbərt / 헐버트]	우아한, 품위 있는, 기품 있는	독일어	
Humphrey	[ˈhʌmfri / 험프리]	평화로운 Hun 족(헝가리 등), 평화의 옹호자	독일어	
Hunt	[ˈhənt / 헌트]	추격자, 뒤쫓는 사람	영어	Last name
Hunter	[ˈhʌntər / 헌터]	사냥꾼, 사냥개	영어	
Hurley	[ˈhəːrli / 허얼리]	바다의 밀물과 썰물, 조수	아일랜드어	
Hyatt	[ˈhaiət / 하이어트]	높은 문으로부터 온, 높은 성문에서 온	영어	Last name
Hyman	[ˈhaimən / 하이먼]	생활, 인생, 삶	히브리어	

Man I

NAME	발음	의미	어원	비고
Ian	[ˈiːən / 이언]	하나님의 선물, 신의 선물	히브리어	
Igor	[iˈgɔːr / 이고르]	Inger(천사)의 러시아식 이름		
Illias	[iliːʌs / 일리어스]	여호와는 하나님이시다, 여호와는 주님	히브리어	
Ingel	[iŋʌl / 잉걸]	천사, 천사같은 사람, 아주 친절한 사람	독일어	
Ingelbert	[iŋelbʌrt / 잉걸버트]	밝은 천사, 빛나는 천사	독일어	
Inis	[inis / 이니스]	강에 있는 섬으로부터 온, 강어 있는 섬 출신의	아일랜드어	중성
Innocent	[ˈinəsənt / 이너선트]	순결한, 순수한, 결백한	영어	

I Man

NAME	발음	의미	어원	비고
Ira	[ˈairə / 아이러]	후손, 자손	히브리어	
Irving	[ˈəːrviŋ / 어빙]	친구, 동지, 우리편	영어	
Irwin	[ˈəːrwən / 어윈]	바다 친구, 바다의 친구, 바다에서 온 친구	영어	
Isaac	[ˈaizək / 아이저크]	웃음, 성경에서 아브라함과 사라의 아들	히브리어	
Isaiah	[aiˈzeiə / 아이제이어]	하나님의 조력자, 하나님을 돕는 자	히브리어	
Israel	[ˈizriəl / 이즈리얼]	하나님은 인내하시며 주장하신다, 성경에서 야곱이 90의 나이에 하나님의 축복으로 그 이름을 Israel로 바꿨다.	히브리어	
Issac	[isak / 이삭]	웃음, 웃는 사람	네덜란드어	
Ivon	[aivʌn / 아이번]	Archer(활 쏘는 사람)의 활	영어	

J Man

NAME	발음	의미	어원	비고
Jabin	[dʒæbin / 재빈]	하나님께서 이루셨다, 성경 속 이름	히브리어	
Jackie	[ˈdʒæki / 재키]	Jack(하나님께서 은혜와 호의를 베풀어 주시다)의 변형	영어	중성
Jackson	[ˈdʒæksən / 잭슨]	Jack(하나님께서 은혜와 호의를 베풀어 주시다)의 아들	영어	
Jacob	[ˈdʒeikəb / 제이커브]	새 것으로 대신하는 사람, 새 것으로 대체하는 사람, 새로운 왕	히브리어	
Jacques	[ˈʒɑːk / 자크]	Jacob(새 것으로 대신하는 사람)의 프랑스식 이름	프랑스어	
Jaden	[dʒædʌn / 재던]	여호와께서 들으셨다, 성경 속 이름	히브리어	
Jake	[ˈdʒeik / 제이크]	Jacob(새 것으로 대신하는 사람)의 약어	영어	
James	[ˈdʒeimz / 제임즈]	교체, 대체, 새 것으로 대신하는 사람, 새로운 왕	영어	
Jameson	[ˈdʒeimsən / 제임선]	Jacob(새 것으로 대신하는 사람)의 변형	영어	

Man **J**

NAME	발음	의미	어원	비고
Jamie	[ˈdʒeimi / 제이미]	새 것으로 대신하는 사람, 새 것으로 대체하는 사람, 새로운 왕	히브리어	
Jamison	[ˈdʒeiməsən / 제이머선]	Jacob(새 것으로 대신하는 사람)의 변형	영어	
Jan	[ˈdʒæn / 잰]	하나님의 선물, 신의 선물	히브리어	중성
Jared	[ˈdʒerəd / 제러드]	후손, 성경 속 노아의 홍수 이전에 있던 이름	히브리어	
Jarnal	[dʒɑrnʌl / 자널]	비밀의 장소, 아무도 모르는 곳	영어	
Jarrett	[ˈdʒerət / 제러트]	강력한 창, Garrett(강한 창)의 변형	영어	Last name
Jasper	[ˈdʒæspər / 재스퍼]	보물의 주인, 보물의 전문가	영어	
Javier	[hɑːviˈer / 하비어]	1월에 태어난, 1월 생인	프랑스어	
Jay	[ˈdʒei / 제이]	Jason(치료자) 혹은 Jacob(새 것으로 대신하는 사람)의 변형	영어	
Jean	[ˈdʒiːn / 진]	하나님의 선물, 신의 선물	히브리어	중성
Jeannot	[dʒenʌt / 제너트]	하나님의 선물, 신의 선물	히브리어	
Jed	[ˈdʒed / 제드]	하나님의 사랑, 신의 사랑	히브리어	
Jeff	[ˈdʒef / 제프]	평화로운, Jeffrey(평화로운)의 변형	영어	
Jefferson	[ˈdʒefərsən / 제퍼선]	Jeffrey(평화로운)의 아들	영어	
Jeffery	[ˈdʒefəri / 제퍼리]	평화로운, Geoffrey(평화로운)의 변형	영어	
Jenda	[dʒendʌ / 젠더]	하나님의 선물, 신의 선물	히브리어	중성
Jennis	[dʒenis / 제니스]	Jenny(공정한 사람)의 변형	영어	중성
Jeno	[dʒiːnou / 지노우]	잘 태어난, 좋은 집안에 태어난	그리스어	
Jeramy	[dʒerʌmiː / 제러미]	Jeremiah(주님의 고귀한)의 변형	영어	
Jeremiah	[dʒerəˈmaiə / 제러마이어]	주님의 고귀한, 주님으로 인해 너무 기쁜	히브리어	
Jeremy	[ˈdʒerəmi / 제러미]	Jeremiah(주님의 고귀한)의 변형	영어	
Jermaine	[dʒərˈmein / 저메인]	형제의, Germaine(형제의)의 변형	영어	

J Man

NAME	발음	의미	어원	비고
Jerome	[dʒeˈroum / 제로움]	성스러운 이름, 신성한 이름	라틴어	
Jerry	[ˈdʒeri / 제리]	Jer-로 시작하는 이름들의 약어, Gerry(창으로 지배하는)의 변형	영어	중성
Jesper	[ˈdʒespər / 제스퍼]	보석, 보물	히브리어	
Jess	[ˈdʒes / 제스]	Jesse(여호와는 존재한다)의 변형	히브리어	
Jessey	[dʒesiː / 제시]	Jesse(여호와는 존재한다)의 변형	히브리어	
Jesus	[ˈdʒiːzəs / 지저스]	Joshua(구원)의 변형	히브리어	
Jethro	[ˈdʒeθrou / 제쓰로우]	넘치는, 풍부한, 성경 속 인물	히브리어	
Jilliann	[dʒiliːʌn / 질리언]	쥬피터(로마 신들의 왕)의 아들	영어	
Jim	[ˈdʒim / 짐]	Jacob(새 것으로 대신하는 사람)의 변형	영어	
Jimmy	[ˈdʒimi / 지미]	Jacob(새 것으로 대신하는 사람)의 변형	영어	
Joby	[dʒabiː / 자비]	Job(박해받은)의 변형	영어	
Jock	[ˈdʒaːk / 자크]	새 것으로 대신하는 사람, 새 것으로 대체하는 사람, 새로운 왕	히브리어	
Jody	[ˈdʒodi / 조디]	Joseph(그가 증축시킬 것이다)과 Jude(칭찬)의 별명	영어	중성
Joe	[ˈdʒou / 조우]	Joseph(그가 증축시킬 것이다)의 약어	영어	
Joel	[ˈdʒoəl / 조얼]	의지가 강한, 성경 속 선지자	히브리어	
Joey	[ˈdʒoui / 조우이]	Joseph(그가 증축시킬 것이다)의 약어	영어	
Johanan	[dʒahʌnʌn / 자허넌]	하나님은 은혜입니다, 하나님은 은혜롭습니다	히브리어	
John	[ˈdʒaːn / 잔]	하나님께서 은혜와 호의를 베풀어 주시다, 성경에서 예수에게 세례를 줌	히브리어	
Johnny	[ˈdʒaːni / 자니]	John(하나님께서 은혜와 호의를 베풀어 주시다)의 변형	영어	
Johnson	[ˈdʒaːnsən / 잔선]	John(하나님께서 은혜와 호의를 베풀어 주시다)의 변형	영어	
Johnston	[ˈdʒaːnstən / 잔스턴]	John(하나님께서 은혜와 호의를 베풀어 주시다)의 농장에서 온	스코틀랜드어	

Man **J**

NAME	발음	의미	어원	비고
Jon	[ˈdʒɑːn / 잔]	John(하나님께서 은혜와 호의를 베풀어 주시다)의 변형	영어	
Jonah	[ˈdʒounə / 조우너]	비둘기, 평화의 새	히브리어	
Jonathan	[ˈdʒɑːnəθən / 자너썬]	여호와가 베풀어 주셨다, 여호와의 베푸심	히브리어	
Jordan	[ˈdʒɔːrdən / 조오던]	하강하는, 하늘에서 내려오는	히브리어	중성
Jordy	[ˈdʒɔːrdi / 조오디]	Jordan(하강하는)의 변형	영어	
Jorge	[ˈhɔːrhe / 호어헤]	George(농부) 스페인어 형태	스페인어	
Jose	[houséi / 호제이]	하나님께서는 더 많이 주실 것이다, 신께서 증가시켜 주신다	스페인어	
Joseph	[ˈdʒouzif / 조우지프]	그가 증축시킬 것이다, 그가 키워주실 것이다	히브리어	
Josh	[ˈdʒɑːʃ / 자쉬]	Joshua(구원)의 변형	히브리어	
Joshua	[ˈdʒɑːʃuːə / 자수어]	하나님은 구원이시다, 구원의 하나님	히브리어	
Jourdan	[ʒurˈdæn / 쥬댄]	Jordan(하강하는)의 변형	프랑스어	
Juan	[huɑːn / 후안]	하나님의 선물, 신의 선물	스페인어	
Jud	[dʒʌd / 저드]	칭찬, 칭찬받는, 칭찬들을 만한	히브리어	
Judd	[ˈdʒəd / 저드]	칭찬, 칭찬받는, 칭찬들을 만한	히브리어	
Jude	[ˈdʒuːd / 주드]	칭찬, 칭찬받는, 칭찬들을 만한	히브리어	
Judy	[ˈdʒuːdi / 주디]	칭찬, 칭찬받는, 칭찬들을 만한	히브리어	중성
Jules	[ˈdʒuːlz / 줄즈]	젊은, 젊은이다운, 청년 같은	프랑스어	
Julian	[ˈdʒuːliən / 줄리언]	쥬피터(로마 신들의 왕)의 아이, Julius(로마 황제) 같은	영어	
Juliano	[dʒuːliˈɑːnou / 줄리아노]	쥬피터(로마 신들의 왕)의 아이	스페인어	
Julio	[ˈdʒuːliou / 줄리오우]	청년, 젊은이	스페인어	
Julius	[ˈdʒuːljəs / 줄리어스]	쥬피터(로마 신들의 왕)의 아이	프랑스어	
Justice	[ˈdʒʌstis / 저스티스]	그냥, 똑바로, 정의로운, 성경 속 Justus임	영어	

J Man

NAME	발음	의미	어원	비고
Justin	[ˈdʒʌstən / 저스턴]	그냥, 똑바로, 정의로운, 성경 속 Justus임	영어	
Justino	[dʒəˈstiːnou / 저스티노]	그냥, 똑바로, 정의로운	스페인어	

K Man

NAME	발음	의미	어원	비고
K.C.	[ˈkeiˈsiː / 케이시]	용감한, Casey(활발한)의 미국식 표현	미국 영어	
Kade	[ˈkeid / 케이드]	습지에서 온, 젖은 땅 출신의	스코틀랜드어	
Kaden	[ˈkeidən / 케이던]	습지에서 온, 젖은 땅 출신의	아일랜드 게일어	Last name
Kai	[ˈkai / 카이]	불, 불길	스코틀랜드어	
Kaleb	[kælʌb / 캘러브]	대담한, 믿음직스러운	히브리어	
Kareem	[kəˈriːm / 커림]	귀족의, 고상한, 우아한	아랍어	
Karl	[ˈkɑːrl / 카알]	남자, Carl(남자)의 변형	영어	
Kay	[ˈkei / 케이]	불, 불길	스코틀랜드어	중성
Keaton	[ˈkiːtən / 키턴]	매들의 장소, 매들이 모여 있는 곳	영어	
Kedric	[kedrik / 케드리크]	훌륭한 선물, Cedric(전투의 선봉장)의 변형	영어	
Keenan	[ˈkiːnən / 키넌]	날카로운, 예리한	영어	
Keith	[ˈkiːθ / 키쓰]	전장에서 온, 전쟁터 출신의	아일랜드어	
Kelby	[ˈkelbi / 켈비]	어두운, 검은색 머리의	독일어	
Kellen	[ˈkelən / 켈런]	늪, 습지	독일어	
Kelly	[ˈkeli / 켈리]	생동감 있는, 살아 있는, 공격적인, 전투적인	아일랜드어	중성
Kelsey	[ˈkelsi / 켈시]	용감한, 용기 있는, 두려움 없는	아일랜드어	중성
Kelvin	[ˈkelvən / 켈번]	강의 남자, 강에서 온 남자	영어	

Man **K**

NAME	발음	의미	어원	비고
Ken	[ˈken / 켄]	왕족의 의무, 깨끗한 물, Ken-으로 시작하는 이름들의 약어	영어	
Kendall	[ˈkendəl / 켄덜]	왕의 계곡, 왕의 골짜기	영어	Last name
Kendric	[kendrik / 켄드리크]	왕족의 족장, 왕족의 우두머리	스코틀랜드어	Last name
Kennedy	[ˈkenədi / 케너디]	투구를 쓴, 철모를 쓴	아일랜드어	
Kenneth	[keˈnəθ / 케너쓰]	잘생긴, 멋있는	스코틀랜드어	
Kennon	[ˈkenən / 케넌]	Kenneth(잘생긴)의 약어	스코틀랜드어	Last name
Kenny	[ˈkeni / 케니]	잘생긴, 멋있는	아일랜드어	
Kent	[ˈkent / 켄트]	Kent(영국 지명)에서 온	영어	
Kenton	[ˈkentən / 켄턴]	Kent 왕족 농장에서 온	영어	
Kerk	[kʌrk / 커크]	교회에서 온, 교회 출신의	스코틀랜드어	
Kermit	[ˈkəːrmət / 커머트]	자유인, 얽매이지 않는 사람	아일랜드 게일어	
Kerrick	[ˈkerik / 케리크]	왕의 규칙, 왕의 원칙	영어	Last name
Kerry	[ˈkeri / 케리]	어두운, 탁한, Kerry(아일랜드 지명) 자치주에서 온	아일랜드어	중성
Kevin	[ˈkevin / 케빈]	잘생긴 아이, 유명한 아일랜드의 은둔 성자 이름	아일랜드어	
Kevis	[kevis / 케비스]	잘생긴 아이, Kevin(잘생긴 아이)의 변형	아일랜드어	
Khalil	[ˈkæləl / 캘럴]	친구, 동지, 우리편	아랍어	
Kian	[kaiʌn / 카이언]	고풍스런, 태곳적의, 고대의	아일랜드어	
Kiefer	[ˈkiːfər / 키퍼]	Cooper(통 제조업자)의 변형	독일어	Last name
Killian	[ˈkiljən / 킬리언]	투쟁, 전투, 치열한	아일랜드어	
Kim	[ˈkim / 킴]	지배자, 통치자	영어	중성
Kin	[ˈkin / 킨]	절벽 꼭대기에서 온, 절벽 꼭대기 출신의	스코틀랜드어	
King	[ˈkiŋ / 킹]	왕, 왕의 땅	영어	

K Man

NAME	발음	의미	어원	비고
Kingsley	[ˈkiŋzli / 킹즐리]	왕의 초원에서 온, 왕의 초원 출신의	영어	
Kingston	[ˈkiŋstən / 킹스턴]	왕의 마을 혹은 왕의 땅에서 온	영어	
Kipp	[ˈkip / 키프]	뾰족한 언덕에서 온, 뾰족한 언덕 출신의	영어	
Kirby	[ˈkəːrbi / 커비]	교회 농장, 교회에서 운영하는 농장	영어	
Kirk	[ˈkəːrk / 커크]	교회, 예배당, 성당	영어	
Knight	[ˈnait / 나이트]	귀족, 군인	영어	
Knocks	[ˈnɑːks / 낙스]	언덕에서 온, 구릉 출신의	영어	
Knox	[ˈnɑːks / 낙스]	언덕에서 온, 구릉 출신의	영어	
Knute	[ˈnuːt / 누트]	매듭, 마디	스칸디나비아어	
Koby	[ˈkobi / 코비]	어두운, 검은색 머리의	독일어	
Kurt	[ˈkəːrt / 커트]	정직한 조언, 충언	독일어	
Kyle	[ˈkail / 카일]	좁은 장소, 나무, 교회	아일랜드어	

L Man

NAME	발음	의미	어원	비고
Laban	[ˈleibən / 레이번]	흰색 매, 백색의 매	히브리어	
Lad	[ˈlæd / 래드]	참석자, 동행자, 수행원	영어	
Lamar	[ləˈmɑːr / 러마아]	바다의, 바다와 같은	프랑스어	
Lambert	[ˈlæmbərt / 램버어트]	땅의 빛, 대지의 광명	독일어	
Lamont	[ləˈmɑːnt / 러만트]	법의 남자, 법을 지키는 자	스코틀랜드어	
Lance	[ˈlæns / 랜스]	창기병(창 들고 전투하는 군사), 창병	프랑스어	
Lancelot	[ˈlænsəlɑːt / 랜설라트]	하인, 종	프랑스어	

NAME	발음	의미	어원	비고
Lane	[ˈlein / 레인]	긴 초원의 길, 도로에서 온	영어	중성
Lanny	[ˈlæni / 래니]	Roland(땅에서 유명한)와 같은 이름의 약어	영어	
Larry	[ˈleri / 레리]	Lawrence(월계수의 땅에서 온) 혹은 Laurence(월계수의 땅에서 온)의 약어	영어	
Lars	[ˈlɑːrz / 라아즈]	월계관을 쓴, 훌륭한 업적을 이룬	라틴어	
Laurenz	[ˈlaurenz / 라우렌즈]	월계수 땅에서 온, 월계수 땅 출신의	독일어	
Lawrence	[ˈlɔːrəns / 로런스]	월계수 땅에서 온, 월계수 땅 출신의	영어	
Lean	[ˈliːn / 린]	John(하나님께서 은혜와 호의를 베풀어 주시다)을 돕는	스코틀랜드어	
Lee	[ˈliː / 리]	은신처, 보호소, 초원, 평야, 미국의 장군 이름	영어	Last name 중성
Legget	[legit / 레기트]	대표자, 권한을 위임 받은 자	프랑스어	
Leif	[ˈliːf / 리프]	가장 사랑받는, 최고로 귀함을 받는	스칸디나비아어	
Lennard	[ˈlenərd / 레너드]	대담한 사자, 용감한 사자	프랑스어	
Lennon	[ˈlenən / 레넌]	작은 망토, 작은 겉옷	아일랜드어	Last name
Lennox	[ˈlenəks / 레넉스]	귀족, 세익스피어의 멕베드에 나온 이름	스코틀랜드어	Last name
Lenny	[ˈleni / 레니]	용맹스러운 사자, 대담한 사자	고대 독일어	
Leon	[ˈliːan / 리안]	사자(lion), 용감무쌍한 백수의 왕	프랑스어	
Leonard	[ˈlenərd / 레너드]	대담한 사자, 용감한 사자	프랑스어	
Leopold	[ˈliːəpold / 리어폴드]	사람들의 왕자, 백성들의 왕자	독일어	
Leroy	[ˈliːˈrɔi / 리로이]	왕, 지배자	프랑스어	
Les	[ˈles / 레스]	호랑가시나무가 자라는 정원, 호랑가시나무 뜰	아일랜드 게일어	
Leslie	[ˈlesli / 레슬리]	회색의 성, 회색의 성에서 온	스코틀랜드어	중성
Lester	[ˈlestər / 레스터]	잉글랜드 도시 이름	영어	
Levi	[ˈliːvai / 리바이]	합치다, 성경 속 인물	히브리어	

L Man

NAME	발음	의미	어원	비고
Lewis	[ˈluːis / 루이스]	사자 같은, 사자처럼 용맹한	웨일즈어	
Liam	[ˈliːəm / 리엄]	William(단호한 보호자)의 변형	아일랜드어	
Lincoln	[ˈliŋkən / 링컨]	호숫가에 있는 식민지, 수변 식민 지역	영어	
Linus	[ˈlainəs / 라이너스]	엷은황갈색 금발의, 진하지 않은 금발의	그리스어	
Lion	[ˈlaiən / 라이언]	사자(lion), 용감 무쌍한 백수의 왕	영어	
Lionel	[ˈlaiənəl / 라이어널]	젊은 사자, 힘있는 사자	영어	
Livingston	[ˈliviŋstən / 리빙스턴]	Lyfing(깊이 사랑는 뜻의 성씨) 성씨를 가진 사람들의 마을에서 온	영어	
Lloyd	[lɔid / 로이드]	백발의, 노련한	웨일즈어	
Lockwood	[ˈlɑːkwud / 락우드]	나무로 둘러싸인 곳에서 온, 숲 출신의	영어	
Logan	[ˈlogən / 로건]	작은분지에서 온, 작은 분지 출신의	아일랜드어	
Loman	[ˈlomən / 로먼]	벌거벗은, 솔직한	아일랜드어	
Lon	[ˈlɑːn / 란]	당당한, 열정적인	고대 독일어	
Lonnell	[lɑnʌl / 라넬]	젊은 사자, 힘있는 사자	영어	
Lonnie	[ˈlɔni / 로니]	당당한, 열정적인	고대 독일어	
Lorence	[ˈlɔːrəns / 로런스]	월계수 땅에서 온, 월계수 땅 출신의	영어	
Lorenzo	[ləˈrenzou / 러렌조우]	Lawrence(월계수의 땅에서 온)의 변형	스페인어	
Lorne	[ˈlɔːrn / 로온]	Lawrence(월계수의 땅에서 온)의 변형	스코틀랜드어	
Lot	[ˈlɑːt / 라트]	은근한, 끈기 있는	히브리어	
Lou	[ˈluː / 루]	명성 있는 용사, 유명한 전사	고대 독일어	
Louis	[ˈluːəs / 루어스]	Lawrence(월계수의 땅에서 온)의 변형	영어	
Lowell	[ˈloəl / 로얼]	깊이 사랑하는, 가슴 깊이 사랑한	영어	
Luc	[ˈluːk / 루크]	빛, 조명, 성경의 누가복음	프랑스어	
Lucas	[ˈluːkəs / 루커스]	빛, 조명, 성경의 누가복음	영어	

L Man

NAME	발음	의미	어원	비고
Lucero	[luːˈtʃerou / 루체로]	Luke(빛, 조명, 성경의 누가복음)의 스페인어 형태	스페인어	
Luciano	[luːtʃiˈɑːnou / 루치아노]	빛, 조명, 성경의 누가복음	스페인어	
Lucky	[ˈlʌki / 러키]	행운의, Lucas(빛, 조명, 성경의 누가복음)의 별명	영어	
Ludwig	[ˈlədwig / 러드윅]	유명한 전사, 투사	독일어	
Luis	[luːˈiːs / 루이스]	유명한 전사, 투사	독일어	
Luke	[ˈluːk / 루크]	Lucania(이탈리아 남부 지명) 출신의	그리스어	
Luther	[ˈluːθər / 루써]	유명한 전사, 유능한 투사	독일어	
Lyle	[ˈlail / 라일]	섬, 고립된 지역	프랑스어	
Lyndon	[ˈlindən / 린던]	린든나무(보리수, 참피나무 무리)에서 사는	영어	
Lynn	[ˈlin / 린]	폭포, 폭포 아래 웅덩이	영어	중성

M Man

NAME	발음	의미	어원	비고
Mac	[ˈmæk / 맥]	아들, ~의 아들	스코틀랜드어	
Madison	[ˈmædəsən / 매더선]	Matthew(여호와의 선물) 혹은 Matilda(강한 전사)의 변형	영어	Last name 중성
Magnus	[ˈmægnəs / 매그너스]	위대한 사람, 훌륭한 사람	라틴어	
Mago	[mɑgou / 마고우]	위대한, 대단한	아일랜드어	
Mahon	[ˈmeiən / 메이언]	곰, 곰처럼 강한 사람	아일랜드어	
Malcom	[ˈmælkəm / 맬컴]	Columb(스코틀랜드의 성인)의 제자	스코틀랜드어	
Malik	[ˈmælik / 맬릭]	신의 천사, 신의 심부름꾼	히브리어	

M Man

NAME	발음	의미	어원	비고
Malloy	[məbi / 멀로이]	최고로 고귀한, 최상의 존귀함	아일랜드어	
Malvin	['mælvin / 맬빈]	협의회의 친구, 뜻을 같이하는 친구	영어	
Mandel	['mændəl / 맨덜]	옷을 만드는, 의류를 제작하는	프랑스어	
Manuel	[ma'nwel / 만웰]	하나님은 우리와 함께 하신다, 우리와 함께하는 하나님	히브리어	
Marc	['maːrk / 마아크]	Mark(전쟁의)의 변형	프랑스어	
Marcel	[mar'sel / 마아셀]	Marcellus(망치)의 변형	프랑스어	
Marcello	[maːr'selou / 마아셀로우]	작은 전사, 작은 용사	라틴어	
Marco	['maːrkou / 마아코우]	투쟁하는, 전투적인	스페인어	
Marcus	['maːrkəs / 마아커스]	용맹스러운, 도전적인	라틴어	
Mario	['maːriou / 마리오우]	투쟁하는, 전투적인	스페인어	
Mark	['maːrk / 마아크]	화성의, 전쟁의 신, 예수의 제자 이름	영어	Last name
Marlon	['maːrlən / 마아런]	작은 매, 작지만 강한 매	프랑스어	
Marquis	[maːr'kiː / 마아키]	공작과 백작 사이의 지위명	프랑스어	
Marshall	['maːrʃəl / 마아셜]	말 지키는 사람, 말 관리인	영어	
Martin	['maːrtən / 마아턴]	전쟁신(Mars)의 전사, 군인	영어	
Martinez	[mar'tiːnez / 마아티네즈]	투쟁하는, 전투적인	스페인어	
Martino	[mar'tiːnou / 마아티노우]	투쟁하는, 전투적인	스페인어	
Marty	['maːrti / 마아티]	전쟁신(Mars)의 전사	영어	
Marvin	['maːrvin / 마아빈]	Mervin(유명한 친구)의 변형	영어	
Mason	['meisən / 메이선]	석공, 돌 조각가	영어	Last name
Mateo	[ma'teiou / 마테이오우]	하나님의 선물, 신의 선물	스페인어	

Man M

NAME	발음	의미	어원	비고
Math	[ˈmæθ / 매쓰]	곰, 곰처럼 용감한 사람	스코틀랜드어	
Mathew	[ˈmæθju: / 매쓔]	하나님의 선물, 신의 선물	영어	
Matt	[ˈmæt / 매트]	하나님의 선물, 신의 선물	영어	
Matthew	[ˈmæθju: / 매쓔]	여호와의 선물, 예수의 12제자 중 한 명	히브리어	
Maurice	[mɔˈri:s / 모리스]	검은색 피부의, 황무지	영어	
Maury	[ˈmɔ:ri / 모리]	그을린 피부의, 검은색 피부를 가진	라틴어	
Max	[ˈmæks / 맥스]	세력 있는 사람의 우물, 힘 있는 자의 우물	고대 영어	
Maximilian	[mæksʌmiliːʌn / 맥서밀리언]	가장 큰 사람, 가장 위대한 사람	영어	
Maximus	[mæksʌmʌs / 맥서머스]	가장 위대한, 가장 대단한	아일랜드어	
Maxwell	[ˈmækswel / 맥스웰]	유능한, 능력 있는	영어	
Maynard	[ˈmeinərd / 메이너드]	강력한, 힘있는	프랑스어	
McCloud	[məˈklaud / 머클라우드]	못생긴 사람의 아들, 추남의 아들	스코틀랜드어	
Mccoy	[məkɔi / 머코이]	성씨 이름	아일랜드어	Last name
Mel	[ˈmel / 멜]	Michael(하나님의 선물)의 친구	영어	
Meldrick	[meldrik / 멜드리크]	잘 되는 방앗간에서 온, 잘 되는 방앗간 출신의	영어	
Melvin	[ˈmelvən / 멜번]	강한 친구, 강력한 동지	영어	
Mercer	[ˈmə:rsər / 머어서]	상인, 거래인	영어	
Merlin	[ˈmə:rlin / 머얼린]	매, 고귀하고 강한 새	프랑스어	
Merril	[meril / 메릴]	빛나는 바다, 광명의 바다	영어	
Merv	[ˈmə:rv / 머브]	바다를 좋아하는 사람, 바다와 함께하는 사람	고대 영어	
Mervin	[ˈmə:rvin / 머빈]	유명한 친구, 유명한 동지	영어	

M Man

NAME	발음	의미	어원	비고
Micah	[ˈmaikə / 마이커]	하나님의 선물, 여호와를 닮은 이는 누구인가?	히브리어	
Michael	[ˈmaikəl / 마이클]	하나님의 선물, 신의 선물	히브리어	
Michel	[miˈʃel / 미셸]	하나님의 선물, 신의 선물	히브리어	
Mickey	[ˈmiki / 미키]	Michael(하나님의 선물)과 Micah(여호와 닮은이는 누구인가?)의 약어	영어	
Miguel	[miˈgel / 미겔]	Michael(하나님의 선물)의 스페인식 이름	스페인어	
Mikael	[məˈkeil / 머케일]	하나님의 선물, 신의 선물	히브리어	
Mike	[ˈmaik / 마이크]	Micah(여호와 닮은이는 누구인가?)의 변형	영어	
Miles	[ˈmailz / 마일즈]	자비로운, 다행스러운	영어	
Miller	[ˈmilər / 밀러]	곡식을 빻는 사람, 방앗간 사람	영어	Last name
Milo	[ˈmailou / 마일로우]	자비로운, 다행스러운	영어	
Milton	[ˈmiltən / 밀턴]	농장의 방앗간에서 온, 농장 방앗간 출신의	영어	
Mitch	[ˈmitʃ / 미치]	Michael(하나님의 선물)의 변형	영어	
Mitchell	[ˈmitʃəl / 미첼]	Michael(하나님의 선물)의 변형	영어	
Mohammed	[moˈhæməd / 모해머드]	찬미의, 찬미하는	아랍어	
Molli	[mouliː / 모울리]	Mary(비통한)의 변형	아일랜드어	
Monte	[ˈmɑːnti / 만티]	부자의 산에서 온, 부자들이 사는 산 출신의	영어	
Montgomery	[mantˈgəmri / 만트검리]	부자의 산에서 온, 부자들이 사는 산 출신의	영어	
Monty	[ˈmɔnti / 몬티]	산, 산맥	영어	
Moor	[ˈmur / 무어]	짙은색 피부의, 검은 피부의	프랑스어	
Moore	[ˈmur / 무어]	성씨 이름	아일랜드어	Last name
Morey	[ˈmɔːri / 모리]	그을린 피부의, 검은색 피부를 가진	라틴어	

Man M

NAME	발음	의미	어원	비고
Morgan	[ˈmɔːrgən / 모건]	바다의 전사, 해상의 용사	아일랜드어	중성
Morrie	[ˈmɔːri / 모리]	어두운 피부의, 짙은색 피부의	영어	
Morris	[ˈmɔːrəs / 모러스]	검은색 피부들 가진 자의 아들, 짙은색 피부를 가진 자의 아들	영어	
Morrison	[ˈmɔrisən / 모리선]	검은색 피부의, 황무지, Maurice(검은색 피부)의 변형	영어	
Mort	[ˈmɔːrt / 모오트]	흐르지 않는 물, 모아진 물	고대 프랑스어	
Mortimer	[ˈmɔːrtəmər / 모어터머]	흐르지 않는 물, 모아진 믈	고대 프랑스어	
Morton	[ˈmɔːrtən / 모어턴]	황무지 근처 농장에서 온, 황무지 농장 출신의	영어	
Moses	[ˈmouziz / 모우지즈]	물에서 살아 남은, 물에서 건져 진	히브리어	
Moss	[ˈmɔs / 모스]	Moses(물에서 건져 진)의 변형	영어	
Muhammad	[muˈhɑːməd / 무하머드]	찬미의, 찬미하는	아랍어	
Murphy	[ˈməːrfi / 머피]	해상 전투원, 해군	아일랜드어	
Murray	[ˈməːri / 머리]	바다의 제왕, 바다의 영주	아일랜드어	
Myles	[maiˈlz / 마일즈]	하나님의 선물, 신의 선물	히브리어	
Myron	[ˈmairən / 마이런]	성스러운 장소, 신성한 구역	히브리어	

Man N

NAME	발음	의미	어원	비고
Nachman	[ˈnækmən / 낵먼]	인정 많은, 동정심이 많은	히브리어	
Nat	[ˈnæt / 내트]	천부적인, 천성의, 갖고 태어난	히브리어	
Nate	[ˈneit / 네이트]	천부적인, 천성의, 갖고 태어난	히브리어	
Nathan	[ˈneiθən / 네이썬]	하나님의 선물, 신의 선물	히브리어	

NAME	발음	의미	어원	비고
Nathaniel	[nəˈθænjəl / 너쌔니얼]	하나님께서 주셨다, 예수 12제자 중 한 명	히브리어	
Neal	[ˈniːl / 닐]	Neil(승리)의 변형	영어	
Ned	[ˈned / 네드]	Edward(부유한 후견인)의 별명	영어	
Neil	[ˈniːl / 닐]	승리, 승전	아일랜드 게일어	
Nelson	[ˈnelsən / 넬선]	Neil(승리)의 아들	영어	
Nevada	[nəˈvɑːdə / 너바더]	눈 덮인, 미국 서부의 주 이름	스페인어	중성
Neville	[ˈnevil / 네빌]	새로운 마을, 새로운 부락	영어	
Newland	[ˈnuːlənd / 눌런드]	새로운 땅에 사는, 신천지에 사는	영어	
Newman	[ˈnuːmən / 누먼]	새로 온 사람, 신입자	영어	
Newt	[ˈnuːt / 누트]	신도시, 신천지	영어	
Newton	[ˈnuːtən / 누턴]	새로운 농장에서 온, 새로운 농장 출신의	영어	
Nichol	[ˈnikɔl / 니콜]	승리한 사람들, 사람들의 승리	프랑스어	
Nicholas	[ˈnikələs / 니컬러스]	승리한 사람들, 사람들의 승리	그리스어	
Nick	[ˈnik / 니크]	Nicholas(승리한 사람들)의 약어	영어	
Nickson	[ˈniksən / 닉선]	Nicholas(승리한 사람들)의 약어	영어	
Nicky	[ˈniki / 니키]	Nicholas(승리한 사람들)의 약어	영어	
Nico	[ˈniːkou / 니코우]	Nicholas(승리한 사람들)의 약어	영어	
Nicol	[ˈnikəl / 니컬]	승리, Nicholas(승리한 사람들)의 변형	영어	
Nicolas	[ˈnikələs / 니컬러스]	승리, Nicholas(승리한 사람들)의 변형	프랑스어	
Nigel	[ˈnaidʒəl / 나이절]	우승자, 챔피언	영어	
Noah	[ˈnouə / 노우어]	안락한, 편안한	히브리어	
Noel	[ˈnouəl / 노우얼]	크리스마스, 예수 그리스도가 태어난 날에	프랑스어	중성

Man

NAME	발음	의미	어원	비고
Nolan	[ˈnolən / 놀런]	우승자, 챔피언	아일랜드 게일어	
Norbert	[ˈnɔːrbərt / 노어버어트]	북쪽에서 빛나는, 북쪽 하늘에 반짝이는	영어	
Norton	[ˈnɔːrtən / 노어턴]	북쪽 농장에서 온, 북쪽 농장 출신의	영어	

Man

NAME	발음	의미	어원	비고
Oakley	[ˈokli / 오클리]	오크나무(떡갈나무) 농장에서 온, 오크 농장 출신의	영어	
O'brian	[oˈbraiən / 오브라이언]	성씨 이름	아일랜드어	Last name
Octave	[ˈɑːktiv / 아크티브]	여덟 번째 태어난, 형제가 많은	프랑스어	
Ogden	[ˈɑːgdən / 아그던]	떡갈나무 계곡에서 온, 오크 숲 출신의	영어	
Ogilvie	[oˈgilvi / 오질비]	최고의 절정에서 온, 최고 절정의 의미를 아는	스코틀랜드어	
Olaf	[ˈolaf / 올라프]	자손, 후손	스칸디나비아어	
Oliphant	[ˈɑːləfənt / 알러펀트]	위대한 힘, 훌륭한 권력	스코틀랜드어	
Oliver	[ˈɑːləvər / 알러버어]	올리브 나무, 성경에서 올리브 나무는 풍성한 결실과 아름다움과 위엄을 상징한다	영어	
Omar	[ˈomar / 오마르]	연설자, 12세기 페르시아 철학자	히브리어	
Orion	[oˈraiən / 오라이언]	불의 아들, 불의 자손	그리스어	
Orlando	[ɔːrˈlændou / 올랜도우]	땅에서 유명한, Roland(땅에서 유명한)의 변형	독일어	
Orson	[ˈɔːrsən / 오어선]	작은 곰, 어린 곰	프랑스어	
Orville	[ˈɔːrvil / 오어빌]	황금의 도시, 휘황찬란한 도시	프랑스어	
Oscar	[ˈɑːskr / 아스크르]	하나님의 창, 하나님의 무기	영어	
Osmond	[ˈɑːsmənd / 아스먼드]	신성한 보호자, 성스러운 보호자	영어	

O Man

NAME	발음	의미	어원	비고
Osten	[ˈɑːsən / 아선]	존중의 가치, 존경받을 정도의 가치가 있는	라틴어	
Oswald	[ˈɔzwɔld / 오즈월드]	신성으로 강력한, 성스럽게 힘있는	영어	
Oswell	[ˈɑːswel / 아스웰]	신성으로 강력한, 성스럽게 힘있는	영어	
Otis	[ˈotis / 오티스]	부유함, 돈 많은	독일어	
Otto	[ˈɑːtou / 아토우]	여덟 번째 태어난, 부유한	독일어	
Owen	[ˈoən / 오언]	젊은 전사, 힘 있는 전사	웨일즈어	
Oxford	[ˈɑːksfərd / 악스퍼드]	황소 개울에서 온, 황소 개울 출신의	영어	
Oxton	[ˈɑːkstən / 악스턴]	황소 농장에서 온, 황소 농장 출신의	영어	
Oz	[ˈɑːz / 아즈]	신성한, 성스러운	영어	
Ozzie	[ˈɑːzi / 아지]	강한, 힘있는	히브리어	

P Man

NAME	발음	의미	어원	비고
Pablo	[ˈpɑːblou / 파블로우]	작은, Paul(작은)의 변형	스페인어	
Paco	[ˈpeikou / 페이코우]	무료의, 자유로운	스페인어	
Paddy	[ˈpædi / 패디]	귀족, 고위층, 품격 있는 사람	라틴어	
Padric	[pædrik / 패드리크]	귀족, Patrick(귀족)의 변형	아일랜드어	
Palmer	[ˈpɑːmər / 파머]	종려나무 가지를 뻗는, 종려나무 가지가 자라는	영어	
Paris	[ˈpæris / 패리스]	프랑스의 수도, 빠리	프랑스어	
Parisch	[periʃ / 페리쉬]	교회 근처에 사는, 교회에 가까운데 사는	영어	
Park	[ˈpɑːrk / 파아크]	숲의, 숲에서	영어	
Parker	[ˈpɑːrkər / 파아커]	숲의 파수꾼, 숲의 보호자	영어	
Parkin	[paˈrkɪn / 파아킨]	작은 바위, 작지만 단단한 바위	영어	

NAME	발음	의미	어원	비고
Parkinson	[ˈpɑːrkənsən / 파아컨선]	Parkin(작은 바위)의 아들	영어	
Pascal	[pæˈskæl / 패스캘]	유월절에 태어난, 유월절 탄생의	히브리어	
Pat	[ˈpæt / 패트]	귀족, Patrick(귀족)의 변형	라	중성
Patricio	[pəˈtrisiou / 퍼트리시오우]	귀족, Patrick(귀족)의 변형	스페인어	
Patrick	[ˈpætrik / 패트릭]	귀족, 고위층, 품격 있는 사람	영어	
Paul	[ˈpɔl / 폴]	작은, 성경 속의 예수 제자 바울	영어	
Paulson	[ˈpɔlsən / 폴선]	작은, Paul(작은)의 아들	영어	Last name
Pax	[ˈpæks / 팩스]	평화로운 농장에서 온, 평화로운 농장 출신의	영어	
Paxton	[ˈpækstən / 팩스턴]	평화로운 농장에서 온, 평화로운 농장 출신의	영어	
Pearce	[ˈpirs / 피어스]	바위, Peter(바위)의 변형	영어	
Pedro	[ˈpeidrou / 페이드로우]	바위, Peter(바위)의 변형	스페인어	
Peer	[ˈpir / 피어]	바위, Peter(바위)의 변형	독일어	
Percival	[ˈpəːrsivəl / 퍼시벌]	계곡을 가로지르는, 계곡을 관통하는	프랑스어	
Percy	[ˈpəːrsi / 퍼시]	계곡을 가로지르는, Percival(계곡을 가로지르는)의 애칭	영어	
Perkin	[ˈpəːrkin / 퍼킨]	작은 바위, 작지만 단단한 바위	영어	
Perkinson	[ˈpəːrkinsən / 퍼킨선]	Perkin(작은 바위)의 아들	영어	
Perry	[ˈperi / 페리]	배나무에서 온, Peregrine(송골매)의 변형	영어	Last name
Peter	[ˈpiːtər / 피터]	바위, 성경에서 바위같은 믿음을 가진 어부 제자	영어	
Peterson	[ˈpiːtərsən / 피터선]	Peter(바위)의 아들	영어	
Phil	[ˈfil / 필]	말(馬)을 좋아하는, Phillip(말을 사랑하다)의 변형	영어	
Philip	[ˈfiləp / 필러프]	말(馬)을 사랑하다, 말(馬)을 좋아하다	영어	
Phillipe	[fəˈliːp / 펄리프]	말(馬)을 좋아하는, Phillip(말(馬)을 사랑하다)의 변형	프랑스어	

NAME	발음	의미	어원	비고
Phillips	[ˈfiləps / 필럽스]	Phillip(말(馬)을 사랑하다)의 아들	영어	
Phineas	[ˈfiniəs / 피니어스]	신탁, 신께 맡김	히브리어	
Pierre	[piˈer / 피에르]	바위, Peter(바위)의 변형	프랑스어	
Platon	[pleitʌn / 플레이턴]	넓은 어깨, 믿음직한 어깨를 가진	스페인어	
Pollock	[ˈpɑːlək / 팔러크]	작은 바위, 작지만 단단한 바위	영어	
Porter	[ˈpɔːrtər / 포어터]	문지기, 수문장	프랑스어	
Prescott	[ˈpreskət / 프레스카트]	사제의 거주지에서 온, 사제 거주지 출신의	영어	
Preston	[ˈprestən / 프레스턴]	사제의 마을, 수도승의 마을	영어	
Prince	[ˈprins / 프린스]	왕자, 왕자처럼 귀한 사람	영어	
Princeton	[ˈprinstən / 프린스턴]	왕자, 왕자처럼 귀한 사람	영어	
Prior	[ˈpraiər / 프라이어]	수도회의 하인, 수도원에서 일하는 사람	영어	

NAME	발음	의미	어원	비고
Quentin	[ˈkwentin / 크웬틴]	여왕의 땅에서 온, 여왕의 땅 출신의	영어	
Quincy	[ˈkwinsi / 크윈시]	다섯 번째, 로마 종족의 이름에서 파생됨	영어	
Quinn	[ˈkwin / 크윈]	머리가 좋은, 명석한	아일랜드어	

R Man

NAME	발음	의미	어원	비고
Radford	[ˈrædfərd / 래드퍼드]	붉은 개울에서 온, 붉은 개울 출신의	영어	
Radmund	[ˈrædmənd / 래드먼드]	빨간 머리의 수비군, 빨간색 머리카락의 방어군	영어	
Rafael	[rɑːfɑˈjel / 라파이엘]	하나님께서 치유하셨다, 하나님께서 고치시다	히브리어	

NAME	발음	의미	어원	비고
Raimond	[ˈreimənd / 레이먼드]	현명한 보호, 지혜로운 보호	프랑스어	
Ralph	[ˈrælf / 랠프]	붉은 늑대, 붉은 색의 특이하고 용감한 늑대	영어	
Rambert	[ˈræmbərt / 램버어트]	힘 있는, 머리가 좋은	독일어	
Ramon	[rəˈmoun / 러모운]	현명한 보호자, 지혜로운 보호자	스페인어	
Ramond	[ræmʌnd / 래먼드]	현명한 보호자, 지혜로운 보호자	프랑스어	
Ramsey	[ˈræmzi / 램지]	암양의 섬, 암컷 양들이 많은 섬	영어	
Randall	[ˈrændəl / 랜덜]	Randolph(집 늑대, 보호자)의 변형	영어	Last name
Randolph	[ˈrændalf / 랜달프]	집 늑대, 보호자, 신화에서 늑대는 용기를 의미함	영어	
Randy	[ˈrændi / 랜디]	어린 Randolph(집 늑대, 브호자)	영어	
Rang	[ˈræŋ / 랭]	갈까마귀, 갈까마귀 같은	영어	
Raul	[ˈrɔl / 롤]	Randolph(집 늑대, 보호자)의 변형	스페인어	
Ray	[ˈrei / 레이]	조언자, 상담자, Raymond(현명한 보호자)의 변형	영어	
Raydon	[reidʌn / 레이던]	조언자, 상담자, Raymond(현명한 보호자)의 변형	영어	
Raymon	[reimʌn / 레이먼]	Raymond(현명한 보호자)의 변형	스페인어	
Raymond	[ˈreimənd / 레이먼드]	현명한 보호자, 지혜로운 보호자	프랑스어	
Raynard	[ˈreinərd / 레이너드]	강력한 조언자, 힘 있는 조언자	프랑스어	
Rayne	[ˈrein / 레인]	강력한 조언자, 힘 있는 조언자	영어	
Red	[ˈred / 레드]	빨간, 빨간 머리의	미국 영어	
Reece	[ˈriːs / 리스]	열렬한, 불	영어	
Reed	[ˈriːd / 리드]	빨간 머리, 머리카락이 빨간색인	영어	Last name
Reggie	[ˈredʒi / 레지]	조언 통치자, Reginald(강력한 조언 통치자)의 약어	영어	
Reginald	[ˈredʒənəld / 레저널드]	강력한 조언 통치자, 힘 있는 조언을 할 수 있는 지배자	영어	
Remi	[ˈremi / 레미]	Remington(까마귀 농장에서 온)의 약어	영어	

NAME	발음	의미	어원	비고
Remington	[ˈremiŋtən / 레밍턴]	까마귀 농장에서 온, 까마귀 농장 출신의	영어	Last name
Rene	[rəˈnei / 러네이]	부활, 죽음 후 다시 태어남	프랑스어	
Rennie	[ˈreni / 레니]	다시 떠오르다, 다시 솟아오르다	프랑스어	
Reno	[ˈriːnou / 리노우]	미국 네바다 주에 있는 도시 이름	스페인어	
Reuben	[ruːbən / 루번]	야곱의 첫째 아들, 귀한 아들	히브리어	
Rex	[ˈreks / 렉스]	왕, 지배자	라틴어	
Rhett	[ˈret / 레트]	연설자, 연설가	라틴어	
Ricardo	[riˈkɑːrdou / 리카르도우]	강력한 통치자, 힘 있는 지배자	독일어	
Rich	[ˈritʃ / 리치]	강력한 통치자, 힘 있는 지배자	독일어	
Richard	[ˈritʃərd / 리쳐드]	강력한, 강력한 통치자, 사자왕 리처드	프랑스어	
Rick	[ˈrik / 리크]	강력한 지도자, 힘 있는 통치자	고대 독일어	
Ricky	[ˈriki / 리키]	강력한 지도자, 힘 있는 통치자	고대 독일어	
Rico	[ˈriːkou / 리코우]	영광, 영예, 찬양	독일어	
Riley	[ˈraili / 라일리]	호밀, Rye(섬의 목초지)의 변형	영어	
Ringo	[ˈriːŋgou / 링고]	반지, 가락지	고대 영어	
Riston	[ˈristən / 리스턴]	불쏘시개 농장에서 온, 불쏘시개가 많은 농장 출신의	영어	
Roan	[ˈroun / 로운]	마가목에서 유래한, 마가목으로 만든	영어	
Rob	[ˈrɑːb / 라브]	밝은, 빛나는, Robbert(유명한)의 약어	영어	
Rob Roy	[ˈrɑːbrɔi / 라브로이]	붉게 빛나는, 붉은 Rob(밝은, 빛나는)	스코틀랜드어	
Robbie	[ˈrɑːbi / 라비]	밝은, 빛나는, Robbert(유명한)의 약어	영어	
Robert	[ˈrɑːbərt / 라버트]	유명한, 밝게 빛나는	영어	
Roberto	[rəˈbertou / 러베르토우]	Robert(유명한, 밝게 빛나는)의 스페어 형태	스페인어	

NAME	발음	의미	어원	비고
Robin	[ˈrɑːbən / 라번]	유명한, 밝은, 빛나는	영어	Last name 중성
Rochester	[ˈrɑːtʃestər / 라체스터]	돌로 만들어 놓은 임시 주둔지	고대 영어	
Rock	[rɑːk / 라크]	바위, 암석처럼 단단한 것	영어	
Rockford	[ˈrɑːkfərd / 라크퍼드]	바위, 암석처럼 단단한 것	영어	
Rockland	[ˈrɑːklənd / 라클런드]	바위, 암석처럼 단단한 것	영어	
Rockwell	[ˈrɑːkwel / 라크웰]	바위, 암석처럼 단단한 것	영어	
Rocky	[ˈrɑːki / 라키]	바위, 암석처럼 단단한 것	영어	
Rod	[rɑːd / 라드]	Roderick(유명한 통치자)의 변형	영어	
Roddric	[rɑdrik / 라드리크]	Roderick(유명한 통치자)의 변형	영어	
Roderick	[ˈrɑːdrik / 라드리크]	유명한 통치자, 유명한 지배자	영어	
Rodney	[ˈrɑːdni / 라드니]	갈대 섬, 갈대가 많은 섬	영어	
Rodrigo	[rəˈdriːgou / 러드리고우]	유명한 통치자, 유명한 지배자	스페인어	
Rogan	[ˈrogən / 로건]	빨간 머리, 머리카락이 빨간색인	아일랜드어	
Rogelio	[roˈgiːliou / 로길리오우]	유명한 군인, 유능한 전사	스페인어	
Roger	[ˈrɑːdʒər / 라저]	유명한 창병(창을 쓰는 군사), 유능한 창기병	영어	
Rohan	[ˈroən / 로언]	붉은 머리의, 붉은	아일랜드어	
Roi	[rɔi / 로이]	왕, 지배자	프랑스어	
Roland	[ˈrolənd / 롤런드]	땅에서 유명한, 샤를마뉴를 지원한 전설적 영웅의 이름	영어	
Rolf	[ˈrolf / 롤프]	붉은 늑대, 붉은 색의 특이하고 용감한 늑대	영어	
Rollie	[ˈroli / 롤리]	땅에서 유명한, 샤를마뉴를 지원한 전설적 영웅의 이름	영어	
Roman	[ˈroumən / 로우먼]	로마에서 온, 로마 출신의	스페인어	
Romeo	[ˈromiou / 로미오우]	로마에서 온, 로마 출신의	스페인어	

NAME	발음	의미	어원	비고
Ron	[ˈrɑːn / 란]	변호인의 도움을 받아 통치하는, 조언을 받아 지배하는	영어	
Ronald	[ˈrɑːnəld / 라널드]	강력한, 변호인의 도움을 받아 통치하는	영어	
Ronnie	[ˈrɑːni / 라니]	변호인의 도움을 받아 통치하는, 조언을 받아 지배하는	영어	
Ronson	[ˈrɑːnsən / 란선]	Ronald(강력한, 변호인의 도움을 받아 통치하는)의 아들	영어	
Rooney	[ˈruːni / 루니]	영웅, 영웅처럼 존경하는 사람	아일랜드어	
Roosevelt	[ˈrozəvelt / 로저벨트]	장미밭, 장미가 만발한 곳	고대 독일어	
Rory	[ˈrɔːri / 로리]	붉은색, 붉은 색깔을 띠는	아일랜드어	
Rosario	[roˈzɑːriou / 로자리오우]	묵주, 마리아를 기리는 경건한 기도	스페인어	
Roscoe	[ˈrɑːskou / 라스코우]	노루의 황야, 노루가 많은 들판	영어	
Ross	[ˈrɑːs / 라스]	빨간, 붉은 색깔을 띠는	독일어	Last name
Roy	[rɔi / 로이]	제왕의, 임금의	프랑스어	
Ruben	[ˈruːbən / 루번]	아들을 보라, 자손을 보라	히브리어	
Rudolph	[ˈruːdɔlf / 루돌프]	악명 높은 늑대, 강인한 늑대	고대 독일어	
Rudy	[ˈruːdi / 루디]	Rudolph(악명 높은 늑대)의 약어	영어	
Rufus	[ˈruːfəs / 루퍼스]	빨강머리의, 머리카락이 빨간색인	라틴어	
Rupert	[ˈruːpərt / 루퍼트]	밝은 명성, 드높은 명성	독일어	
Rush	[ˈrəʃ / 러쉬]	Rufus(빨간 머리의)의 변형	영어	
Rushford	[ˈrəʃfərd / 러쉬퍼드]	골풀 개울 근처에 사는, 골풀 개울 출신의	영어	
Rushkin	[rʌʃkin / 러쉬킨]	빨간 머리, 머리카락이 빨간색인	프랑스어	
Russ	[ˈrəs / 러스]	Rufus(빨간 머리의)의 변형	영어	
Russell	[ˈrəsəl / 러셀]	Rufus(빨간 머리의)의 변형	영어	
Rusty	[ˈrʌsti / 러스티]	빨간색 머리를 가진 사람의 별명	영어	
Ryan	[ˈraiən / 라이언]	왕처럼, 임금과 같은	아일랜드어	

NAME	발음	의미	어원	비고
Sabastian	[sʌbæstʃən / 서바스쳔]	존경받는, 숭배의 대상인, 우러러 보이는	그리스어	
Saber	[ˈseibər / 세이버어]	칼, 검	프랑스어	
Sabino	[saˈbiːnou / 사비노우]	사빈 사람(Sabine은 고대 이탈리아 중부의 지역명)	스페인어	
Saelig	[siːlig / 실리그]	행복한 초원에서 온, 행복한 초원 출신의	영어	
Safford	[ˈsæfərd / 새퍼드]	버드나무 개울에서 온, 버드나무 개울 출신의	영어	
Sage	[ˈseidʒ / 세이쥐]	현명한 사람, 지혜로운 사람	영어	
Sal	[ˈsæl / 샐]	구세주, Salvador(구세주)의 작은 표현	스페인어	
Salamon	[ˈsæləmən / 샐러먼]	평화로운, 평화를 사랑하는	히브리어	
Salem	[ˈseiləm / 세일럼]	평화, 예루살렘으로 확인된 성경 속의 고대 도시	히브리어	
Salomon	[ˈsæləmən / 샐러먼]	평화, Shalom(평화로운)의 변형.	스페인어	
Salton	[ˈsɔltən / 솔턴]	버드나무 농장 근처에 사는, 버드나무 농장 출신의	영어	
Salvatore	[sælvəˈtɔːri / 샐버토리]	구조자, 구원자	스페인어	
Salvino	[sælˈviːnou / 샐비노우]	구조자, 구원자	스페인어	
Sam	[ˈsæm / 샘]	태양과 같이, 태양처럼 밝고 뜨거운	히브리어	
Sammy	[ˈsæmi / 새미]	태양과 같이, 태양처럼 밝고 뜨거운	히브리어	
Samson	[ˈsæmsən / 샘선]	밝은 태양, 광명의 태양	히브리어	
Samuel	[ˈsæmjuːl / 새뮬]	하나님께 요청받은, 하나님의 요청으로	히브리어	
Sanderson	[ˈsændərsən / 샌더선]	Alexander(인류의 수호자, 황제 이름)의 아들	영어	
Sandon	[ˈsændɔn / 샌돈]	모래 언덕에서 온, 모래 언덕 출신의	영어	
Sandy	[ˈsændi / 샌디]	Alexander(인류의 수호자, 황제 이름) 경비병의 약어	영어	중성
Sanford	[ˈsænfərd / 샌퍼드]	모래 개울에서 온, 모래 개울 출신의	영어	
Santon	[ˈsæntən / 샌턴]	모래 농장에서 온, 모래 농장 출신의	영어	

NAME	발음	의미	어원	비고
Saul	[ˈsɔːl / 솔]	하나님으로부터 요청받은, Paul(작은, 예수의 제자 이름)의 히브리어 형태	히브리어	
Sauville	[sɔvʌl / 소빌]	버드나무 농장에서 온, 버드나무 농장 출신의	프랑스어	
Saxon	[ˈsæksən / 색선]	칼, 검	영어	
Sceley	[seliː / 셀리]	행복한 초원에서 온, 행복한 초원 출신의	영어	
Scott	[ˈskɑːt / 스카트]	생동감 있는, Scotland에서 온	영어	Last name
Scotty	[ˈskɑːti / 스카티]	생동감 있는, Scotland에서 온, Scott의 작은 표현	영어	
Scully	[ˈskəli / 스컬리]	예고하다, 미리 알리다	아일랜드어	
Sean	[ˈʃɒn / 숀]	하나님의 선물, John(하나님의 은혜), Jean(하나님의 선물)의 변형	아일랜드어	
Sebastian	[səˈbæstʃən / 서배스쳔]	존경받는, 위엄 있는	라틴어	
Sein	[ˈsain / 사인]	순결한, 깨끗한, 결백한	스페인어	
Selby	[ˈselbi / 셀비]	영주의 저택에서 온, 영주 저택 출신의	영어	
Seldon	[ˈseldən / 셀던]	버드나무 계곡에서 온, 버드나무 계곡 출신의	영어	
Senior	[ˈsiːnjər / 시니어]	영주의 제왕, 영주의 주군	프랑스어	
Senon	[senʌn / 세넌]	생동감 있는, 살아 있는 듯한	스페인어	
Sergio	[ˈsəːrdʒiou / 서지오우]	시중드는, 도움을 주는	라틴어	
Seth	[ˈseθ / 세쓰]	기름 부음, 머리에 성유를 바름(종교 의식)	히브리어	
Seymour	[ˈsiːmɔːr / 시모어]	재단사, 옷 만드는 사람	영어	
Shalom	[ʃəˈlom / 셜롬]	평화로운, 평화를 사랑하는	히브리어	
Shandy	[ˈʃændi / 샌디]	활기가 넘치는, 생동감 넘치는	영어	
Shane	[ˈʃein / 세인]	John(하나님께서 은혜와 호의를 베푸시다)의 변형	아일랜드어	
Shannon	[ˈʃænən / 쉐넌]	작고 노련하며 현명한 사람	아일랜드 게일어	중성

NAME	발음	의미	어원	비고
Shaun	[´ʃɔn / 숀]	하나님의 선물, John(하나님의 은혜), Jean(하나님의 선물), Sean(하나님의 선물)의 변형	아일랜드어	
Sheldon	[´ʃeldən / 셀던]	방어막이 처져 있는 농장에서 온, 안전한 농장 출신의	영어	
Shelton	[´ʃeltən / 셀턴]	깊은 계곡의 돌출된 농장에서 온, 계곡 농장 출신의	영어	
Sherlock	[´ʃəːrlɑːk / 셜락]	금발의, 머리카락 색깔이 노란	영어	
Sherman	[´ʃəːrmən / 셔어먼]	모직 옷감의 보풀을 제거하다, 옷감을 깨끗이 하다	영어	
Sheron	[ʃerʌn / 쉐런]	Geoffrey(평화로운)의 아일랜드 형태	아일랜드어	
Sherwin	[´ʃəːrwən / 셔윈]	빠른, 신속한	영어	
Sherwood	[´ʃəːrwud / 셔우드]	밝은 숲에서 온, 밝은 숲 출신의	영어	
Sid	[´sid / 시드]	St. Denis(프랑스의 수호성인 이름)의 유래한 Sideny의 변형	영어	
Sidney	[´sidni / 시드니]	St. Denis(프랑스의 수호성인 이름)의 유래한 이름	영어	
Siegfried	[´siːgfrid / 시그프리드]	승리의, 승리하는	독일어	
Sigmund	[´sigmənd / 시그먼드]	승리, 보호, 오스트리아의 심리학자 지그문트 프로이트	독일어	
Silas	[´sailəs / 사일러스]	숲, Sylvanus(숲)의 변형	영어	
Silverio	[silˊveriou / 실베리오]	숲, Sylvanus(그리스 신화에 나오는 나무의 신)의 변형	스페인어	
Silvester	[silˊvestər / 실베스터]	나무, 숲의 요정	영어	
Silvino	[silvʌnou / 실버노우]	숲, Sylvanus(그리스 신화에 나오는 나무의 신)의 변형	스페인어	
Simon	[´saimən / 사이먼]	듣다, 성경 속 예수 제자 0 름	영어	
Simpson	[´simpsən / 심프선]	Simon(듣다)의 아들	히브리어	
Sinclair	[sinˊkler / 신클러]	St. Clair(성인 클레어, 미국 독립전쟁 당시 장군 이름)	영어	

NAME	발음	의미	어원	비고
Sinon	[sainʌn / 사이넌]	하나님의 선물, 신의 선물	히브리어	
Skeet	[ˈskiːt / 스키트]	빠른, 신속한	영어	
Skelton	[ˈskeltən / 스켈턴]	돌출된 지역에서 온, 돌출 지역 출신의	영어	
Skip	[ˈskip / 스키프]	선장, 함장	스칸디나비아어	
Skipper	[ˈskipər / 스키퍼]	선장, 함장	영어	
Skipton	[ˈskiptən / 스킾턴]	양들의 지역에서 온, 양들이 많은 지역 출신의	영어	
Skyler	[skjləːr / 스킬러]	보호, 방패막이	네덜란드어	
Slade	[sˈleid / 슬레이드]	계곡에서 온, 계곡 출신의	영어	
Smedley	[ˈsmedli / 스메들리]	평평한 초원에서 온, 평야 초원 출신의	영어	
Smith	[ˈsmiθ / 스미쓰]	배달부, 상인, 무역인	영어	
Snowden	[ˈsnodən / 스노던]	눈 덮인 언덕에서 온, 눈 덮인 언덕 출신의	영어	
Sol	[ˈsɑːl / 살]	평화, Shalom(평화)의 변형	히브리어	
Sonny	[ˈsʌni / 서니]	아들, 자손	영어	
Spark	[ˈspɑːrk / 스파크]	용감한, 정중한	영어	
Sparky	[ˈspɑːrki / 스파키]	번쩍이는, 빛나는	미국 영어	
Spear	[ˈspir / 스피어]	창, 작살, 날카로운 찌르는 무기	영어	
Sped	[ˈsped / 스페드]	성공, 성취	영어	
Spencer	[ˈspensər / 스펜서]	식량 파수꾼, 식량 창고지기	영어	
Spike	[ˈspaik / 스파이크]	길고 단단한 못, 대못으로 박다	중세 영어	
Stacy	[ˈsteisi / 스테이시]	생산적인, 뭔가 만들어 내는	영어	중성
Stan	[ˈstæn / 스탠]	돌 많은 숲에서 사는, 돌 숲의 인생	영어	
Stanford	[ˈstænfərd / 스탠퍼드]	돌 많은 초원, 돌 많은 평야	영어	Last name
Stanley	[ˈstænli / 스탠리]	돌 많은 숲에서 사는, 돌 숲의 인생	영어	
Starling	[ˈstɑːrliŋ / 스탈링]	새, 하늘을 자유롭게 날아다니는	영어	

NAME	발음	의미	어원	비고
Stefan	[ˈstefan / 스테판]	왕관, Stephen(왕관)의 변형	독일어	
Stephen	[ˈstiːvən / 스티번]	왕관, 성경 속 첫 번째 순교자	영어	
Sterling	[ˈstəːrliŋ / 스털링]	고품격의, 순수한	영어	Last name
Steve	[ˈstiːv / 스티브]	Steven(왕관)과 Stephen(왕관)의 약어	영어	
Steven	[ˈstiːvən / 스티번]	Stephen(왕관)의 변형	영어	
Stevenson	[ˈstiːvənsən / 스티번선]	Stephen(왕관)의 변형	영어	
Stevie	[ˈstiːvi / 스티비]	Steven(왕관)과 Stephen(왕관)의 약어, 여자 이름으로도 사용됨	그리스어	중성
Stewart	[ˈstuːərt / 스튜어트]	집행관, 집달리	영어	
Stirling	[ˈstəːrliŋ / 스털링]	고품격의, 순수한	영어	
Stod	[stɑd / 스타드]	말(馬), 우아하고 날렵한 말(馬)	영어	
Stoney	[ˈstouni / 스토우니]	돌, 암석, 단단한 것, 변하지 않는 것	영어	
Storm	[ˈstɔːrm / 스토옴]	폭풍, 태풍, 모든 것을 휩쓸어 버리는	영어	
Strong	[ˈstrɔŋ / 스트롱]	강력한, 힘 있는	영어	
Stu	[ˈstuː / 스투우]	관리인, 집사	고대 영어	
Stuart	[ˈstuːərt / 스튜어트]	집행관, 집달리	영어	
Sullivan	[ˈsələvən / 설러번]	검은 눈동자, 짙은 색 눈동자	아일랜드어	Last name
Sully	[ˈsʌli / 설리]	남쪽 초원에서 온, 남쪽 초원 출신의	영어	
Sumner	[ˈsəmnər / 섬너]	소환 담당자, 소환자	영어	
Sun	[ˈsən / 선]	태양, Boyn강 마을에서 온	아일랜드어	
Svin	[svin / 스빈]	젊음, 싱싱함	스칸디나비아어	
Swinton	[ˈswintən / 스윈턴]	돼지 농장에서 온, 돼지 농장 출신의	영어	
Sylvester	[silˈvestər / 실베스터]	Silvester(나무, 숲의 요정)의 변형	영어	
Symon	[ˈsimən / 시먼]	듣다, Simon(듣다, 성경 속 예수의 제자 이름)의 변형	히브리어	

Man

NAME	발음	의미	어원	비고
Tab	[ˈtæb / 태브]	북치는 사람, Tabor(작은 북)의 변형	영어	
Tad	[ˈtæd / 태드]	용감한, Thaddeus(예수 제자 중 한 명, 대오)의 약어	그리스어	
Tanner	[ˈtænər / 태너]	가죽 제조공, 가죽 만지는 사람	영어	
Tayler	[ˈteilər / 테일러]	재단사, 옷 만드는 사람	영어	Last name
Taylor	[ˈteilər / 테일러]	재단사, 옷 만드는 사람	영어	Last name 중성
Ted	[ˈted / 테드]	Theodore(하나님의 선물)의 약어	영어	
Teddy	[ˈtedi / 테디]	Theodore(하나님의 선물)의 약어	영어	
Tedmond	[ˈtedmənd / 테드먼드]	국가 방위군, 나라를 지키는 사람	영어	
Templeton	[ˈtempəltən / 템펄턴]	사원이 있는 마을, 중세 기사단	영어	Last name
Tennyson	[ˈtenəsən / 테너선]	Dennis(술의 신)의 아들	영어	
Teo	[ˈteiou / 테이오우]	하나님, Mateo(하나님의 선물)과 Teodor(하나님께서 주신)의 약어	스페인어	
Teodor	[tiːʌdəːr / 티어더]	하나님께서 주신, 신의 선물인	스페인어	
Terence	[ˈterəns / 테런스]	매끄러운, 로마의 씨족 이름 Terrance의 옛 형태	라틴어	
Terrell	[ˈterəl / 테럴]	천둥의 통치자, 천둥의 지배자	영어	
Terron	[terʌn / 테런]	Terran(지구인)의 변형	영어	
Terry	[ˈteri / 테리]	Terence(매끄러운)와 Terrell(천둥의 통치자)의 약어, 사람들의 통치자	영어	
Terrys	[teriːz / 테리즈]	Terrell(천둥의 통치자)의 아들	영어	
Tevin	[tevin / 테빈]	산비탈, 비탈진 언덕	아일랜드어	
Tevis	[ˈtevis / 테비스]	산비탈, 비탈진 언덕	아일랜드어	
Thad	[ˈθæd / 쌔드]	용감한, 용기있는	그리스어	
Thaddeus	[ˈθædiəs / 쌔디어스]	슬기로운, 현명한	히브리어	

NAME	발음	의미	어원	비고
Theo	[ˈθiːou / 씨오우]	신의 은혜, 신의 축복	그리스어	
Theodore	[ˈθiːədɔːr / 씨어도르]	하나님의 선물, 신의 선물	라틴어	
Thomas	[ˈtɑːməs / 타머스]	쌍둥이, 똑 같은 것	히브리어	
Thomkins	[θɑmkʌnz / 쌈컨즈]	작은 Tom(쌍둥이)	영어	
Thompson	[ˈtɑːmpsən / 탐프선]	쌍둥이, Thomas(쌍둥이)에서 유래됨	영어	
Thor	[ˈθɔːr / 쏘어]	천둥, 우뢰	스칸디나비아어	
Thornton	[ˈθɔːrntən / 쏘어턴]	가시나무 마을, 가시나무가 많은 도시	영어	Last name
Thurman	[ˈθəːrmən / 써어먼]	Thor(천둥 신)에게서 보호 받은	스칸디나비아어	
Tier	[ˈtiːr / 티어]	제왕의, 임금의	아일랜드어	
Tilton	[ˈtiltən / 틸턴]	좋은 지역에서 온, 좋은 지역 출신의	영어	
Tim	[ˈtim / 팀]	하나님을 존경하는 사람, Timothy(하나님을 존경하는 사람)의 변형	영어	
Timmy	[ˈtimi / 티미]	하나님을 존경하는 사람, Timothy(하나님을 존경하는 사람)의 변형	영어	
Timo	[tiːmou / 티모우]	하나님을 존경하는 사람, Timothy(하나님을 존경하는 사람)의 변형	스페인어	
Timothy	[ˈtiməθi / 티머씨]	하나님을 존경하는 사람, 성경 속 인물	영어	
Tobie	[ˈtobi / 토비]	Tobiah(좋으신 여호와)의 약어	영어	
Toby	[ˈtoubi / 토우비]	Tobiah(좋으신 여호와)의 약어	영어	
Todd	[ˈtɑːd / 타드]	여우, 영리하고 약삭빠른	영어	
Tom	[ˈtɑːm / 탐]	쌍둥이, Thomas(쌍둥이)에서 유래됨.	영어	
Tommy	[ˈtɑːmi / 타미]	쌍둥이, Thomas(쌍둥이)에서 유래됨.	영어	
Tony	[ˈtouni / 토우니]	최고로 칭찬 할만한, Anthony(최고로 칭송받을 가치가 있는)의 약어	영어	중성
Tormey	[ˈtɔːrmi / 토오미]	천둥의 영혼, 천둥의 정신	아일랜드어	
Torr	[ˈtɔːr / 토오르]	꼭대기, 첨탑 끝	영어	

Man

NAME	발음	의미	어원	비고
Torry	[ˈtɔːri / 토리]	험준한 바위 언덕에서 온, 험준한 바위 언덕 출신의	스코틀랜드어	
Trace	[ˈtreis / 트레이스]	수확자, 수확하는 사람	그리스어	Last name
Tracy	[ˈtreisi / 트레이시]	수확자, 수확하는 사람, 용감한	그리스어, 라틴어	Last name 중성
Travion	[treiviʌn / 트레이비언]	깨끗한 마을, 깔끔한 도시	영어	
Travis	[ˈtrævis / 트래비스]	교차하는, 교차로	영어	
Trent	[ˈtrent / 트렌트]	급류의, 강물이 급속히 흘러가는	라틴어	Last name
Trenton	[ˈtrentən / 트렌턴]	급류가 흐르는 옆 마을의, 급류 지역 옆 마을의	라틴어	Last name
Treves	[triːvz / 트리브즈]	성씨 이름	프랑스어	Last name
Trevon	[trevʌn / 트레번]	깨끗한 마을, 깔끔한 도시	영어	
Trevor	[ˈtrevər / 트레버어]	신중한, 조심하는	아일랜드어	
Trey	[ˈtrei / 트레이]	셋, 세 개	영어	
Tripper	[ˈtripər / 트리퍼]	여행자, 방랑자	영어	
Tristan	[ˈtristæn / 트리스탠]	소란, 외침	영어	
Troy	[trɔi / 트로이]	군인, 고대 그리스 시대 도시명	영어	Last name
Truman	[ˈtruːmən / 트루먼]	충성스러운, 충직한	영어	
Tryp	[trjp / 트리프]	여행자, 방랑자	영어	
Tucker	[ˈtʌkər / 터커]	옷에 주름을 잡는, 옷 만드는	영어	
Ty	[ˈtai / 타이]	TY-로 시작하는 이름의 약어	영어	
Tyler	[ˈtailər / 타일러]	재단사, 옷 만드는 사람, Taylor(재단사)의 변형	영어	Last name
Tyrone	[taiˈroun / 타이로운]	Owen(젊은 전사)의 땅에서 온	아일랜드어	
Tyrus	[tjrʌs / 티러스]	Tyrone(전사의 땅에서 온)과 Cyrus(태양)의 결합	영어	
Tyson	[ˈtaisən / 타이선]	명랑한, 밝은	프랑스어	

NAME	발음	의미	어원	비고
Ulysses	[juːˈlisiz / 율리시즈]	성서의 분노, 몹시 화난, 노기가 등등한	라틴어 그리스어	
Upchurch	[ˈəptʃərtʃ / 엎쳐치]	높은 교회에서 온, 높은 교회 출신의	영어	
Upwood	[ˈəpwud / 엎우드]	높은 숲에서 온, 높은 숲 출신의	영어	
Urbano	[ərˈbɑːnou / 어바노우]	도시에서 온, 도시 출신으	스페인어	

NAME	발음	의미	어원	비고
Vail	[ˈveil / 베일]	계곡에 사는, 계곡의 삶, 계곡의 인생	영어	
Valentine	[ˈvæləntain / 밸런타인]	강한, Valentinus(로마 황제의 이름)의 변형	영어	
Valiant	[ˈvæljənt / 밸리언트]	용감한, 용기 있는, 두려움 없는	영어	
Vallen	[vælʌn / 밸런]	강한, Valentinus(로마 황제의 이름)의 변형	영어	
Van	[ˈvæn / 밴]	귀족, 고위층, 품격 있는 사람	네덜란드어	
Vance	[ˈvæns / 밴스]	습지, 습지대	영어	
Vaughn	[ˈvɔn / 본]	작은, 어린	웨일즈어	
Vayle	[veil / 베일]	계곡에 사는, 계곡의 삶, 계곡의 인생	영어	
Veniamin	[venaiʌmin / 베냐이어민]	오른손의 아들, 올바른 자손	히브리어	
Vern	[ˈvəːrn / 버언]	오리 나무 숲, Vernon(오리 나무 숲)의 변형	영어	Last name
Vernon	[ˈvəːrnən / 버어넌]	오리 나무 숲, 오리나무가 많은 숲	영어	Last name
Vic	[ˈvik / 비크]	마을에서 온, 마을 출신의	프랑스어	
Victor	[ˈviktər / 빅터]	승리자, 이기는 사람	스페인어	
Victoriano	[viktʌriʌnou / 빅터리아노]	정복자, 침략자	스페인어	

NAME	발음	의미	어원	비고
Victorio	[viktʌriou / 빅터리오]	정복자, 침략자	스페인어	
Vidal	[vaiˈdæl / 바이댈]	인생, 생활	영어	Last name
Vince	[ˈvins / 빈스]	정복, Vincent(정복)의 변형	영어	
Vincent	[ˈvinsənt / 빈선트]	정복, 침략	영어	
Vinny	[ˈvini / 비니]	정복, Vincent(정복)의 변형	라틴어	
Vinson	[ˈvinsən / 빈선]	정복, Vincent(정복)의 변형	영어	
Virgil	[ˈvəːrdʒəl / 버어절]	번성, 로마의 시인이자 철학가 이름	영어	
Vito	[ˈviːtou / 비토우]	생명의, 생기 있는, 살아 있는	스페인어	
Vladimir	[vˈlædəmir / 블래더미르]	권력을 가진 왕자, 힘 있는 왕자	슬라브어	
Von	[ˈvɔn / 본]	귀족, Van(귀족)과 동의어	독일어	

NAME	발음	의미	어원	비고
Wade	[ˈweid / 웨이드]	전진하는 사람, 진군	영어	Last name
Wadley	[ˈwaːdli / 와들리]	Wade(전진하는 사람, 진군)의 초원에서 온	영어	
Wagner	[ˈwægnər / 웨그너]	4륜마차 제작자, 탈 것 제작자	독일어	
Wakefield	[ˈweikfild / 웨이크필드]	Wake(경고하는)의 평야에서 온	영어	
Wakeman	[ˈweikmən / 웨이크먼]	감시자, 경비병, 살펴보는 사람	영어	
Wakler	[waklər / 워클러]	옷감을 두껍게 하는 사람, 옷을 따뜻하게 하는 사람	영어	
Walby	[ˈwɔlbi / 월비]	웨일즈 사람의 주거지에서 온, 웨일즈 주거지 출신의	영어	

NAME	발음	의미	어원	비고
Walcott	[ˈwɔlkət / 월카트]	웨일즈 사람의 오두막에서 사는, 웨일즈 오두막의 삶	영어	
Waldo	[ˈwɑːldou / 왈도우]	강력한, Oswald(신성으로 강력한)의 약어	영어	
Walker	[ˈwɔːkər / 워커]	옷감 노동자, 옷 만드는 사람	영어	
Wallace	[ˈwɔləs / 월러스]	웨일즈에서 온, 웨일즈 출신의, 이국적인	영어	
Wally	[ˈwɔli / 월리]	정복, Walter(강력한 통치자)의 변형	독일어	
Walmond	[ˈwɔlmənd / 월먼드]	강력한 보호, 힘 있는 보호	독일어	
Walsh	[ˈwɔlʃ / 월쉬]	웨일즈에서 온, 웨일즈 출신의	영어	
Walt	[ˈwɔlt / 월트]	정복, Walter(강력한 통치자)의 변형	독일어	
Walter	[ˈwɔltər / 월터]	강력한 통치자, 힘 있는 지배자	독일어	
Ward	[ˈwɔːrd / 워드]	경비, 보호	영어	
Ware	[ˈwer / 웨어]	주의하는, 조심하는	영어	
Waren	[ˈwerən / 웨런]	충성스러운, 충직한	독일어	
Warner	[ˈwɔːrnər / 워너]	방어군, 수비군	영어	
Warren	[ˈwɔːrən / 워런]	사냥터 관리인, 사냥터지기	영어	
Washington	[ˈwɑːʃɪŋtən / 와싱턴]	머리 좋은 사람의 농장에서 온, 머리 좋은 사람 농장 출신의	영어	
Watson	[ˈwɑːtsən / 왈선]	Walter(강력한 통치자)의 아들	영어	
Watt	[ˈwɑːt / 와트]	장애물, 방해물	영어	
Wayland	[ˈweilənd / 웨일런드]	고속도로에서 온, 스칸디나비아 신화에서 초자연적인 힘을 가진 대장장이 이름	영어	
Wayne	[ˈwein / 웨인]	공예가, 장인	영어	
Weber	[ˈwebər / 웨버]	직공, 베짜는 사람	독일어	
Webster	[ˈwebstər / 웹스터]	베짜는 사람, 직공	영어	Last name
Welch	[ˈweltʃ / 웰치]	웨일즈에서 온, 웨일즈 출신의	영어	

NAME	발음	의미	어원	비고
Welford	[ˈwelfərd / 웰퍼드]	개울 옆 샘에서 온, 개울 옆 샘물 출신의	영어	
Welton	[ˈweltən / 웰턴]	샘물 농장에서 온, 샘물 농장 출신의	영어	
Wendell	[ˈwendəl / 웬델]	여행자, 방랑자	영어	
Werner	[ˈwəːrnər / 워너]	방어군 전사, 수비군 용사	독일어	
Wes	[ˈwes / 웨스]	서쪽 초원, Westly(서쪽 초원에서 온)의 변형	영어	Last name
Wesley	[ˈwesli / 웨슬리]	서쪽의 초원에서 온, 서쪽 초원 출신의	영어	
West	[ˈwest / 웨스트]	서쪽 마을, 해지는 마을	영어	Last name
Westcott	[ˈwestkɑːt / 웨스트카트]	서쪽 오두막에서 온, 서쪽 오두막 출신의	영어	
Westin	[ˈwestin / 웨스틴]	서쪽 마을, 해지는 마을	영어	Last name
Weston	[ˈwestən / 웨스턴]	서쪽 마을, 해지는 마을	영어	Last name
Whistler	[ˈwislər / 위슬러]	피리 부는 사람, 피리 연주하는 사람	영어	
Whitfield	[ˈwitfild / 위트필드]	백색의 평야에서 온, 백색 평야 출신의	영어	
Whitford	[ˈwitfərd / 위트퍼드]	백색의 개울에서 온, 백색 개울 출신의	영어	
Whitmore	[ˈwitmɔːr / 위트모어]	백색의 황야에서 온, 백색 황야 출신의	영어	
Whitney	[ˈwitni / 위트니]	백발인의 지역에서 온, 백발인 지역에서 온	영어	중성
Wilber	[ˈwilbər / 윌버어]	고집 있는, 밝은	영어	
Wilbert	[ˈwilbərt / 윌버어트]	고집 있는, 밝은	영어	
Wilbur	[ˈwilbər / 윌버어]	밝은, 강력한 요새에서 온	영어	
Wilfred	[ˈwilfrəd / 윌프러드]	평화, 화평	영어	
Will	[wil / 윌]	의지, 단호한 보호자	영어	
Willa	[ˈwilə / 윌러]	굳게 결심한, 단호한	영어	중성
Willard	[ˈwilərd / 윌러드]	단호한, 용감한	영어	

NAME	발음	의미	어원	비고
William	[ˈwiljəm / 윌리엄]	의지, 단호한 보호자, 영국 왕세자 이름	영어	
Williamson	[ˈwiljəmsən / 윌리엄선]	William(의지, 단호한 보호자)의 아들	영어	
Willie	[ˈwili / 윌리]	의지, 단호한, Will-로 시작하는 이름들의 약어	영어	
Willis	[ˈwilis / 윌리스]	의지, 단호한 보호자	영어	Last name
Willy	[ˈwili / 윌리]	William(의지, 단호한 보호자)의 작은 이름	영어	
Wilmar	[ˈwilmər / 윌머]	단호한, 유명한	독일어	
Wilpert	[wilpʌrt / 윌퍼트]	단호한, 훌륭한	독일어	
Wilson	[ˈwilsən / 윌선]	Will(의지, 단호한 보호자)의 아들	영어	Last name
Wilton	[ˈwiltən / 윌턴]	샘물 옆 농장에서 온, 샘물 옆 농장 출신의	영어	
Windell	[ˈwindəl / 윈델]	여행자, 방랑자	영어	
Windsor	[ˈwinzər / 윈저]	성씨 이름	영어	
Wine	[ˈwain / 와인]	돌에 새긴 우정, 친구, 동지	영어	
Winslow	[ˈwinzlou / 윈즐로우]	돌에 새긴 우정, 굳건한 우정	영어	Last name
Winston	[ˈwinstən / 윈스턴]	Wine(돌에 새긴 우정)의 농장에서 온	영어	
Winter	[ˈwintər / 윈터]	겨울에 태어난, 겨울 탄생의	영어	
Winthrop	[ˈwinθrəp / 윈쓰러프]	Wine(돌에 새긴 우정)의 땅에서 온	영어	
Winton	[ˈwintən / 윈턴]	Wine(돌에 새긴 우정)의 농장에서 온	영어	
Wise	[ˈwaiz / 와이즈]	열렬한, 현명한	아일랜드어	
Witt	[ˈwit / 위트]	슬기로운, 현명한	영어	
Witton	[ˈwitən / 위턴]	현자의 땅에서 온, 현인 땅 출신의	영어	
Wolfgang	[ˈwulfgæŋ / 울프갱]	전진하는 늑대, 돌진하는 늑대	독일어	
Wolfric	[wulfrik / 울프리크]	늑대의 제왕, 늑대의 지배자	독일어	

NAME	발음	의미	어원	비고
Woodley	[ˈwudli / 우들리]	나무가 우거진 초원에서 온, 울창한 초원 출신의	영어	
Woodman	[ˈwudmən / 우드먼]	사냥꾼, 수렵인	영어	
Woodrow	[ˈwudrou / 우드로우]	숲 속 오두막에서 온, 숲 속 오두막 출신의	영어	
Woody	[ˈwudi / 우디]	숲의, 숲 속의	고대 영어	
Woolsey	[ˈwulzi / 울지]	승리하는 늑대, 늑대처럼 승리하는	영어	
Worth	[ˈwəːrθ / 워쓰]	농장에서 온, 농장 출신의	영어	
Worton	[ˈwəːrtən / 워턴]	채소 농장에서 온, 채소 농장 출신의	영어	
Wyatt	[ˈwaiət / 와이어트]	안내자, 인도자	영어	

NAME	발음	의미	어원	비고
Xavier	[ˈzeivjər / 제이비어]	새 집을 갖게 되다, 새로운 곳에 거주하게 되다	스페인어	
Ximen	[aimʌn / 아이먼]	하나님께서 들으셨다, 경청하는 하나님	히브리어	

NAME	발음	의미	어원	비고
Yagil	[jædʒil / 야질]	그가 기뻐하다, 기뻐하는 그 사람	히브리어	
Yago	[jɑgou / 야고우]	새 것으로 대체하는 사람, 새 것으로 바꾸는 사람, 새로운 왕	히브리어	
Yale	[ˈjeil / 예일]	경사지에서 온, 경사지 출신의	영어	
Yanis	[ˈjænəs / 얘너스]	하나님의 선물, 신의 선물	히브리어	

Man Y

NAME	발음	의미	어원	비고
Yardly	[jɑrdli: / 야들리]	초원에서 둘러싸인 곳에서 온, 둘러싸인 초원 출신의	영어	
Yaremka	[jʌremkʌ / 야렘커]	하나님에 의해 임명된, 하나님의 지시를 받은	히브리어	
Yehoshua	[jehʌʃuːʌ / 예허수어]	하나님의 도움, 하나님의 도우심	히브리어	
Yehuda	[jəˈhuːdə / 여후더]	칭찬 받는, 칭찬 받을 만한	히브리어	
York	[ˈjɔːrk / 요오크]	곰의 땅에서 온, 곰의 땅 출신의	영어	
Yvan	[jvæn / 이밴]	신은 자비로우시다, 자비로운 하나님	히브리어	
Yves	[ˈiːv / 이브]	궁수, 활 쏘는 사람	프랑스어	
Yvon	[jvɑn / 이반]	궁수, 활 쏘는 사람	프랑스어	

Man Z

NAME	발음	의미	어원	비고
Zachary	[ˈzækəri / 재커리]	Zachariah(여호와는 기억하신다)의 변형	영어	
Zack	[ˈzæk / 재크]	Zachariah(여호와는 기억하신다)와 Zachary(여호와는 기억하신다)의 변형	영어	
Zak	[ˈzæk / 재크]	Zachariah(여호와는 기억하신다)와 Zachary(여호와는 기억하신다)의 변형	영어	
Zane	[ˈzein / 제인]	John(하나님께서 은혜와 호의를 베푸시다)의 변형, 미국 서부 작가 이름	영어	
Zani	[ˈzɑːni / 자니]	하나님의 선물, 신의 선물	히브리어	
Zeke	[ˈziːk / 지크]	Ezekiel(하나님은 강하게 하신다)의 약어	영어	
Zelig	[zelig / 젤리그]	행복한, 즐거운	독일어	
Zephan	[zefʌn / 제펀]	하나님께서 비밀리에 보관하신, 하나님의 보물인	히브리어	
Zion	[ˈzaiən / 자이언]	하나님의 현존, Zhion(하나님의 현존)의 변형	히브리어	
Zuriel	[zuːriːl / 쥬릴]	돌, 암석, 굳건한 것	히브리어	

네이밍코치 자격시험 예상문제집 [부록]

객관식

1 한국의 현대인들이 영어이름을 가져야 하는 이유와 거리가 먼 것은? (   )

① 초등학교를 포함한 모든 학교에 영어과목이 채택되었다.

② 대학생은 물론 초, 중, 고생들의 해외 어학연수가 당연시되었다.

③ 작명사들의 영어이름 작명에 대한 실력이 향상되었다.

④ 직업현장에서 글로벌 업무가 늘어났다.

2 현재 우리나라 영어작명의 문제점이 아닌 것은? (   )

① 1자녀 가구의 특성을 이용하여, 영어라는 특이성을 부과해, 과도한 작명비용을 받고 있다.

② 한글의 발음오행만을 영어발음에 적용하여 비논리적인 경어이름 작명을 하고 있다.

③ 동양사상의 음양오행을 영어이름에 적용하지 못하고 있다.

④ 영어이름 작명 수요가 줄어들고 있다.

3 영어이름의 형태로 맞는 것은? (   )

① Given name + Surname + Second name

② Surname + Middle name + Given name

③ Family name + Middle name + First name

④ First name + Second name + Last name

4 영어이름의 최소한의 형태로 맞는 것은? (   )

① Given name + Surname

② First name + Second name + Last name

③ Surname + Middle name + Given name

④ Family name + Middle name + First name

5 다음 중 옳지 않은 설명은? (   )

① 영어에서의 존칭은 Last name에만 혹은 전체 이름에만 붙인다.

② Middle name은 한 개 이상 마음대로 추가가 가능하다.

③ 의미가 있는 영어이름은 철자를 변경해서는 안된다.

④ 영어이름의 최소 구성은 '이름 + 성' 이다.

6 영어이름의 특징과 거리가 먼 것은? (   )

① 대부분의 경우 사람에게 쓰는 이름과 애완동물에게 쓰는 이름이 확실히 구별된다.

② 대부분의 경우 남, 녀 성별 구분이 확실하다.

③ 대부분의 경우 성씨별(Last Name) 이름과 이름용(First Name) 이름이 구별된다.

④ 대부분의 이름은 그 이름만의 의미를 갖고 있다.

7 영어이름의 어원과 거리가 먼 것은? (   )

① 자연물(하늘, 별, 바다, 초원, 돌 등)

② 성경, 신화 및 역사

③ 숫자 및 기호

④ 직업

8 한국이름과 영어이름의 차이점으로 볼 수 있는 것은? (   )

① 성은 모두 아버지의 성을 따른다.

② 같은 성이라도 본관에 의해 구별할 수 있다.

③ 이름이 갖고 있는 의미가 중요하다.

④ 이름과 성의 발음 및 이미지의 조화가 중요하다.

9 영어이름의 특징이 아닌 것은? (   )

① 성(Last name)으로 쓰이는 이름도 First name으로 쓸 수 있다.

② 이름이 앞에 오고, 성이 뒤에 간다.

③ 대부분의 경우, 여성이름과 남성이름이 구분되어 있다.

④ 애완동물에게 쓰는 이름은 사람에게는 쓰지 않는다.

10 우리나라 성이 영어로 변환될 때, 일어나는 현상이 아닌 것은? (   )

① 변환된 영문 성이 일상의 단어적 의미를 갖는 경우가 있다.

② 변환된 영문 성이 어원적 의미를 갖는 경우가 있다.

③ 변환된 영문 성이 아무런 의미를 갖지 않는 경우가 있다.

④ 변환된 영문 성이 First name을 결정하는 경우가 있다.

11 영어이름을 지을 때 고려사항으로 잘못된 것은? (   )

① 영어이름은 의미가 중요하므로, 의미가 좋은 영어이름은 모두 문제가 없다.

② 영어이름을 한글 발음오행을 적용하여 짓는 것은 잘못된 작명법이다.

③ 애완동물 이름과 같아도, 의미가 좋으면 사람의 영어이름으로 문제가 없다.

④ Last name으로 쓰이는 이름도 First name으로 선택해도 문제가 없다.

12 중간이름(Middle name or Second name)을 지을 때, 가장 관련이 없는 것은? (   )

① 세례명, 법명, 별명

② 자신의 직업이나 갖고 싶은 직업이 반영된 이름

③ 어머니의 성

④ 반드시 영어사전에서 First name과 Last name의 중간에 있는 이름

13 영어이름을 지을 때 고려사항으로 잘못된 것은? (   )

① 영어이름은 의미가 중요하다.

② 영어이름에도 수리오행, 발음오행 등 한글이름의 원칙을 적용한다.

③ 선택한 영어이름의 발음과 성의 발음이 조화를 이루도록 한다.

④ 영어이름에도 출생 사주를 고려한 이름을 지을 수 있다.

14 영어이름을 지을 때 고려사항으로 잘못된 것은? (　　)

① 출생 사주의 오행을 고려한 영어이름을 지을 수 있다.

② 출생 사주의 십성을 고려한 영어이름을 지을 수 있다.

③ 출생 사주의 수리를 고려한 영어이름을 지을 수 있다.

④ 출생 사주와 무관하게 종교, 문화, 희망 등을 고려한 이름을 지을 수 있다.

15 다음 설명 중 옳은 설명은? (　　)

① 영어이름은 한글발음오행을 영어발음에 적용하는 것이 바람직하다.

② 영어이름은 한자 자원오행을 적용하여 작명하는 것이 바람직하다.

③ 영어이름은 어원과 뜻을 고려한 다음 한국작명법과 조화를 이루게 한다.

④ 영어이름작명도 가장 중요한 수리와 오행법을 적용하는 것이 최선이다.

16 다음 설명 중 잘못된 설명은? (　　)

① 영어이름은 출생자의 음양오행을 고려하여 발음오행이 조화를 이루게 한다.

② 영어이름은 사주에 어원이 갖는 의미를 적용하여 작명하는 것이 바람직하다.

③ 영어이름은 한글발음오행을 영어발음에 적용하면 안 된다.

④ 영어이름에 수리와 자원오행을 적용하면 안 된다.

17 성명학의 발전은 무엇의 발전과 함께 발전했다고 보아야 하는가? (　　)

① 과학(科學)의 발전

② 언어(言語)의 발전

③ 학문(學文)의 발전

④ 경제(經齊)의 발전

18 다음 중 '작명사'를 바르게 표현한 한자는? (　　)

① 作名士　　　② 作名師

③ 作名司　　　④ 作名事

19 2000년 7월에 로마자 표기법을 지정한 기관은 어디인가? (   )

① 문화관광부

② 외교부

③ 법무부

④ 행정자치부

20 한글의 발음오행을 설명한 내용으로 잘못 설명되었다고 생각하는 문항을 고르시오. (   )

① 발음오행이란 입안의 발음기관에 따라 나는 소리를 오행으로 분류한 것이다.

② 발음오행이란 한글의 자음으로 구분하는 것이다.

③ 발음오행은 한글의 자음으로 구별되며 운해본과 해례본의 두 가지 구별법이 있다.

④ 발음오행은 한글의 모음을 우선하여 구별하는 것이다.

21 출생 사주의 오행을 고려해서 여자의 영어이름을 지을 때 木 오행이 필요한 사람의 영어이름으로 가장 안 좋은 것은? (   )

① Abril(4월, 봄)

② Floria(꽃, 화초)

③ Jady(옥 보석, 초록색 보석)

④ Lindi(Linda(라임나무) 혹은 linden(보리수 나무)의 변형)

22 출생 사주를 고려한 여자의 영어이름을 지을 때 木 오행이 필요한 영어이름으로 가장 안 좋은 것은? (   )

① April(새싹 돋는, 4월에 태어난, 봄에 태어난)

② Melita(Carmelita 포도원의 약어)

③ Violetta(제비꽃의 작은 표현)

④ Tina(강, 강물)

23 출생 사주의 오행을 고려해서 남자의 영어이름을 지을 때 木 오행이 필요한 사람의 영어 이름으로 가장 적절하지 않은 것은? (   )

① Mark(화성의, 전쟁의 신, 예수 제자의 이름)

② Elan(나무, 풀보다 강하고 열매 맺는 나무)

③ Chaney(오크(떡갈나무)의 마음(단단한)을 가진)

④ Aikin(오크(떡갈 나무)로 만든)

24 출생 사주를 고려하여한 여자의 영어이름을 지을 때 木 오행이 필요한 영어이름으로 가장 좋은 것은? (   )

① Morgan(바다의 끝, 아주 먼 곳)

② Melita(Carmelita 포도원의 약어)

③ Nadia(희망, 기대)

④ Tina(강, 강물)

25 출생 사주의 오행을 고려해서 여자의 영어이름을 지을 때 火 오행이 필요한 사람의 영어 이름으로 가장 안 좋은 것은? (   )

① Valencia(격렬한, 강력한)

② Marina(바다, 바다처럼 넓고 시원한)

③ Solana(햇빛, 햇볕)

④ Scarlett(빨간, 빨간색의, 빨간색을 띤)

26 출생 사주의 오행을 고려해서 남자의 영어이름을 지을 때 火 오행이 필요한 사람의 영어 이름으로 가장 안 좋은 것은? (   )

① Kai(불, 불길)

② Erwin(바다의 친구, 바다에서 온 친구)

③ Orion(불의아들, 불의 자손)

④ Sam(태양처럼 밝고 뜨거운)

27 출생 사주를 고려한 남자의 영어이름을 지을 때 火 오행이 필요한 영어이름으로 가장 안 좋은 것은? (   )

① Rory(붉은 색, 붉은 색깔을 띠는)

② Cyrus(태양, 해)

③ Orion(불의 아들)

④ Carr(창, 작살, 창병)

28 출생 사주를 고려한 남자의 영어이름을 지을 때 火 오행이 필요한 영어이름으로 가장 좋은 것은? (   )

① Raymond(현명한 보호자, 지혜로운 보호자)

② Cyrus(태양, 해)

③ Peter(바위)

④ Carr(창, 작살, 창병)

29 출생 사주의 오행을 고려해서 여자의 영어이름을 지을 때 土 오행이 필요한 사람의 영어이름으로 가장 안 좋은 것은? (   )

① Bailey(성벽내의 뜰, 청지기, 공무원)

② Brin(작은 초원, 작은 평원)

③ Brooklyn(물, 개울)

④ Shelley(초원의 끝에서 온, 먼 초원 출신의)

30 출생 사주의 오행을 고려해서 남자의 영어이름을 지을 때 土 오행이 필요한 사람의 영어이름으로 가장 안 좋은 것은? (   )

① Forrest(숲의땅, 숲으로 이루어진 땅)

② Kaden(습지에서 온, 젖은 땅 출신의)

③ Kingston(왕의마을 혹은 왕의 땅에서 온)

④ Murphy(해상전투원, 해군)

31 출생 사주를 고려한 여자의 영어이름을 지을 때 土 오행이 필요한 영어이름으로 가장 안 좋은 것은? (   )

① Bailey(성벽 내의 뜰, 청지기, 공무원)

② Gliona(강의 신의 딸)

③ Brin(작은 초원, 작은 평원)

④ Shelley(초원의 끝에서 온)

32 출생 사주를 고려한 여자의 영어이름을 지을 때 土 오행이 필요한 영어이름으로 가장 좋은 것은? (   )

① Christy(예수 추종자)

② Gliona(강의 신의 딸)

③ Echo(요정, 정령)

④ Shelley(초원의 끝에서 온)

33 출생 사주의 오행을 고려해서 남자의 영어이름을 지을 때 金 오행이 필요한 사람의 영어이름으로 가장 적절한 것은? (   )

① Arnold(독수리의 규칙, 신성한 기준)

② Cyrus(태양, 해)

③ Lionel(젊은 사자, 힘 있는 사자)

④ Peter(바위, 성경에서 바위 같은 믿음을 가진 어부 제자)

34 출생 사주의 오행을 고려해서 여자의 영어이름을 지을 때 金 오행이 필요한 사람의 영어이름으로 가장 적절한 것은? (   )

① Pierretta(바위)

② Ranice(사랑스런 선율, 아름다운 선율)

③ Scarlett(빨간, 빨간색의, 빨간색을 띤)

④ Tanya(요정의 여왕, 여왕 요정)

35 출생 사주를 고려한 남자의 영어이름을 지을 때 金 오행이 필요한 영어이름으로 가장 안 좋은 것은? (　)

① Mason(석공, 돌 조각가)

② Lucas(빛, 조명)

③ Carr(창, 작살, 창병)

④ Peter(바위, 예수 제자 이름)

36 출생 사주를 고려한 남자의 영어이름을 지을 때 金 오행이 필요한 영어이름으로 가장 좋은 것은? (　)

① Gardner(정원지기, 정원사)

② Lucero(빛, 조명)

③ Pedro(바위, Peter의 변형)

④ Rooney(영웅, 영웅처럼 존경하는 사람)

37 출생 사주의 오행을 고려해서 남자의 영어이름을 지을 때 水 오행이 필요한 사람의 영어이름으로 가장 적절한 것은? (　)

① Remington(까마귀 농장에서 온, 까마귀 농장 출시의)

② Dylan(바다, 넘치도록 풍부한 바다)

③ Stanford(돌 많은 초원, 돌 많은 평야)

④ Sam(태양과 같이, 태양처럼 밝고 뜨거운)

38 출생 사주의 오행을 고려해서 여자의 영어이름을 지을 때 水 오행이 필요한 사람의 영어이름으로 가장 적절한 것은? (　)

① Stephanie(승리의 왕관을 쓴, 왕위에 오른)

② Tricia(귀족층의)

③ Rio(강, 강물)

④ Phoebe(빛나는, 돋보이는, 뛰어난)

39 출생 사주를 고려한 여자의 영어이름을 지을 때 水 오행이 필요한 영어이름으로 가장 안 좋은 것은? (   )

① Doris(바다, 해양)

② Carmel(포도원, 포도농장)

③ Fontanne(분수, 샘물)

④ Tina(강, 강물)

40 출생 사주를 고려한 남자의 영어이름을 지을 때 水 오행이 필요한 영어이름으로 가장 좋은 것은? (   )

① Clintwood(언덕, 높은 지대)

② Alvis(모든 것을 아는)

③ Merv(바다를 좋아하는 사람)

④ Salamon(평화로운, 평화를 사랑하는)

41 출생 사주의 십성을 고려해서 여자의 영어이름을 지을 때 인성이 필요한 사람의 영어이름으로 가장 안 좋은 것은? (   )

① Shannon(작은, 현명한)

② Arlene(약속, 서약)

③ Jenifer(흰색의, 깨끗한)

④ Gloriana(영광스런 은혜, 은혜로운 영광)

42 출생 사주의 십성을 고려해서 남자의 영어이름을 지을 때 인성이 필요한 사람의 영어이름으로 가장 적절한 것은? (   )

① Raimond(현명한 보호, 지혜로운 보호)

② Moor(짙은색 피부의, 검은 피부의)

③ Kennedy(투구를 쓴, 철모를 쓴)

④ Garry(창, 작살, 창병)

43 출생 사주를 고려한 여자의 영어이름을 지을 때 인성이 필요한 영어이름으로 가장 안 좋은 것은? (   )

① Arleana(약속, 서약)

② Maria(비통한, 마음이 아픈, 예수 어머니)

③ Garland(꽃의 왕관을 쓴)

④ Raison(사상가, 생각하는 사람)

44 출생 사주를 고려한 남자의 영어이름을 지을 때 인성이 필요한 영어이름으로 가장 좋은 것은? (   )

① Arlan(서약, 맹세)

② Kelly(생동감 있는, 살아 있는)

③ Herman(군인, 전투원)

④ Radford(붉은 개울에서 온)

45 출생 사주의 십성을 고려해서 여자의 영어이름을 지을 때 비겁이 필요한 사람의 영어이름으로 가장 안 좋은 것은? (   )

① Ketty(통치자, 지배자, 왕)

② Melvina(강한 친구)

③ Evon(궁수, 활 쏘는 사람)

④ Garnet(석류석, 석류 색깔을 띤 보석)

46 출생 사주의 십성을 고려해서 남자의 영어이름을 지을 때 비겁이 필요한 사람의 영어이름으로 가장 적절한 것은? (   )

① Wesley(서쪽의 초원에서 온)

② Judy(칭찬, 칭찬 받는, 칭찬 들을 만한)

③ Alexander(인류의 수호자)

④ David(가슴깊이 사랑한)

47 출생 사주를 고려한 남자의 영어이름을 지을 때 비겁이 필요한 영어이름으로 가장 안 좋은 것은? ( )

① Andrew(남자다운, 용감한)

② Bernard(곰처럼 강한, 곰처럼 힘이 센)

③ Adolf(고귀한 늑대, 늑대처럼 강인한)

④ Mario(투쟁하는, 전투적인)

48 출생 사주를 고려한 남자의 영어이름을 지을 때 비겁이 필요한 영어이름으로 가장 좋은 것은? ( )

① Rory(붉은 색, 붉은 색깔을 띠는)

② Kenny(잘생긴, 멋있는)

③ Adolf(고귀한 늑대, 늑대처럼 강인한)

④ Mario(투쟁하는, 전투적인)

49 출생 사주의 십성을 고려해서 남자의 영어이름을 지을 때 식상이 필요한 사람의 영어이름으로 가장 적절한 것은? ( )

① Bentley(잔디초원에서 온)

② Graham(위대한 초원 농장 집에서 온)

③ Kennedy(투구를 쓴, 철모를 쓴)

④ Mandel(옷을 만드는, 의류를 제작하는)

50 출생 사주의 십성을 고려해서 여자의 영어이름을 지을 때 식상이 필요한 사람의 영어이름으로 가장 적절한 것은? ( )

① Larissa(쾌활한, 활달한, 유쾌한)

② Jenesis(창조, 시작, 성경 중의 창세기)

③ Reina(여왕, 왕후, 왕비, 여왕 같은)

④ Brooklyn(물, 개울)

51 출생 사주를 고려한 여자의 영어이름을 지을 때 식상이 필요한 영어이름으로 가장 안 좋은 것은? (   )

① Vivian(매혹적인 여자 마술사)

② Ziva(화려한, 인상적으로 아름다운)

③ Penina(진주, 보석, 귀한 것)

④ Bonita(귀엽고 예쁜 사람)

52 출생 사주를 고려한 여자의 영어이름을 지을 때 식상이 필요한 영어이름으로 가장 좋은 것은? (   )

① Ziva(화려한, 인상적으로 아름다운)

② Nyssa(시작, 출발)

③ Opal(보석, 귀금속, 매우 귀한 것)

④ Sylvia(숲, 삼림)

53 출생 사주의 십성을 고려해서 남자의 영어이름을 지을 때 재성이 필요한 사람의 영어이름으로 가장 적절한 것은? (   )

① Curtis(예의 바른, 정중한)

② Bernie(용맹스러운 곰, 힘센 곰)

③ Jesper(보석, 보물)

④ Lennard(대담한 사자, 용감한 사자)

54 출생 사주의 십성을 고려해서 여자의 영어이름을 지을 때 재성이 필요한 사람의 영어이름으로 가장 적절한 것은? (   )

① Cordelia(보기 드물게 정직한)

② Angeletta(작은 천사, 귀엽고 어린 천사)

③ Nicole(사람들의 승리)

④ Daria(풍부한, 부유한)

55 출생 사주를 고려한 남자의 영어이름을 지을 때 재성이 필요한 영어이름으로 가장 안 좋은 것은? ( )

① Abraham(고귀한 아버지)

② Jesper(보석, 보물)

③ Otis(부유함, 돈 많음)

④ Morris(검은 피부를 가진 자의 아들)

56 출생 사주를 고려한 남자의 영어이름을 지을 때 재성이 필요한 영어이름으로 가장 좋은 것은? ( )

① Adam(붉은 땅에서 온, 인간)

② Brad(넓은 계곡에서 온)

③ Arnd(독수리, 하늘의 제왕)

④ Otis(부유함, 돈 많음)

57 출생 사주의 십성을 고려해서 남자의 영어이름을 지을 때 관성이 필요한 사람의 영어이름으로 가장 적절한 것은? ( )

① Kevin(잘생긴 아이)

② Henry(가정의 원칙, 가정의 규율)

③ Remington(까마귀 농장에서 온)

④ Thomas(쌍둥이)

58 출생 사주의 십성을 고려해서 여자의 영어이름을 지을 때 관성이 필요한 사람의 영어이름으로 가장 적절한 것은? ( )

① Honora(명예, 영예)

② Jasmine(쟈스민 꽃처럼 향기롭고 아름다운)

③ Marvel(기적, 믿을 수 없이 좋은 일)

④ Reveka(매혹적인, 매력적인, 끌리는)

59 출생 사주를 고려한 여자의 영어이름을 지을 때 관성이 필요한 영어이름으로 가장 안 좋은 것은? (   )

① Shelley(초원의 끝에서 온)

② Henrietta(난로지기, Henry(가정의 원칙)의 변형)

③ Ketty(통치자, 지배자, 왕)

④ Tiara(왕위에 오른, 왕관을 쓴)

60 출생 사주를 고려한 여자의 영어이름을 지을 때 관성이 필요한 영어이름으로 가장 좋은 것은? (   )

① Odelina(꼬마 요정의 창, 꼬마 요정의 무기)

② Naomi(즐거운, 유쾌한)

③ Henrietta(난로지기, Henry(가정의 원칙)의 변형)

④ Penelope(꿈 꾸는 사람)

61 출생 사주의 십성을 고려해서 여자의 영어이름을 지을 때 비겁으로 木오행이 필요한 사람의 영어이름으로 가장 적절한 것은? (   )

① Stevie(왕위에 오른)

② Kimberly(왕실의 요새화된 초원에서 온)

③ Winola(자애로운 친구, 품위 있는 친구)

④ Hazel(개암나무, 견과)

62 출생 사주의 십성을 고려해서 여자의 영어이름을 지을 때 식상으로 水오행이 필요한 사람의 영어이름으로 가장 적절한 것은? (   )

① Delphia(돌고래, 바다에서 자유로운)

② Mirabel(빼어난 아름다움의, 숨 막히게 예쁜)

③ Isadora(많은 아이디어를 재능으로 받은)

④ Stella(별, 항성, 별 모양)

63 출생 사주를 고려한 남자의 영어이름을 지을 때 식상과 火 오행이 필요한 신상훈의 영어 이름으로 가장 좋은 것은? ( )

① Lucero(빛, 조명) Shin

② Orion(불의 자손) Sin

③ Ogilvie(최고의 절정에서 온) Shin

④ Rory(붉은 색깔을 띠는) Sin

64 출생 사주의 십성을 고려해서 남자의 영어이름을 지을 때 재성으로 金오행이 필요한 사람의 영어이름으로 가장 적절한 것은? ( )

① Pearce(바위, Peter(바위)의 변형)

② Abraham(고귀한 아버지)

③ Torry(험준한 바위 언덕에서 온)

④ Jesper(보석, 보물)

65 출생 사주를 고려한 남자의 영어이름을 지을 때 재성과 金 오행이 필요한 영어이름으로 가장 안 좋은 것은? ( )

① Bradford(넓은 여울에서 온)

② Jesper(보물, 보석)

③ Orville(황금의 도시, 휘황 찬란한 도시)

④ Ringo(반지, 가락지)

66 출생 사주를 고려한 남자의 영어이름을 지을 때 재성과 金 오행이 필요한 영어이름으로 가장 좋은 것은? ( )

① Jesper(보물, 보석)

② Peter(바위)

③ Carr(창, 작살, 창병)

④ Giles(방패지기, 방패병)

67 출생 사주의 십성을 고려해서 남자의 영어이름을 지을 때 관성으로 ±오행이 필요한 사람의 영어이름으로 가장 적절한 것은? (   )

① Victorio(정복자, 침략자)

② Henson(Henry(가정의 원칙)의 아들)

③ Herb(명예로운 전사, 영예의 군인)

④ Bartholomew(쟁기질하는 사람, 농부의 아들)

68 출생 사주를 고려한 여자의 영어이름을 지을 때 관성과 水 오행이 필요한 영어이름으로 가장 안 좋은 것은? (   )

① Nerissa(바다의 딸)

② Yadra(어머니, 모태)

③ Akira(닻, 기준, 지침)

④ Meredith(바다의 수호자, 바다의 수호신)

69 출생 사주를 고려한 여자의 영어이름을 지을 때 관성과 水 오행이 필요한 영어이름으로 가장 좋은 것은? (   )

① Chanel(운하, 접점, 향수 이름)

② Galice(분수, 샘물)

③ Raina(여왕, 왕후)

④ Meredith(바다의 수호자, 바다의 수호신)

70 출생 사주의 십성을 고려해서 여자의 영어이름을 지을 때 인성으로 火오행이 필요한 사람의 영어이름으로 가장 적절한 것은? (   )

① Eldora(금발, 태양의 선물)

② Raven(짙은색 머리카락의, 현명한)

③ Bridget(강함, 켈트족 신화에서 불과 시의 여신)

④ Shannon(작은, 현명한)

71 출생 사주를 고려한 여자의 영어이름을 지을 때 인성과 土 오행이 필요한 영어이름으로 가장 안 좋은 것은? ( )

① Fabienne(콩 재배자)

② Marley(습지 초원, 동식물이 잘 자라는 습지)

③ Georgia(농부)

④ Margarita(진주처럼 아름답고 귀한)

72 출생 사주를 고려한 여자의 영어이름을 지을 때 인성과 土 오행이 필요한 영어이름으로 가장 좋은 것은? ( )

① Suzie(백합)

② Marley(습지 초원, 동식물이 잘 자라는 습지)

③ Tess(수확하는 사람)

④ Margarita(진주처럼 아름답고 귀한)

73 木이 필요한 남자 박기성의 영어이름으로 가장 잘된 것은? ( )

① Malvin(뜻을 같이하는 친구) Bak

② Alon(오크 나무) Park

③ Willard(단호한, 용감한) Park

④ Palmer(종려나무 가지를 뻗는) Bak

74 火가 필요한 여자 선아인의 영어이름으로 가장 잘된 것은? ( )

① Candi(밝은, 흰색으로 빛나는) Sun

② Betti(하나님께 헌신) Seon

③ Alberta(고귀한, 밝은) Seon

④ Emerald(에머럴드 보석) Sun

75 숲이 필요한 여자 문소연의 영어이름으로 가장 잘된 것은? (   )

① Tammy(야자나무) Mun

② Adana(붉은 땅의) Moon

③ Sela(바위, 암석) Mun

④ Parnella(바위, 암석) Moon

76 土가 필요한 남자 황정훈의 영어이름으로 가장 잘된 것은? (   )

① Louis(월계수 땅에서 온) Hwang

② Kade(습지에서 온, 젖은 땅 출신의) Whang

③ Lad(참석자, 동행자, 수행원) Hwang

④ Morris(검은색 피부들 가진 자의 아들) Whang

77 水가 필요한 남자 강원규의 영어이름으로 가장 잘된 것은? (   )

① Merril(빛나는 바다, 광명의 바다) Gang

② Kevin(잘생긴 아이) Kang

③ Merv(바다를 좋아하는 사람, 바다와 함께하는 사람) Kang

④ Leon(사자(lion)) Gang

78 비겁이 필요한 남자 노태민의 영어이름으로 가장 잘된 것은? (   )

① Kendric(왕족의 족장, 왕족의 우두머리) Rho

② Rex(왕, 지배자) No

③ Selby(영주의 저택에서 온) Rho

④ Thomas(쌍둥이) No

79 식상이 필요한 여자 안영신의 영어이름으로 가장 잘된 것은? (   )

① Carina(순수한, 순결한) Ahn   ② Joyce(명랑한, 즐거운) Ann

③ Jolie(명랑한, 예쁜) An   ④ Lexy(인류의 수호자) Ann

80 재성이 필요한 여자 백민지의 영어이름으로 가장 잘된 것은? (   )

① Amberly(보석, 호박 보석) Back

② Lily(백합) Baek

③ Tiara(왕위에 오른) Back

④ Esmeralda(에메랄드 보석의) Baek

81 관성이 필요한 남자 김호원의 영어이름으로 가장 잘된 것은? (   )

① Colson(사람들의 승리) Gim

② Freddie(평화로운 통치자) Kim

③ Henry(가정의 원칙, 가정의 규율) Gim

④ Woody(숲의, 숲속의) Kim

82 인성이 필요한 여자 조성아의 영어이름으로 가장 잘된 것은? (   )

① Sophia(지혜, 슬기로움, 현명함) Jo

② Wenda(어여쁜, 예쁜) Cho

③ Bethany(무화과가 자라는 땅) Jo

④ Dareen(현명한, 성경에서 지혜로 알려진 유다의 후손) Cho

83 출생 사주를 고려한 여자의 영어이름을 지을 때 비겁과 木 오행이 필요한 문영란의 영어이름으로 가장 좋은 것은? (   )

① Julee(젊은, 쥬피터의 아이) Mun

② Atonia(떡갈나무처럼 강한) Mun

③ Kimberly(왕실의 요새화된 초원에서 온) Moon

④ Ebony(흑색나무, 강함) Moon

84 출생 사주를 고려한 여자의 영어이름을 지을 때 비겁과 木 오행이 필요한 김연주의 영어 이름으로 가장 좋은 것은? (   )

① Morice(하나님의 가르침, 신의 가르침) Kim

② Nichole(사람들의 승리) Gim

③ Atonia(떡갈나무처럼 강한) Kim

④ Ashley(물푸레나무의 초원) Gim

85 출생 사주를 고려한 여자의 영어이름을 지을 때 식상과 火 오행이 필요한 신보연의 영어 이름으로 가장 좋은 것은? (   )

① Lucia(빛, 조명) Shin

② Prunella(자두 색깔, 자두 빛) Sin

③ Lara(바다, 해양) Shin

④ Rosanna(장미꽃, 붉은 색의) Sin

86 출생 사주를 고려한 남자의 영어이름을 지을 때 식상과 火 오행이 필요한 신후원의 영어 이름으로 가장 좋은 것은? (   )

① Arnd(독수리, 하늘의 제왕) Sin   ② Luciano(빛, 조명) Shin

③ Ogilvie(최고의 절정에서 온) Shin   ④ Adam(붉은 땅에서 온) Sin

주관식

87 현시대의 영어이름 작명에서 가장 문제시 되고 있는 작명법은 무엇인가?
(   )

88 영어이름에서 Raven(까마귀), Wolf(늑대), Fox(여우) 등은 우리나라와 달리 긍정적인 의미로 인식되는데 이는 우리나라와 서양 문화권의 (   )적 차이 때문이다.

89 현재 우리나라 영어이름 작명 시장의 상황은 영어 작명사들의 (　　)에 따라 과도한 작명 비용을 받는 곳들이 있다.

90 Mr., Mrs., Miss. 등 영어의 존칭은 (　　) Name에 붙인다.

91 로마자 표기법에 따라 우리나라 성이 영어로 전환될 때 일상 단어적인 의미 혹은 (　　)적 의미를 갖는 경우가 있다.

92 영어이름을 지을 때 뜻이 출생자의 음양오행과 맞고, 발음이 성과 조화를 이루어도 채택해서는 안 되는 경우는 어떠한 경우인가?
(　　　　　　　　　　　　　　　)

93 영어이름을 지을 때 적용해야 할 원칙을 한 가지 이상 쓰시오.
(　　　　　　　　　　　　　　　)

94 현재 우리나라 영어이름 작명의 문제점을 한 가지 이상 기술하시오.
(　　　　　　　　　　　　　　　)

95 영어이름 작명시 주의해야 할 사항을 한 가지 이상 기술하시오.
(　　　　　　　　　　　　　　　)

96 작명시에 무엇보다 이름은 놀림감이 되지 않는 (　　)가 되게 해야 한다.

97 인간은 그들이 속한 집단의 역사적 경험을 무의식에 저장하고 태어나며, 이에 따라 한국인은 음양오행사상을 선천적으로 무의식에 갖고 태어난다는 칼 융의 심리학 용어는?
(　　　　　　　　　　　　　　　)

98 한국인은 본인의 현재의식과 상관없이, 음양오행원리에 따라 이름을 지으면 인생이 잘 풀린다는 것을 뒷받침 하는 칼 융의 심리학 용어는?
(　　　　　　　　　　　　　　　)

99 초기의 작은 차이가 커다란 결과를 야기한다는 내용으로 좋은 이름이 주는 작은 차이가 사업의 성패, 생사의 갈림길 등에서 긍정적인 효과를 발휘할 수 있다는 카오스(복잡계)이론의 효과는?

(   )

100 사주를 보완하는 수단으로써 이름이 갖는 긍정적인 작은 영향이 인생의 사업의 성패나 생사의 갈림길에서 좋은 쪽으로 효과를 발휘한다는 카오스(복잡계)이론의 효과는?

(   )

객관식 문제 답안

문제	정답	문제	정답	문제	정답	문제	정답	문제	정답
1	③	21	③	41	③	61	②	81	②
2	④	22	④	42	①	62	①	82	①
3	④	23	①	43	③	63	①	83	②
4	①	24	②	44	①	64	④	84	③
5	③	25	②	45	④	65	①	85	①
6	①	26	②	46	③	66	①	86	②
7	③	27	④	47	③	67	②		
8	②	28	②	48	④	68	②		
9	④	29	③	49	④	69	④		
10	④	30	④	50	①	70	③		
11	①	31	②	51	③	71	④		
12	④	32	④	52	①	72	②		
13	②	33	④	53	③	73	②		
14	③	34	①	54	④	74	①		
15	③	35	②	55	④	75	③		
16	①	36	③	56	④	76	①		
17	②	37	②	57	②	77	③		
18	②	38	③	58	①	78	①		
19	①	39	②	59	①	79	②		
20	④	40	③	60	③	80	④		

주관식 문제 답안

문제	정답
87	발음오행
88	문화, 정서
89	희소성
90	Last
91	어원
92	악명으로 이름이 유명한 경우
93	어원이 갖고 있는 의미를 사주에 적용할 것 발음오행, 수리, 자원오행 등은 적용하지 않을 것 이름과 성의 발음이 조화를 이룰 것 이름이 갖는 이미지가 좋을 것 등
94	영어작명사가 희소함. 고비용, 혹세무민 발음오행만 적용 등
95	어원이 갖고 있는 의미를 사주에 적용할 것 발음오행, 수리, 자원오행 등은 적용하지 않을 것 이름과 성의 발음이 조화를 이룰 것 이름이 갖는 이미지가 좋을 것 등
96	이미지
97	집단무의식
98	집단무의식
99	나비효과
100	나비효과

발행일 2015년 8월 21일 초판 1쇄

엮은이 김기승, 이종훈
펴낸이 방성열

펴낸곳 다산글방

등   록 제313-2003-00328호
주   소 서울특별시 마포구 동교로 36
전   화 02) 338-3630
팩   스 02) 338-3690
E-mail dasangulbang@paran.com

ISBN 978-89-94384-42-9 13180

ⓒ 김기승 · 이종훈, 2015, Printed in Korea.

이 책은 저작권법에 따라 보호받는 저작물이므로 무단전재와 무단복제를 금하며,
이 책 내용의 일부 또는 전부를 이용하려면 반드시 저작권자와 다산글방의 서면동의를 받아야 합니다.

이 도서의 국립중앙도서관 출판예정도서목록(CIP)은 서지정보유통지원시스템 홈페이지(http://seoji.nl.go.kr)와 국가자료공동목록시스템(http://www.nl.go.kr/kolisnet)에서 이용하실 수 있습니다.(CIP제어번호: CIP2015021513)

* 잘못 만들어진 책은 구입하신 서점에서 교환해 드립니다.
* 책값은 뒤표지에 표시되어 있습니다.